李叔同

名如何 爱如何

生命该如何

马文戈◎著

中国言实出版社

图书在版编目（CIP）数据

李叔同：名如何爱如何生命该如何 / 马文戈著.
—北京：中国言实出版社，2015. 9

ISBN 978-7-5171-1570-0

Ⅰ. ①李… Ⅱ. ①马… Ⅲ. ①李叔同（1880～1942）—传记 Ⅳ. ①B949. 92

中国版本图书馆 CIP 数据核字（2015）第 231821 号

责任编辑： 郭江妮

出版发行 中国言实出版社
地　址：北京市朝阳区北苑路 180 号加利大厦 5 号楼 105 室
邮　编：100101
编辑部：北京市西城区百万庄大街甲 16 号五层
邮　编：100037
电　话：64924853（总编室）　64924716（发行部）
网　址：www. zgyscbs. cn
E-mail：zgyscbs@ 263. net

经　　销 新华书店
印　　刷 北京毅峰迅捷印刷有限公司
版　　次 2016 年 1 月第 1 版　2024 年 1 月第 2 次印刷
规　　格 880 毫米 × 1230 毫米　1/32　10. 25 印张
字　　数 227 千字
定　　价 46. 00 元　ISBN 978-7-5171-1570-0

序

与大师一起修行

初次与大师结缘，是从一首被广为传唱的歌曲《送别》开始：

长亭外，古道边，芳草碧连天。
晚风拂柳笛声残，夕阳山外山。

天之涯，地之角，知交半零落。
一瓢浊酒尽余欢，今宵别梦寒。

这首歌的作词者，便是李叔同——也就是后来的弘一法师。
才子高情，佛陀慈怀，当含人间至醇之情味！
大师便是这样一个人，“十分像人的一个人”。

他是津门“桐达世家”的富公子。

他是浪漫风情的民国少爷之一。

他是中国学术界公认的通才和奇才。

他是“一袭旧衲衣，一双破芒鞋，儿册梵典，满怀清凉，飘飘而来，行走于尘世之中，弘法利生，救心济世”的半世僧。

……

是的，很少有人能像他那样才华横溢、学贯中西，也很少有人能像他那样凭借超常的智慧，给世人无限的思索和景仰。“二十文章惊海内”“文艺的园地，差不多被他走遍了。”大师不仅自己是大师，还培养出了一大批大师，如丰子恺、潘天寿、刘质平、吴梦非……

大心凡夫，“一笑寥寥空万古”。

也许，大师一生极富传奇色彩的，令世人惊叹不已的，便是在他绚烂至极的时候，突然抛妻别子，遁入空门，“索性做了和尚”。

大师一生走过63个春秋，在俗39年，在佛24年。其生其死都充满诗意和神秘。半为艺术半为佛，一生光明磊落，潇洒飘逸，道德文章，高山仰止。

大师的一生，是求真、求善、求美的一生；大师的人生之路，是一条不断探索，不断思索，不断寻觅，不断扬弃，不断升华，最后终归大彻大悟的哲人道路。

自出家始，大师“非佛经不书，非佛事不做，非佛语不说”，戒律精严，苦心向佛，被后代佛门弟子奉为律宗第十一代世祖。

其实，大师出世不是为了避世，而是“以入世的精神”说法传经，以戒为师，用心至善，“念佛不忘救国”，“不为自己求安乐，但求众生得离苦。”

记得大师的弟子丰子恺先生曾用自己对人生的理解来诠释李叔同：“我以为人的生活，可以分作三层：一是物质生活，二是精神生活，三是灵魂生活。物质生活就是衣食，精神生活就是学术文艺，灵魂生活就是宗教。人生就是这样的一个三层楼。弘一法师是一层一层走上去的。”

丰子恺所言不虚。无论是早年的艺术，还是晚年的宗教，从本质上讲，大师都在追求一种人生的理想境界。

这是一种生命的参悟，更是一种灵魂的升华。

无论在俗世，还是在佛门，大师都曾有不同的挂牵，但其一生，都是认真的：一个认真的居士，一个认真的和尚。其才情和胸怀、慈悲和忏悔、决绝和精进，都足以让后人难以望其项背。

1918 年大师出家之际，写给好友夏丏尊四个字：“勇猛精进”。这难道不是大师一生的精神写照吗？大师都在自己选定的道路上执意前行。从人间到佛门，一路走来。

大师终于归家了，他的灵魂最终得到了安顿。大师曾经说：“死，芥末事耳。可是，了生死，却是大事。”

“悲欣交集”，这是大师最后的绝笔，以此，他给自己的一生做了最好的阐释和终结，有着说不尽的“香光庄严”。

“悲欣交集”谁了然？一个人悲什么，欣什么，也许，最了然者，唯有自己。

天心月圆，华枝春满。先生之风，山高水长。

以生命见证生命，让灵魂皈依灵魂。

大师就是这样“真善美”的一个人。在我们既短且长的人生道路上，他永远是我们每一个人敬仰和怀念的大师。

但愿，这本书里的文字，能够还原一个认认真真的生命，见证一个永恒自在的魂灵。

与大师结缘，一起修行，是我们的荣幸和快乐。

目录

第二卷　问君此去几时还

第三卷 天涯无岸入空门

第四卷　万籁俱寂普万方

附　录

第一卷

当时年少春衫薄

第一章　津门岁月

桐达李家

“南有上海，北有天津”，在中国近现代发展史上，天津的地位丝毫不逊于上海。天津地处海河流域下游，既是连通南北的漕运枢纽，又是连通世界的海运港口，同时还是拱卫京师的重要门户。

得天独厚的地理条件和区位优势使天津在明清时期，就逐渐成为了全国商品货物的中转站和集散地。四海之珍，南北之财，咸集于此。人杰地灵，物华天宝，说不尽的繁庶和风采。

这就是李叔同出生的地方。天津浮华的世相和厚重的文化积淀，便是李叔同生长的丰厚土壤。

李叔同祖父李悦，原籍浙江嘉兴平湖，寄籍天津，经营盐业与银钱业，到李叔同父亲李世珍时候，便富裕有余，名闻一方。“桐达”是李家十分有名的钱铺之一，时人与后人便以“桐达李家”称谓李世珍家族。

李世珍，字筱楼，人称筱楼公，32 岁中举人，1865 年中头名进士，曾经与李鸿章、吴汝纶三人被称为清朝三大才子，且与李鸿章个人友谊不同寻常。李世珍后因看不惯官场黑幕，遂辞官经商，主营盐业和钱庄业，终成天津巨富。时任北洋大臣的李鸿章往来保定与天津之间，与李筱楼有业务往来，二人关系非同一般。其殆时，时任直隶总督和北洋通商事务大臣的李鸿章亲临主丧。

李筱楼为官期间，是清末重臣李鸿藻的部下，有领导的关照，李家的事业自然如日中天。“桐达李家”在筱楼公主持下，鼎盛倾城，富甲津门。

李家与清末重臣王文昭、荣禄也有来往。1895 年，15 岁的李叔同到北京游玩，曾拜访过王文昭和荣禄，并出示其书法作品。两位叔叔辈的高官，对这位晚辈的书法造诣惊叹不已，大力传播。1896 年 8 月中旬，李叔同在给账房先生徐耀庭的信中写道：李鸿章兄至 9 月间，可以来津。王文昭兄降三级留用。

由此可见，李叔同和二位朝廷政要关系密切，到了称兄道弟的地步。李叔同十几岁时，曾为李鸿章刻过两方名章，一方是鸿章私印，一方是少荃。而此时李筱楼已去世十多年。

既有商业背景，又有政治背景，这样显赫的家世在天津的地位可想而知。

李筱楼晚年精研理学，尊崇王阳明，又信仰禅宗佛学，乐善好施。他设义塾，广泛用人，在李宅附近办了“备济社”施衣舍粥，专事抚恤贫寒孤寡，施舍衣食棺木。每到秋末冬初，他便派人到附近各乡村，了解贫苦人家情形。筱楼公采取票据支付法，先付票据，年关时凭票按人口多寡酌情施舍衣食，使得大量贫瘠得以生计。筱楼公还设有存育所，每年冬季收养来往乞丐，使他们不挨饥受冻。这样的善义施为，每年都要斥资千万，而筱楼公却从不吝啬。适时，津人皆颂筱楼公为“李善人”。

繁华的津门，富足的“桐达李家”，慈悲的李善人，迎来了一个新生命的到来。

初到人间

桐达李家，富甲一方，然而作为一方大善人的李筱楼依然有所不足和期待。

偌大的李家，虽功成名就，却子嗣单薄。筱楼公本已是单传，他的长子文锦未及中年便早逝，次子文熙又多病。于香火之虑，李筱楼在 68 岁高龄，娶了 19 岁的丫鬟王凤玲。

这一年的晚秋时节，李筱楼像往常一样端坐在书房里，闭目养神，口中念念有词：“人生七十古来少，前除幼年后除老，中间只有五十年，一半在夜中过了……”

这是唐伯虎《惜阴歌》里的句子。一寸光阴一寸金，对于已臻年迈的李筱楼来说，这样的箴言也许有着更为特别的意义。

李家老宅，海河东岸的地藏庵前陆家胡同二号，是一所坐北朝南的老式三合院，庭院深深，梅影斜疏。李筱楼望着洒满阳光的庭院，自言自语地说：“我李筱楼，再过两年，也就 70 整了！”

李筱楼满口地道的官话里，依然保留着故土难忘的南腔。眼前还未散尽的早霜，在阳光里浮起一层轻轻薄薄的愁雾。他睁开迷离的双眼，看见窗外的天井里，先天不足的小文熙，正摇着瘦瘦弱弱的胳膊，气咻咻地跑着，眼看一头就要栽倒青石板铺的院子里了。李筱楼慌不迭地要起身过去的时候，丫鬟急急地奔过来了，口里不断地嚷道："老爷！您，您得了个儿子！您得了少爷了！……"

李筱楼怔了一下，止住了慌乱的脚步，任凭摔倒在地的李文熙嚎啕大哭。与此同时，西院里王氏的住处，也似乎传来了一阵啼哭。

这一天，是公历的1880年10月23日，农历庚辰年9月20日辰时。这一日的前日，正是民间传说里的观音菩萨的诞辰。

外面西风渐起，屋内温暖如春。他看到了刚刚降生世间的儿子，也看到了王氏眼中那种母性的光辉。然后，李筱楼的双眼里，流下两滴欣慰的清泪，他不知是该感谢上苍，还是该感激内人。

李筱楼内心充满了喜悦，他仿佛完成了一桩心愿。在他看来，今生，应该美满无缺了。他摇着头，吟哦着，回到了书房。待情绪平复，他重整衣冠，取下他朝夕课诵的《佛说金刚般若波罗蜜经》，燃起一炉檀香，开始虔诚地默诵。诵经毕，又闭目合掌说："愿以此功德，庄严佛净土；上报四重恩，下济三涂苦；如有见闻者，悉发菩提心；尽此一报身，同生极乐国！"

从这个孩子身上，他体验到真正的人生，是怎样的充实、愉快、满足、坦荡。慰藉之余，李筱楼给幼子取名文涛，字叔同，昵唤三郎。

传说李叔同诞生之日，门外有喜鹊口衔松枝，飞入产房，将松枝安放于叔同之母床前，后欢叫一声飞去。此松枝被视作佛赐善根，李筱楼奉为吉兆，当下安排外出购鱼购鸟放生。消息传出，各方捕鱼者赶来，汇集李善人府门前，兜售鱼虾飞鸟。一时间鱼虾入水，百鸟齐飞，场面颇为壮观。以后每逢10月23日，李家都要大举放生，成为津门一道善景。

历来高僧诞生时，天地都会有异象。如霞光万道，金光闪闪，彩虹绕日，天乐鸣空。但多为象征手法，没有李叔同这样写实。

成年后的李叔同确信此事，将喜鹊衔来的松枝携带一生，直到 1942 年，在泉州温陵养老院圆寂，还挂在他寮房的墙上。

老年得子，善莫大焉。这种老夫少妻的搭配，也让我们不免感叹一番：孔子出生时，父亲 70 岁，母亲 17 岁；欧阳修出生时，父亲 49 岁，母亲 20 岁；胡适出生时，父亲 49 岁，母亲 19 岁。有人说，天高地厚的结合，往往产得麟儿，纵然不是圣贤，也会成为颖秀的才子。

我们姑且不论这种善意的推断是否灵验准确，可以肯定的是，已入老年的李筱楼，绝不会想到眼前的小三郎，日后会以其艺术上的卓越天赋和成就震惊世人，却又在风华盛年皈依三宝，成为世人景仰的一代佛门高僧。

亲情别离

李叔同三四岁时，李筱楼购买了一处更为宽敞的宅第，在老宅后墙的山西会馆南路西大门（今粮店后街 60 号）。这是一座方方正正的“田”字形中式传统大府宅，共有 4 个院落 70 余间房。正房在西侧，东边临街的正门门楣上挂着一块醒目的“进士第”匾额，过道里则悬着一块“文元”的横匾，气派非凡。依照当时富贵人家流行的时尚，院落中央还依西洋建筑的式样建了一座小洋房。小洋房的边上，用竹篱围成一个小花园，取名“意园”。

李叔同的童年岁月，最初是甜蜜和惬意的。后来在《忆儿时》这首歌里，他写下了对童年的印象：

春去秋来，岁月如流，游子伤飘泊。
回忆儿时，家居嬉戏，光景宛如昨。
茅屋三椽，老梅一树，树底迷藏捉。
高枝啼鸟，小川游鱼，曾把闲情托。
儿时欢乐，斯乐不可作，
儿时欢乐，斯乐不可作。

是的，“儿时欢乐，斯乐不可作”，1884 年，李叔同 5 岁时，父亲李筱楼去世了。

李筱楼的病为痢疾，多方医治均不见好转，后干脆停医不治，病情竟奇迹般好转。看破生死的李筱楼预感到不久于人世，索性顺其自然，只是，他依然感觉尘事未了，有所牵挂。

那是一个桂花香飘庭院的季节，农历 8 月 5 日的傍晚，夕阳西下，红霞漫天。大病初愈的李筱楼有些兴奋，也有些恍惚，特地让人去叫自己的两个儿子。

李文熙长李文涛 12 岁，一高一矮，两个孩子站到了李筱楼跟前。

“我让你们看这个。”李筱楼的声音忽然有些沉重，“文熙！你是哥哥，书也念得不少，照理，也该负起照顾弟弟的责任了。”言毕，把一张纸递过去。

文熙把纸摊开，纸上有几行字：

煮豆燃豆萁，豆在釜中泣；
本是同根生，相煎何太急？

这是曹植的《七步诗》，李文熙当然知道父亲的用意，说："我知道！爹，你放心好了！"

老人凝视着他们，说："我希望你们两兄弟要亲如一母同胞！"然后，李筱楼忽然说："爹要离开这里，你们要记住爹的话啊！"

兄弟俩有些吃惊，父亲要干什么？

人生如梦，这样的梦有时候让人觉得太长了，长得仿佛没有归处。他们不知道，这时候，年迈苍凉的父亲从梦里醒来了。

在两个孩子惶恐狐疑的眼神里，李筱楼叫来了家人李安，让他去佛泉寺请学法上人。

"快去！去迟了，就晚了！"李筱楼忽然有些急促。

一小时以后，学法上人——李筱楼的方外朋友，便匆匆地来了。一进门，便知道怎么回事了。李筱楼坐在床上，向上人合掌问讯，请老和尚开始念他朝夕课诵的《金刚经》。

"让我安静地听佛说话，让我毫无挂碍地走进佛陀的光里。不要有一个人讲话，孩儿们都出去吧，家里的男男女女不要哭，哭就扰乱了我，告诉他们！照我的吩咐，上人叫你们什么时候动，你们什么时候动！"这是尘世里的李筱楼，留给家人的最后叮嘱。

和尚的诵经声，如鹤唳夜空，幽远而沉重；清脆而幽远的引磬，木鱼的轻击，随经声朗朗进入李筱楼的耳根，引导一个将要归去的灵魂，让精神归于佛性，让色身归还大地……

上人一遍又一遍地诵经，从傍晚到深夜。李筱楼起初是小声伴着诵，以后声音便逐渐微小，以至于默念，意识念，潜意识念……

在如诗如歌的梵音中，李筱楼安详离世了。

忽然，卧室的门帘，好像被一阵微风拂动，走进一个神采奕奕的孩子，一直立在门外的李叔同进来了。

他停在门槛上，看看安静中走了的父亲。家里人都说老爷死了，可是他依然不相信，睡眠中的父亲死了吗？他是那样安详，神态一如生时。在世人的心中，死去是恐惧的，而他父亲的死，却是如此轻松、自然。

他再端详一下那位和尚，趺坐、闭眼；腔调中放出低沉、清澈的诵经声，是那么庄严、圣洁。那一刻，他的心中油然浮起一缕向往和崇敬！

佛心缘起

佛说，世上一切皆因缘，或者缘起缘落，或者缘生缘灭。

幼年丧父，乃人生之大痛，李筱楼的安然辞世，却又让年幼的李叔同在哀戚之中，洞见了尘世彼岸的另一个世界。

李筱楼死后，一切器官都已舍去了它的知觉。有学法上人的吩咐，家人才开始料理丧事，开始哭。第二天，又请了许多和尚来，分班为之诵经、念佛。诵经之后，还要放焰口，免得饿鬼们从中作梗。

焰口是佛教仪式，施放焰口，则饿鬼皆得超度，为对死者追荐的佛事之一。届时，学法上人戴着地藏王帽子，披着袈裟，坐在正中。两旁 6 个和尚各持法器。起初是鸣钟击鼓，念佛唪经。到了深夜，流萤隐现，有如鬼火明灭，阴风飘忽，仿佛魂兮归来，就开始召请孤魂了。

学法上人以悲紧之音，高声诵念，众僧属而和之。每念完一段，撒一把米，向孤魂施食。那些米落入暗处，仿佛有无数鬼魂争先抢夺，教人毛发竦然。所召请的孤魂，非常全面，自帝王将相以至囚徒乞丐，都可以“来受甘露味”。

学法上人口中念词优美动人，一旁的李叔同听到了下面的句子：

> 杜鹃叫落桃花月，血染枝头恨正长。
> 漠漠黄沙闻鬼哭，茫茫白骨少人收。
> 花正开时遭急雨，月当明处覆乌云。
> 长夜漫漫何日晓，幽关隐隐不知春。

这样的句子，无一不哀戚感伤，无一不让人感叹人生世事的无依和无常。虽然年幼懵懂，但天生灵性的李叔同一定听出了其中的悲凉。

李筱楼的离世，让家人陷入了极度悲哀里。年近20岁的李文熙，这个幼年时代就羸弱的孩子，眼泪哭得相当多。李叔同，却是“视死如归故乡”，哭得不多。不知是年幼天真未凿，还是骨子里天生就看破了生死？

是的，何谓生？何谓死？生是一种常态，死其实也是一种常态，关键之处在于，死亡是一层窗户纸，捅破了也就释然了。

就算物质环境再优越，也抵不上痛失亲人的哀愁，无论如何，父亲的死，让年幼的李叔同对生死有了初步的感悟。

李叔同独自来到父亲卧室，掀帷探问，见父亲毫无痛苦，如入禅定，忽然心生悲戚。停柩发丧期间，他目睹了和尚们敲击法器，念佛诵经的全过程，将每一个细节都记了下来。那种庄严有序的过程，和起伏有致的诵经声，深深吸引着他。

日后每逢家中延请僧人上门念佛拜忏，李叔同都会静静地坐在那里观看，没有人知道他在想什么。

少年时代，李叔同常和侄子辈们玩一种和尚游戏。李叔同让大家以床单当袈裟，在厅堂效仿僧人学做焰口施食。李叔同自称“大和尚”，口中念念有词，让侄子辈坐在地上当“小和尚”随其念经，俨然超度人类心灵的导师。

当时天津有位姓王的孝廉，到普陀山出家，回津后住在李家附近的无量庵内。李叔同的侄媳妇（已故长兄文锦的儿媳妇）接连遭遇家人去世（丈夫和公公），觉得人生无常，心灰意冷，就到庵里向王孝廉学念经，李叔同常去聆听。到家后就能将《大悲咒》、《往生咒》、袁了凡的“记功过格”背下来。

功过格是道士自记善恶功过的一种簿册。善言善行为“功”，记“功格”；恶言恶行为“过”，记“过格”。“袁了凡功过格”是袁了凡所作《了凡四训》中的一个章节，原题为《云谷禅师授袁了凡功过格》。

《了凡四训》分为立命之学、改过之法、积善之方、谦德之效四部分，是袁了凡所作家训，以此教戒儿子袁天启，认识命运的真相，明辨善恶的标准，改过迁善。这是李叔同接触到的第一本与佛家思想有关的书。

这时，奶妈隐隐觉得，年幼的李叔同有了佛化的萌芽，认为这样对小孩子不好，就让他改念《名贤集》的格言。

可是，《名贤集》里有“将相本无种，男儿当自强”这样励志的句子，也有“人穷志短，马瘦毛长”“高头白马万两金，不是亲来强求亲，一朝马死黄金尽、亲着如同陌路人”，这样揭示世态炎凉的句子，李叔同似乎更钟爱后者。

当理想化的佛经和现实中的真相碰撞，击撞出的火花是非常美丽诱人的，对于李叔同来说，这样的文字以及由此而生的感悟是难忘的。

父亲与佛结缘，安详而逝的画面像一幕电影，永久定格在李叔同的脑海里，多年之后难以磨灭。

1933 年 4 月，他允请门人刘质平手书先父李筱楼遗联“今日方知心是佛，前身安见我非僧”，弘一大师题跋云：

> 先吏部公（李筱楼曾任吏部主事），通阳明之学，兼修禅那。舍报之时，安详迁化，如入正定。盖亦季世所稀有矣。是联为其遗作，今以写奉质平贤首慧览。

幼年时代的经历挥之不去，父亲在安详中去世，是因为信佛得来的善果，而自己呢？带着这个问题，李叔同开始了人生的启蒙教育。

第二章　豆蔻年华

儿时启蒙

李筱楼之死，也不过如斯而已！他带不走“亦官亦商”世代蕴积的财富，更带不走“大清王朝”敕封他许多功名的“顶子”。

世间的浮华，带不走倒也罢了。虽然他从学法上人诵经声中大化而去，但业力不饶人，他还是撇下了一个大而无当的家。而最重要的，他丢下两个天赋天赋异禀、尚未成熟的孩子！

文熙是嫡子，已 19 岁了，线装书读的可不少，但他却没有成熟。这份大家业，理应轮到他承担。虽然他的家很复杂，但无论如何，他都要担起来。

桐达李家，家大业大，经济上倒是无虞。最让李文熙挂心的还是年幼的李叔同。他要完成父亲的临终嘱托，因为此时的李叔同，灵性而且顽皮，一身的玩世不恭。

他仿佛很担忧，“我要教育文涛，他也是我父亲的骨肉。”他的心理很矛盾，他看到李叔同越发不成器的样儿，就恼火！他甚至联想到，贱妇人不会养出好孩子。好像遗传决定了庶出的孩子，天生的狡黠，虽有点灵性，可根儿有点歪，不会成大器！

面对哥哥那种“长子如父”的派头，李叔同更有几分不乐意，对于他那颗小心灵所处的环境来说，哥哥的行为，对他不啻是一种侮辱！

李叔同的母亲是庶出，这样的出身，在大家庭里，无疑会低人一等。这样的境遇和歧视，天性敏慧的李叔同感觉到了。

其实，自从父亲死后，小李叔同就觉察到，这个家，对他只是一袭破狐裘，因为，他在家里是“正而不足，偏而有余”的。

可是，对于这样的歧视和偏见，李叔同根本不放在心上。他也不矛盾，任性聪颖的他，依然不屑一顾。

在幼年李叔同的眼里和心里，只有一个人的眼神和话语最有效——他的母亲。

李叔同的母亲年轻守寡，她希望儿子通过苦读求取功名，光宗耀祖。在母亲的训诫下，李叔同不得不稍稍收敛了一下。

王母言传身教，规范李叔同的行为举止，希望他做个懂礼之人。之后又按照《论语·乡党篇》规范其日常生活。每日吃饭之前，必须要摆正餐桌，否则就要遭到“席不正不食”的训斥。多年之后，李叔同每次吃饭前，都要把餐桌摆正再吃。

李叔同练习写字，拿整张的纸乱写。母亲看到后，正颜厉色地说，“三郎，你要知道，你父亲在世时，莫说这样大的整张纸不肯浪费，就连寸把长的纸条，也不肯丢掉。”李叔同从此改掉了铺张浪费的习惯，这样良好的生活细节，让他受益终生。

责任、荣誉、孝悌，这三道紧脑箍，紧箍着李文熙，他责无旁贷地做了弟弟的启蒙师。

李文熙先教弟弟读认家中厅堂抱柱上的书联，那是清代刘文定的话，上联为：惜食惜衣，非为惜财缘惜福。下联是：为名为利，求人莫如求自己。李文熙说，衣食来之不易，应当珍惜，不要糟蹋浪费。名利靠真才实学方能获得，人生受挫求人无用，关键时刻还得靠自己。其间所蕴含的世态人情和人生哲理，在潜移默化地影响着这个6岁的孩子。

大约从7岁开始，李文熙每天把弟弟关在书房里坐两个钟头。从开始，便一股脑地将学问灌给他这个稚龄的弟弟。从千字文、朱子家训、养性篇、黄石公素书，到论、孟、学、庸，乃至秦文、汉文、唐文……他都像填小鸭似地喂胀了弟弟，他希望把弟弟培养成“经院式”的传道士。虽然他认定弟弟不成功，他还是一心一德地训练弟弟服膺一切君君、臣臣、父父、子子，乃至兄兄弟弟、夫夫妻妻的古老教条。

对这个脑袋里生来就“胡思乱想”的弟弟，李文熙所采取的教育态度，是“宁可严死，不可宽活”。他深知“棒下出孝子，世乱见忠臣”的大道理，因此，他对李叔同的行坐住卧，应对进退，都订了规矩。

但问题是，这个小家伙脑筋太自由了，对哥哥那一套多少有点不在乎。

令人欣慰的是，李叔同天赋极高，过耳能诵，过目不忘，理解力强。以上传统国学，对李叔同性格养成起到了关键作用。

纵观李叔同一生，除早年因父辈原因，结交过达官显贵外，其他友人大多为文学、艺术、教育及佛教界人士。出家后的李叔同，曾立下规矩，苦修南山律宗，不见政要、不见军官及生意场上之人。

并且，其常以《格言脸璧》检点日常言行，哪些做到，哪些没有做到，从而进行总结和反思。李叔同曾说：“我的性情是很特别的，我只希望我的事情失败，因为事情失败、不完满，这才使我常常惭愧！能够晓得自己的德行欠缺，自己的修善不足，那我才可努力用功，努力改过迁善。”

后来，在为《护生画集·儿戏》（与弟子丰子恺合作）撰书题句时云：

> 教训子女，宜在幼时。
> 先入为主，终生不忘。
> 长养慈心，勿伤物命。
> 充此一念，可为仁圣。

童年时母亲的谆谆教诲，二哥李文熙近似“填鸭式”地灌输，让李叔同终生受益匪浅，一颗颖秀的种子，在涉世之初就打下了异于常人的根基。

文才初露

1888 年，李叔同奉母之命，到天津常云庄家馆学习，师从常云庄接受儒家传统教育，历时近 6 年。

常云庄是李叔同遇到的第一位专业老师，亦是一位名师。常云庄生卒年月不详，天津名士，工诗文，学识渊博，早年热心教育，曾在天津开馆授课，后考取功名，到山西做官。

李叔同入馆学习前，已经打下良好的基础，故不能按常规教学。常云庄因材施教，结合李叔同的天资禀赋及兴趣爱好，专门制定了一套教学方法。如，摒弃传统儒教课徒的陈规，改为教授古诗、辞赋、传记、文字学等书。

按照常云庄的教学计划，李叔同第一年读《孝经》《毛诗》

《文选》。第二年读《唐诗》《千家诗》。11岁读《四书》《古文观止》。12岁起，读《训诂》《尔雅》《说文解字》。14岁时起，读《史汉精华录》《左传》等书。

经过名师常云庄的言传身教，李叔同在诗文和文字学方面具备了扎实的功底和知识上的储备，为日后纵横文艺、精研佛典打下深厚的基础。

此际的李叔同，已不再那么顽泼和率性，而是变得更加慧敏灵透，甚至，他早已经痴迷于那一片古典的世界，雅兴大发，愈发不可收拾。

俗语“《文选》烂，秀才半”。据说，李叔同开始攻读《文选》的时候，能日诵五百，过目不忘，进步飞快，常云庄对其备加赞赏。

有一件事可以说明李叔同对常云庄这位授业恩师怀有感激。1928年，在上海闸北世界佛教居士林，他为《护生画集·麟为仁兽》手书题句时，遥想儿时常云庄教读《毛诗·麟趾章》时的场景。他作注云：

> 麟为仁兽，不践生草，不履生虫，余讽其文，深为感叹。四十年来，未尝忘怀。今撰护生诗歌，引述其义。后之览者，幸共知所惊惕焉。

师从常云庄的几年里，李叔同对《说文解字》颇感兴趣，曾临摹过《宣王猎碣》等篆字碑帖，还写过刘世安临摹的文徽明手书《心经》。

《心经》全名为《般若波罗蜜多心经》。“般若”是智慧，“波罗蜜多”意思是到彼岸。《心经》全文260个字，是佛经中字数最少的一部经典著作，因其字数最少、含义最深、传奇最多、影响最大。

《心经》中出现较多的三个字是空、无、不。我们可以参照下面这段译文理解：

> 舍利子（人名），我跟你说，我们所见的物质形态看似有形，其实和无形的空没有差别，甚至还可以这么说，有就是空，空就是有。为什么我这样说呢？舍利子，我告诉你，所有生命的本质，无论是有形还是无形，无论是过去还是将来，其本原是极清净、极平衡的，它们一直存在着，不生也不死，没有生和死的概念，没有垢和净的差别，也不存在增加或减少的问题。

我们可以想象，练习书法的人临摹字帖时，不可能只临摹一次，往往都是几十次甚至上百次，对所临摹的字帖无不熟练于心。李叔同临摹《心经》时，也是如此，他不可能不熟悉《心经》那260个字。加之此前所积累的国学功底，对里面的文字理解也相对深刻。

从5岁丧父，感受世态炎凉，到8岁之后接受母命拜师学艺；从初见僧人为亡父做法事，到临摹佛教经典《心经》，这一系列的场景，无一不在这位少年的心上划过一道印记，也无一不让他不断思索和感叹。

他需要一个合理的解释，或者解脱，甚至，他要找到一个真正的出口或者出路。就在这一时期，文才初露的李叔同写出了如下诗句：

> 人生犹如西山日，富贵终如草上霜。

诗的大意是：人生短暂，就像已近西山的落日，很快就要落山；富贵不会长久，如同草叶上的霜露，太阳一出即会消失。

一位出身富家的翩翩少年，十五六岁时竟能写下这样的文字，这是一种怎样的人生境界？是某种顿悟的智慧，还是某种看破红尘后的悲凉？

才艺博学

1895 年，李叔同从常云庄家馆结束学业，考入设在天津城西西北角文昌宫的辅仁书院。

辅仁书院之前的教学方法相对传统：即分别钻研、互相问答、集众讲演、定期会客。为了顺应时代的潮流和社会的需求，校方对固有的教学方法进行改良，指导学生各自研习儒家经典，每月举行两次考试（初 2 和 16 两日），由官方和学校共同命题习作制文，阅卷评定等级，发给奖银，促进竞争意识。目的是为学生应付科举考试提前做准备。

李叔同每次考试都是文思泉涌，名列前茅，获得奖银。学生作文，每人一张纸，都是逐字写在格子内。李叔同觉得写得不过瘾，别出心裁地在一个格子内写两个字，被校方戏称为“双行李文涛”。

在辅仁书院学习期间，李叔同还请人教授外语，下半年在二嫂姚氏引荐下，进入姚氏家馆学习。在此学习期间，他遇到两位名师，一位是赵元礼，一位是唐静岩。

赵元礼（1868—1939），天津人，又名赵幼梅，天津名士，清光绪年拔贡，与严范孙、孟广慧、华世奎合称“津门四大书法家”。赵元礼书法一流，毕生致力于研究古典诗词，功力深厚，著有《藏斋随笔》《藏斋诗话》。赵元礼教李叔同时，年仅27岁，可以想象，也是天资学养异于常人的奇才。

赵元礼书法创作的核心理念是，求其平整，字与人同。他说："孙过庭云，学分布，但求平整，便追险绝，既能险绝，但归平整，此真书法之金科玉律也。今人写字，当未臻平整境界，便作奇邪狂怪一派，不但终生不能入门，且贻后生以无穷之害，此大缪也。"又说："看字之方式，与看人之方式相同，甲乙两人来求事，甲则言语清晰，行动整肃，乙则言语杂乱，行动懈弛，予欲用人，必取甲而绌乙也明矣。字之点画不苟，犹人之言语清晰也，字之结构不散，犹人之行动整肃也。不研究写字则已，若研究写字，圣人复起，不易吾言。"

赵师的教诲，被潜心钻研书法的李叔同铭记在心，更是付诸于行动中。

1937年，57岁的弘一大师，在厦门南普陀寺佛教养正院讲演《最后一言——谈写字的方法》总结道，要以字传人，不要以人传字。写字不能随随便便。每个字的地位要正，要不偏左不偏右，不上不下，要有一定的标准……写字时，写这个字，眼睛专看这个字，其余的就不管，这也是不对的。因为上面的字，与下面的字都有关系；即全部分的字，不论上下左右都须连贯才可以。这一点很要紧，须十分注意。不可只管写一个字，其余的一切不去管它。因为写字要使全体都能够配合，不能单就每个字去看的。弘一大师的这段话，追根溯源，还是要归到赵元礼名下。

李叔同和赵元礼学习诗词文章两年。初学辞赋八股，后学填词。赵元礼推崇苏东坡，所以也向李叔同着重传授苏东坡的诗词心得。李叔同自幼熟读唐诗、五代词，经赵师以苏诗（宋诗）贯通，诗艺大进。苏诗好以禅语入诗，多豪迈清雅之语，直接影响了李叔同对诗词的认识。

赵元礼博闻强识，诗文俱佳，唯联语欠佳，引为终生遗憾。赵在《藏斋诗话》中说道：“诗文于我，虽然还未入门，但也算小有所成，唯独写不好联语，只好以集句搪塞了。”

跟随赵元礼学习期间，李叔同还跟随另一位名师唐静岩学习书法篆书及刻石。唐静岩（生卒待考），天津人，书印名家，原籍浙江，久居天津，以行医为业。著有《颐寿堂印谱》。唐静岩篆艺得书法相助，刀法犹见功力，被业界公认有秦汉遗风。

李叔同跟随唐师学艺两年，得到真传，技艺突飞猛进。为谢师恩，李叔同于1896年夏天，出示素册24帧，恭请唐静岩手书钟鼎篆隶八分各体。唐静岩摹写完工，李叔同以篆书题签册名《唐静岩司马真迹》，下署“当湖李成蹊”。册后还有“叔同过目”的篆字印章。并出资印刷出版，以示对老师的崇敬。

1942年（弘一大师于当年10月去世）初秋，弘一大师允请南闽金石家许晦庐题书篆额时，在信中谈起当年在天津和唐静岩学习书法时感慨道：“十四五岁时，常学篆书，弱冠以后，兹事遂废。”

李叔同在外与赵唐二位名师学艺，回家之后便与账房先生徐耀庭切磋金石书画等方面的心得。徐耀庭（1857—1946），又名药廷、月廷，世居天津。哥哥徐子明是天津书画名家，擅长工笔花鸟，书法篆刻。徐耀庭从小耳濡目染，也爱好书画篆刻，且造诣颇深。徐家离李家不远，因其善于理财，便在李家桐达钱铺管账，为李家服务了半生。

闲暇时光，徐耀庭举刀刻章，李叔同现场观摩，不懂之处随时提问，将学到的理论落到实践。据徐耀庭后人回忆，“徐耀庭不仅继承家学，而且还继承了中华民族优良的传统美德。他心地善良，有一颗乐善好施，慈悲为怀的心肠。他为人正直，做事认真，勤奋好学。徐耀庭和李叔同俩人相处日久，感情甚笃。”

徐耀庭比李叔同大23岁，被李叔同尊称为“五哥”“老哥”“徐五爷”，两人成为亦师亦友的忘年交。正值青春期的李叔同，遇到不惑之事，烦闷之事，都会对徐耀庭倾诉。徐耀庭帮他进行善恶的分析，正确的引导。遇到困难，李叔同也会向徐耀庭求助，徐耀庭有求必应。徐耀庭本身具有的高尚人格和艺术造诣，影响了李叔同一生，也形成了他日后作事研究认真，一丝不苟的品格。

李叔同于1895年曾画过一幅“八破扇面图”，上面画的是旧书、旧报纸、旧信笺等八件旧物。附带入信封交给徐耀庭指正。信封写明：“内有要件祈带至天津河东山西会馆桐兴茂面交徐五老爷耀庭开启。”

李叔同当时送给徐耀庭一方印章，上面刻着“落花水面皆文章”等字。这句话出自朱熹《四时读书乐》中的第一篇《春》：

山光拂槛水绕廊，舞雩归咏春风香。
好鸟枝头亦朋友，落花水面皆文章。
蹉跎莫遣韶光老，人生唯有读书好。
读书之乐乐何如？绿满窗前草不除。

此诗第二句的意思是：树上的鸟，虽是禽类，也是我们的朋友（喻珍惜友情）；飘落在水面的花瓣，看似常态，在有心人眼中，都是一篇篇好文章（喻善于发现）。李叔同借此来赞许徐耀庭重情义，懂艺术，是位有人格魅力的老大哥。

李叔同与徐耀庭朝夕相处，形影不离，感情深厚。1896年将近一年，徐耀庭到张残垣公干，二人无法见面，只能以书信互诉衷肠。李叔同给徐耀庭写了17封信。

翻开尘封的历史，当我们再次阅读这些信件，还能感受到这对密友深厚的友情。信中涉及方面很广，天气阴晴，冷热程度，市场行情，日常嬉戏以及家中种种琐事，李叔同都告诉出门在外的徐耀庭，以解其客居异乡的寂寞无聊。遇到红白喜事，李叔同会主动代表徐耀庭送上贺礼，并将结果通报。

在徐耀庭的影响下，李叔同对金石书画的喜爱达到痴迷，就连写信，也不放过请教的机会。他在1896年农历7月15日的一封信中写道：

> 阁下在东口，有图章即买数十块。如无有，俟回津时路过京都买来亦可，愈多愈好。并祈在京都买铁笔数支，并有好篆隶帖亦乞捎来数十部，价昂无碍……

从信函可知，李叔同正处于学习书法篆刻的狂热期，印石、书帖、铁笔大宗购进，创作力惊人。幸好他是富家子弟，家人也支持其从事艺术实践，换做贫寒家庭，连材料都买不起。

这一时期的李叔同交游甚广，除唐静岩、赵元礼，还有姚彤章、姚彤诰、昆仲、李绍莲、李石曾等津门名流，如书法家孟广慧、华世奎；画家马家桐、李采蘩、徐士珍；教育家严修、周啸麟；金石家王襄、王钊；诗人王吟笙、王仁安。他们与李叔同或结为忘年，或引为知音。

1896年，17岁的李叔同以文童身份进入天津县学，开始学习八股文。

第三章　花事匆匆

痴迷戏剧

父殁兄夭，长男为父。在李文熙的严厉督教下，李叔同自幼饱读经书，天生聪颖，才思超人，有过目不忘的本领，才十几岁，已是诗词歌赋、书法篆刻、音乐绘画、歌唱表演等无所不通，旧学新知一应俱全。与此同时，对二哥李文熙严重的封建家长作风，以及对封建家庭令人窒息的腐朽气息的反感和叛逆，在他的心底潜滋暗长。

与诸多官宦家庭一样，妾侍在家族中的地位本来就很低，庶子的地位也不能与嫡子相比。何况李叔同母亲王凤玲，是由丫鬟变成姨太太的，因此她在这样的一个大家族里，地位更是可想而知。

李世珍辞世后，失去庇护的母子，受尽了族人的鄙视和责难。虽然李叔同的出息，多少让人们对这对孤儿寡母刮目相看，但这并不能从根本上改变母子二人的境遇。在极度压抑的境况下，王凤玲迷上了上戏园看戏。只有在戏园，她才能找到自己依然活着的证据；只有在戏园，她才能暂时舒释一下郁结的心情。

年幼的李叔同，便常被母亲领着一起到戏园看戏。他们常去的是福仙楼，那儿路近，来去方便。刚开始时，李叔同听不懂戏文，只觉得戏台上那些穿红着绿的人咿咿呀呀地扭来扭去很好玩；后来听着听着就听出了点门道；再后来就完全入戏了，戏台上的一颦一笑，竟能密切地左右他的喜怒哀乐。

也许他原本就是为戏剧而生的，这个才10岁不到的孩子，看完戏后，竟然连整折整折的戏文内容都记得住。回家后，居然不知从哪儿弄来了一堆花布和颜料，根据记忆，如法炮制，常常在小朋友面前扮演戏中人物。

对于少年李叔同如此痴迷戏剧，母亲王氏忽然觉查到了里面的不正常，因为李叔同就是她的全部希望，她不希望儿子像迷了魂似地老往戏院跑。她只希望他好好地呆在学堂里。

风言风语渐渐传到了王氏的耳边……

“你瞧这孩子，学什么不好，偏要学戏子！”

“有其母必有其子！你瞧他那做娘的，三天两头地往戏园跑，孩子不学坏才怪呢！”

“做俾女的，能养出什么好儿子！”

“咱得叫咱家小子离三郎那孩子远点！可别让他把咱小子给带坏了！”

“咱老李家是积善人家，可别养出了一个浪荡子啊！”

王氏听了，气得晚上一个人在房间里偷偷地大哭了一场。她想不明白，自己每天在家里受气，带孩子到戏园看场戏散散心有什么错？孩子喜欢看戏演戏，到底犯了什么王法？

过了些时日，连李文熙也开始当众责怪起王氏来，说她纵容三郎看戏，耽误了三郎的学业。王氏这才意识到事态的严重性。为了免遭众人的白眼，更为了三郎的前程，她决定以身作则，狠下心来，忍痛戒掉戏瘾，从此再也不上戏园了；同时严令三郎一门心思读书，今后不得再去看戏，更不得再在院内院外演戏。

母亲严令、二哥严禁，李叔同只得乖乖地收起心来。然而一个人一旦痴迷上了一样东西，又岂是那么容易就能割舍得了的？更何况三郎还只是一个孩子。不让他在小朋友面前演戏容易做到，不让他去戏园看戏无异于剥夺他的生命。因此尽管有“紧箍咒”套在头上，他还是经常逃课去看戏。终于有一天常云庄家馆的先生告上门来。

王氏大为伤心。她想起了孩子他爹临终前再三叮嘱自己说什么也得把三郎带好，无论如何都要把他培养成才，可这孩子却迷上了看戏，为了看戏现在竟然发展到不惜逃学。她想起十几年来养育儿子的艰辛苦酸，想起了自丈夫去世后所受的白眼和委屈，想起了自己身上的责任……她越想越生气，越想越伤感，越想越绝望。为了阻止儿子在痴戏的路上越走越远，为了让儿子幡然悔悟，她摸起藏在床底下的老鼠药，吞了下去。幸亏那天李叔同回来得早，看见母亲口吐白沫，倒在房里，不省人事，慌忙叫来二哥和众人，大家一阵忙乱，给她灌肠、洗胃，总算把她从“鬼门关”前拉回人世。经此事件，李叔同发誓从此潜心攻读，不再踏进戏园半步。

他放弃了听戏。他虽然身体离开了戏台，可是他那颗心真的就离开了那个曾经的舞台了吗？

惆怅初恋

就这样，风平浪静地过了几年，转眼李叔同就17岁了，他已由常云庄家馆考上文昌院辅仁书院。

一日，李叔同正走在放学的途中，忽听报童手中扬着一叠报纸吆喝着从身边跑过。

李叔同展开报纸，只见套红号外上赫然印着一行大大的标题：“天津第一名伶杨翠喜沪上夺魁，一出《拾玉镯》令申城万人空巷!”版心中央是一张杨翠喜盛装出演的巨幅照片。

照片中的杨翠喜，豆蔻年华，齿皓腮红，秋波流转，百媚千娇。

李叔同看呆了，一种异样的感觉爬上了他的心头，那是一种从未有过的体验。而且，当年看戏时的情景，一幕幕历历如昨，又勾起了他的回忆；也引发了内心深处蕴藏许久的某种冲动，这种冲动仿佛一发而不可收。

这时的三郎，已不是当年那个少不更事的孩子了。如今，他已经长大成人，开始有自己的主见了，就连对在李氏家族中从来都说一不二的二哥，他也不再事事都言听计从了。

进入辅仁书院读书的最大好处，就是脱离了二哥和母亲的监视，获得了较大的自由。尽管有母亲的警告，和当年惨痛的教训，但是戏园——更确切地是他刚从《国闻报》上认识的津门名伶杨翠喜，却像磁铁一样，把他整个心都吸了过去。

此后去戏园看杨翠喜，便成了他的日常功课。杨翠喜是他的偶像、女神。只要是杨翠喜的场子，他每场必到，为她捧场。

那个时候的杨翠喜，恰似那牡丹花心，三春芍药，万人中央，享受的是盛极的宠。可她偏偏爱上了李叔同。

杨翠喜每次登台，总能发现，在台下，或者台下的悬楼上，有一个和自己年龄相仿、长相清俊、儒雅脱俗的年轻人，总是目光热切而温暖地注视着她。与那些浪荡公子们的狂乱猥琐明显不同，他沉静、安详、超拔、清澈。他从来不大喊大叫，只是静静地观看着，偶尔轻轻地拍拍手掌。杨翠喜第一次注意起他的时候，心里便有了一种特别强烈的感受：这个年轻人与众不同。之后，她便开始留意起他了。

那日卸妆，杨翠喜脑子里还在盘旋着那个人的目光。这时，有人告诉她有人求见，她不愿见，每日见的人已经太多。

戏散场，繁华落尽，如百花凋零，她每日都要面对这盛极的场面和之后的寥落清冷，一个人！

忽然，一个很宽厚的声音轻轻传过来："杨小姐，我是李叔同，刚才是我求见。"

杨翠喜一惊，又一喜，是他，居然是他！从此以后，李叔同由台下看客，变成了知己，每天坐在第一排看她轻舒水袖，万种柔情，然后他到后台去等她，再提着灯笼送她回家。

晚风细细流淌在身边，情愫渐渐生成在心底。他英俊有才华，又那么深情贴心；她呢，美貌，也兼具个性，一抬眼一展眉，都是风情。

对杨翠喜而言，李叔同是她亦师亦友的至交。两颗年轻的心，在无数次这样的倾心交谈中，已经融为一体。

陷入情海里的李叔同以为，两人可以缔结鸳盟，共度一生。后来，他因事到上海，给杨翠喜寄来两首《菩萨蛮》，表达了这种浓情蜜意。

李叔同：名如何爱如何生命该如何

其一

燕支山上花如雪，燕支山下人如月；
额发翠云铺，眉弯淡欲无。
夕阳微雨后，叶底秋痕瘦；
生怕小言愁，言愁不耐羞。

其二

晚风无力垂杨嫩，目光忘却游丝绿；
酒醒月痕底，江南杜宇啼。
痴魂销一捻，愿化穿花蝶；
帘外隔花荫，朝朝香梦沾。

情真意切，爱溢纸间。第二首却似乎是在杨翠喜处饮酒之后所作，这一次大约是喝得多了，醉倒在杨翠喜处。酒醒时，月痕已低，天都要亮了，外面传来杜宇声声，李叔同回想这一夜的情事，如痴如醉，希望自己能化身为蝶，夜夜在帘外花荫之中，陪着杨翠喜入眠。

谁知天不遂愿，李叔同陷入情网后，收获的却是无限悲凉。当他由外地回到天津以后，杨翠喜已经被段芝贵重金礼聘，送到北京孝敬载振小王爷去了。后杨翠喜数易其主，失意离世，李叔同的痴情落空，惆怅不已。

情定终身

初恋是清新的，纯净的，但是带着点青涩。它是最美好，最不含杂质的一段情愫，如若没有其他事情介入，没有旁人干涉，它就能一直茁壮美丽地成长，直到成为浓烈如火，令人终生不忘的绵绵深情，以及那永久的记忆。

当时的李叔同应该正是如此，他对杨翠喜正是这种青涩的感情，存在着，但却未完全成熟。假若他们能够一如既往的相处，愈发的亲密无间，最终一定会走到一起。

而且，李叔同身为豪门才子，他的家庭又如何能容许他爱上一个寒门戏子？

人生如戏，杨翠喜虽然就这样离他而去，可是李叔同的心还在那个舞台上，他还没有从戏里出来。

母亲终于想出了一个办法让他的心回来，她给他找了一个同样家境显赫的商人的女儿。

一天，当他正在书房习练洋文时，一个丫鬟在门外说，母亲叫他。

李叔同放下笔，从案前站起，来到母亲的房间，向母亲行礼后，站在镜妆台旁。

王氏凝神，神情严肃地看着他，心中如同蒙着一层拂拭不掉的灰烬。

“文涛，我有话问你。”王氏敛起平日温婉的笑意，“俗话都讲，养儿防老，你说，倘若你成了家，是不是对咱们母子都好些？”李叔同听着母亲虽威严却也试探的话，心中像是针扎一般的痛。

他是理解的，因为在这整个李家大宅中，李文熙暗示默许的冷漠与蔑视。因为母亲仅仅只是一个侧室，所以能够在平日里陪她谈心聊天解闷的人都没有。母亲年轻守寡，又总是看人脸色过活，寂寞与委屈自然不必多讲。自己娶了妻，成了家，意味着会有一个人来陪着母亲，可以令她有机会去倾诉去排解。

只要娘满意，一切都是可以的，李叔同默默点下头。

清光绪二十三年农历9月20日（公元1897年10月23日），距离海河只有三十几米的李家大宅院里，张灯结彩，喜气洋洋，高朋满座。一条猩红的毛地毯，从正堂中央，向外爬出门槛，垂下石阶，穿过深深的庭院，再从院门旁两只披着红绸的大石狮子脚间，一直铺展到不远处的海河码头上。

这是母亲王氏和二哥李文熙，在给李叔同举办完婚大礼，新娘正是那位茶商的女儿。

这一年，李叔同刚满18岁。可是身为新郎的李叔同，这位李家的三公子，此时却呆若木鸡，旁若无人，仿佛这宏大隆重的场面和自己无关。

这桩婚事轰动了津城，可李叔同却不甚在意。望着身边比自己大两岁的妻子，虽面容清秀，却无论如何也没有心神激荡的感觉。

李叔同的心在天空飘荡，一会儿飘到了福仙楼戏台，一会儿又飘到北京城……他在到处寻觅杨翠喜的身影。

自那天晚上分别后，已半年多了，李叔同再也没有见过她。一入王府深似海，今生今世，他还能见到她吗？他沉浸在对杨翠喜的追怀中。

杨翠喜是他的初恋，可是无情的现实，却将他们的爱情美梦击得粉碎！杨翠喜的离开，带走了他整个灵魂。几个月来，他曾无数次跑到福仙楼戏园，也曾去过几次杨家弄的石库门，幻想能在那儿，再次与她相见，可是没有哪一次不是衔泪而归。甫一分手，即生死契阔，悠悠苍天，此恨何极！

除了杨翠喜，李叔同的心中，再也容不下别的女子。然而母命难违，母亲吃尽千辛万苦把自己养大，在婚姻大事上，自已纵然有一千重委屈，也不能拂逆了她的心意——这是他这个做儿子的必须尽的孝道。

可是，对那个就要成为自己新娘的姑娘，自己与她连一面也不曾见过，单凭媒妁之言，就要与她结为百年之好、共度一生，这样，岂不荒唐？何谈感情？更何谈共同语言，何谈志同道合？没有感情的婚姻是不道德的，无论对自己还是对那位姑娘都不公平。

李叔同强烈地感受到一种爱情理想的幻灭。眼前蜡烛的一片红光，倏忽变成了一团迷雾，在他眼前漂浮着，他痛苦地摇了摇头。

他原本希望的是一位和他拥有同样爱好，可以话诗可以论琴的女子，没想到自己的妻子竟然是一位商人的女儿，从来没有见过面的陌生女子。

本该有无限欢乐的新婚之夜，却让他极其不安。或许因为青春年少，所以不知所措，他三天里都没有和自己的妻子说过一句话。第四天的晚上，突然开口，“你识字吗？”这样打破了这几天的宁静，也开始了一段尴尬的姻缘。

第四章　破碎河山

南迁上海

公元1898年，光绪二十四年，是天干地支纪年法中的戊戌之年。在中国这片广袤的大地上，发生了一场浩浩荡荡的维新变法运动。名义上亲政的光绪皇帝，面对自家山河即将被列强瓜分的危机，他向掌握实权的慈禧太后要权力来进行变法改革。于是，维新变法盛大开场，又匆匆落幕，虽然仅仅维持了103天，却仍在历史上留下了浓墨重彩，无法忽视的影响，史称“戊戌变法”。

这一场变法的余波扩散的范围极大，就连身处异地的李叔同也深受影响。

维新变法运动刚刚开始，李叔同就十分关注。他那时也恰好已经学习了一些洋文，感受到了一些西方文化。面对着中华传统文化中的糟粕，他早已厌恶透顶。而那些糟粕，又在西方文明中得以订正，这让他对西方的好感更深了一层。每日的报刊中都会登出有关变法的政策和细节，于是读报就成了李叔同每天的习惯。

读着维新变法运动领导人康有为和梁启超所拟定的变法内容，李叔同不住地点头肯定。对于他们的见解和认识，也是深感佩服。李叔同在心中也默默期待着变法的成功，让清政府尽早学习到西方的先进文明，让盘踞在中华大地上沉睡已久的巨龙再一次腾飞起来。

但这年的9月21日，慈禧太后临朝，幽禁了光绪帝，并宣布废除新政，搜捕维新党人。这条消息传到李叔同耳朵里时，他简直不敢相信，震惊得瞪大双眼，握着报纸的手剧烈地颤抖着。只是张皇了片刻，他就恢复了内心的平静。

李叔同早该意识到，专制独裁的慈禧太后，怎么可能轻易放弃手中的权力，将掌控在自己手中的社稷江山拱手让人？还是自己人天真。他抿唇将报纸撕碎，随后仰天大笑着走回书房，凝心静气片刻，便一刀一刀铿锵有力地刻下了“南海康梁是吾师”，篆文笔力俊逸且豪放不羁，边角还刻着碎花。刻印明志。

即使李叔同从未受业于康有为和梁启超，但是变法的新政，那些被他们所引进的先进思想和主张，在影响着自己，启迪着自己，改变着自己。即使没见过面又何妨？南海康梁便是吾师。腐朽的清政府，残酷的政治现实，荒唐专制的慈禧，无不令李叔同觉得污浊，就连北方的天空都被他们罩上了一层灰黑色的雾霭。他迫切地想要逃离，北方那重得仿佛有千斤的氛围压抑得他快要窒息。现在，他整个脑海里都回荡着“离开、离开”。

逃离到南方，况且梁启超与康有为都是南方人，南方人接触到的西方风气更早、更全面，他们知道，不实行新法是不行的，不接受新的东西，旧的壳子舍不得割掉，即使此刻能坐在金銮殿上享一时的辉煌又有什么用？不变不改不革新，到头来还不是一场烟云。只有离开，逃到距离紫禁城更远的地方去！

马上离开！但人毕竟不是独居的动物，李叔同没有办法潇洒地拂袖而去。在天津，他有牵挂，有故人，也有亲人，还有许多无法轻易割舍的人、事、物。他需要时间来做梳理，来做告别。李叔同先是对生母王氏阐明了自己想要南下的念头，王氏理解儿子的苦闷，几乎没有迟疑地点了头。想要离开的理由，并非只是受不了北方的陈旧与腐朽，还有一大重要的原因是来自于李家。

这座大宅院十几年来给予李叔同母子俩的，除了最初几年的愉悦光景，就只剩下度日如年的苦闷和压抑，没有人理解，也没有人能够倾诉。备受冷眼的王氏在李家举步维艰，她能够活着，大概也是为了儿子。不仅不能在儿子面前露出颓唐的神色，不能流下委屈的泪水，甚至还要在面对他的时候温婉微笑——这对她是何其的残忍！

李叔同作为一个孝子，无法忍受母亲受这种罪，于是决心要离开，离得越远越好！

在得知李叔同决定南下上海后，母亲曾问："儿啊，为什么要选上海？"李叔同的母亲还没满 40 岁，却守了十多年的寡，只因为她是如夫人，她是侧室，她便只能忍受着在这个家中所有人的轻视，年纪轻轻发间就掺了灰白。一个儿子不能让母亲再承受这种艰难，可他身为气盛的男人无奈地不能和她这样解释。

当然，作为一个才智惊人的天才，李叔同考虑迁到上海的原因不止这些，稍微思考过后，他对母亲说："您看现在，北方被那个老女人搅得乌烟瘴气，沉浸在旧日的迷梦里，天都仿佛被罩住，见不了一丝光。而南方则不同，南方最早接触西风，那里离京城远，洋人那些先进的思想都在那里传播，而上海恰恰是其中的代表，有新人、新事、新学，到了那里，我们才大有可为！”李叔同越说越激动，眼中闪烁着光芒。母亲见到儿子如此向往，如此渴望，便点头笑着应允。

征得王氏同意后，李叔同就开始着手收拾行装。俞氏作为妻子也帮忙料理在李家最后的家事，好让他安心地走出家门，去解决在津城中的其他要事。

当然，除了受维新变法影响，李叔同南迁上海的直接原因还是来至于那一枚“南海康梁是吾师”的印章。历时仅 103 天，“戊戌变法”宣告失败，康有为、梁启超分别逃往法国和日本，谭嗣同等戊戌六君子喋血菜市口。时在天津的李叔同被疑为康梁同党，受到牵连，不得不逃亡上海。

“天涯五友”

“老大中华，非变法无以图存”，他要找到一个自由的地方，一个可以发挥他才华和志向的地方。

这一年的 10 月，李叔同和母亲、妻子南迁上海，在法租界卜邻里租房居住，并改名李漱筒。

果然，上海是一片新气象，那里的自由空气让李叔同颇有龙在阔海的快感。凭着年少才盛，以及他身上极高的艺术天赋和独到学识，他很快就融入了当地的文化圈，加入了城南文社，并很快在上海交结了一大帮他认为艺优学深的年轻同道。

城南文社成立于 1897 年，是一个以切磋诗词文章为宗旨的艺文团体，每月组织活动一次。核心成员有云间诗客许幻园、宝山名士袁希濂、江湾儒医蔡小香、江阴书家张小楼，社址即设在许幻园的豪宅城南草堂。文社的性质近于文学沙龙，宗旨是以文艺会友，除了成员间定期的课会唱酬之外，还常以悬金征文的形式结揽各方文士。

于是，这个集团，三天一征文，两天一聚会，除了诗云子曰，李叔同的书、画、金石等都突破当时的水平线。李叔同接连数次夺得征文魁首，很快引起了文社及上海各界的注意。报纸以醒目大字写着：

二十文章惊海内，古今奇才李漱筒。

城南文社的盟主许幻园，名铼，江苏松江（旧称云间）人士，是当时上海文坛的领袖人物之一，号称云间诗客。许幻园家境殷实，又素好结纳，府上常常成为沪上名流才士欢会的场所。

李叔同初到上海，便才华卓越而引起许幻园的注意，遂相邀清谈。这场谈话畅快而惬意，令叔同和幻园相互大感相见恨晚，以后两人相交至笃，情同管鲍。

文社中的另外 3 个核心成员，袁希濂、蔡小香与张小楼，才情气质都与李叔同相近，彼此之间同样钦慕有加。随着交往渐深，情谊日浓，5 人终于结成金兰之好，号为“天涯五友”。其合影留念尚存于世，许幻园妻宋梦仙曾题诗 5 首以志贺，名日“题天涯五友图”，其中为李叔同所咏之辞最为醒目：

李也文名大如斗，等身著作脍人口；
酒酣诗思涌如泉，直把杜陵呼小友。

宋梦仙名贞，才貌双绝，是有名的才女。据说出生之时其母梦见仙女来降，故字梦仙。宋梦仙不仅工诗善文，书画篆刻亦佳。18岁时嫁与许幻园为妻，两人才情相仿，意趣相投，良缘天合，时有“沪上双璧”之誉。

李叔同有感许幻园夫妻的恩爱，同时也钦佩挚友之妻的才情，其诗《和宋梦仙》云：

门外风花各自春，空中楼阁画中身。
而今得结烟霞侣，休管人生幻与真。

1900年春，许幻园特地在自己的城南草堂内辟出一隅，邀请李叔同一家离开法租界内的居所，搬来与自己同住。幻园的城南草堂宽敞洁净，树木清华，鸟音时闻，苔痕柳影，清幽自在。城南草堂因藏有《复梦》《补梦》《后梦》《重梦》等8种续《红楼梦》而得“八红楼”之雅称。幻园在草堂内留给叔同一家使用的客厅中，悬有“醾纨阁”的匾额，右边的书房里幻园又书“李庐”一匾，这便是李叔同此间自号“醾纨阁主”“李庐主人”的来由，此后他的集刊也多以“李庐”为起名。

李叔同在城南草堂的生活十分惬意，文人名士间的交往也是酣畅淋漓。李叔同有一首《清平乐·赠许幻园》如此描写这段生活：

城南小住，情适闲居赋，文采风流合倾慕，闭户著书自足。阳春常驻山家，金樽酒进胡麻，篱畔菊花未老，岭头又放梅花。

草堂著作

宋梦仙言李叔同“等身著作脍人口”并非空穴来风。李叔同到上海后不久，就出版了他在上海的第一部正式出版物《汉甘林瓦砚题辞》，起由为他在市井之间偶然购得“汉甘林瓦砚”。

“汉甘林瓦砚”据传原出汉代宫廷之内，辗转流传，后为清朝大学士、《四库全书》总编纂纪昀所得。纪昀对此甚为钟爱，特作《砚铭》以记之。如此珍品不期而遇，李叔同大喜，便以拓片寄与知友名士，广征题辞，与古砚拓本及纪昀的《砚铭》一起翻印成册，共成书2卷。题辞作者共约30余人，或品鉴古砚之奇，或叹赏砚主之才。

1900年春出版的《李庐印谱》是李叔同收藏及他自己镌刻的印章精品的一个结集。其中前部分是藏品，他自己的印章附于藏品之后。这是李叔同个人作品的第一次正式出版，书中序言以极为精练的笔墨概括了印学的发展：

> 系自兽蹄鸟迹，权舆六书，抚印一体，实祖缪篆。信缩戈戟，屈蟠龙蛇。范铜铸金，大体斯得，初无所谓奏刀法也。赵宋而后，兹事遂盛，晁王颜姜，谱派灼著。新理泉达，眇法葩呈。韵古体超，一空凡障，道乃烈矣。清代金石诸家，菀集探讨，突驾前贤，旁及篆刻，遂可法尚。丁黄唱始，奚蒋继声，异军特起，其章草焉。盖规秦抚汉，取益临池，气采为尚，形质次之，而古法蓄积，显见之于挥洒，与涂之于刻画，殊路同归，义固然也。不佞僻处海隅，味道懵学，结习所在，古欢遂多。爰取报藏名刻，略加排辑，复以手作，置诸后编，颜日《李庐印谱》。太仓一粒，无裨学业，而苦心所注，不欲自薤。海内博雅，不弃窳陋，有以启之，所深幸也。

该序文中认为金石之艺其实与书法同源，都是从篆文衍生，于先古之金铜铸文中定其大体，秦汉时期古拙天然而章法未形，宋之后名家继起而令金石之艺大盛，至清一代终是厚积薄发，印学之道突驾前时趋于鼎盛。序文提出书法与印刻一体，强调印亦当有笔有墨有神，至今仍有指导意义。只是可惜《李庐印谱》没能流传而今。大约在二十世纪三四十年代出版的《李叔同印存》（四册本），便是在这部作品的基础上增补而成的。

1900 年秋，李叔同又出版了《诗钟汇编初集》，亦是编录性质，署名“当湖惜霜仙史编辑，李庐校印”。诗钟是文人雅士间流行的的一种游戏，以集句嵌字为事。依然可惜的是此书已经失传，同时失传的还有同期署名“当湖惜霜仙史”的个人诗文集《李庐诗钟》。

与《印谱》的出版大抵同时，李叔同与城南文社诸友人以及上海书画界的几位名流朱梦庐、汤伯迟、高邕之、乌目山僧宗仰等人一起创立了“海上书画公会”，地址在今福州路杨柳楼。“海上书画家公会”举办各种书画讲习班，免费听讲，向大众普及书画知识，李叔同在讲习班里讲授篆书篆刻课程。

“海上书画公会”的组织形式与文社相仿，会员定期集会，品茗论艺，探讨书画之道，每周出《书画周报》一份，作为副刊随《中外日报》发行。这是上海书画界发行的第一份报纸。李叔同任《书画周报》主编，期间以“醾纨阁主李漱同”之名发表过自己的一些书印作品。

1901 年，李叔同返津探亲。这次重回故地，时值八国联军共犯我中华。山河破碎，目不忍睹，李叔同哀戚激愤的心境，凝为一篇篇情透纸背的淋漓文字，集结出版《辛丑北征泪墨》。

《辛丑北征泪墨》一经面世，时人云“豪华俊逸，不可一世”，在沪获得各界人士高度评价。例举几首如下：

杜宇声声归去好，天涯何处无芳草？
春来春去奈愁何，流光一霎催人老。
新鬼故鬼鸣喧哗，野火燐燐树影遮。
月似解人离别苦，清光减作一钩斜。

——《夜泊塘沽》

世界鱼龙混，天心何不平？
岂因时事感，偏作怒号声。
烛尽难寻梦，春寒况五更。
马嘶残月坠，笳鼓万军营。

——《遇风愁不成寐》

感慨沧桑变，天边极目时。
晚帆轻似箭，落日大如箕。
风卷旌旗走，野平车马驰。
河山悲故国，不禁泪双垂。

——《登轮感赋》

子夜新声碧玉环，可怜肠断念家山。
劝君莫把愁颜破，西望长安人未还。

——《轮中枕上闻歌口占》

慷慨激昂，令人扼腕，字字泪，字字血，不忍卒读。赵元礼为之题诗道：

与子期年常别离，乱后握手心神怡。
又从邮筒寄此诗，是泪是墨何淋漓?!

就在李叔同意气风发、著作等身，欲一展身手的时候，1901 年，许幻园纳粟出仕，袁希濂入广方言馆，张小楼赴扬州东文学堂之聘，蔡小香医事应接无暇，而李叔同则去了南洋公学，城南文社及海上书画公会也就随缘而散了。

1902 年，宋梦仙患疾而亡，年仅 26 岁。她不仅才貌称绝，且人品高洁。庚子年间因战乱之故，内地百姓多有流离避乱于沪地，老弱孤贫颠踣于道。宋梦仙乃售罄其所藏所作书画以赈济，道义于心不让须眉。凡此之类，皆让李叔同钦佩。又令他感到亲切的是，母亲王氏与宋梦仙也极为投缘，时常与她在一起说诗品画。宋梦仙身弱喜病，王氏为之治理调养，视如己出。

由此种种，李叔同在心中也一直将宋梦仙当成自己的姐姐。无奈天忌红颜，一缕香魂就此早逝，李叔同心中倍感凄凉，以至于 12 年后，还为宋梦仙作《题梦仙花卉横幅》：

人生如梦耳，哀乐到心头。
洒剩二行泪，吟成一夕秋。
慈云渺天末，明月下南楼。
寿世无长物，丹青片羽留。

在此之前不久，1899 年李叔同长子葫芦夭折，20 岁的李叔同悲哀堪甚。幸运的是他在这期间收获了大量的友谊，以及他的艺术天赋被世人认可。

尽管如此，李叔同自幼而成的忧郁性情还是再次导致了他的悲戚之情，在他的《二十自述诗序》里云：

堕地苦晚，又撄尘劳，木替花荣，驹隙一瞬，俯仰之间，岁已弱冠。回思曩事，恍如昨晨。欣戚无端，抑郁谁语？爰托素毫，取志遗踪。旅邸寒灯，光化如豆。成之一夕，不事雕劖。言属心声，乃多哀怨。江关庾信，花鸟杜陵，为溯前贤，益增愧恧。凡属知我，庶几谅予。庚子正月。

次年，李叔同生日前一天，次子李准出生，欢喜之余，仿佛更感觉韶华易逝，人生苦短。于是，满怀愁绪的他填了一首《老少年曲》：

梧桐树，西风黄叶飘，夕日疏林杪。花事匆匆，零落凭谁吊？朱颜镜里凋，白发愁边绕。一霎光阴，底是催人老。有千金，也难买韶华好。

任凭李叔同“二十文章惊海内”，也抵不过国事衰亡的催人老。一个催字，道出了岁月的匆匆，也道出了李叔同的无奈、孤独和不甘。

于是，李叔同在回津探亲返沪后不久，以李质平之名考上了南洋公学特科班，再一次期望以新学之路，以“自新”强国。

第二卷 问君此去几时还

第一章 “自新”强国

南洋公学

1896年，即光绪二十二年，洋务派要员盛宣怀在上海创办了南洋公学，即交通大学的前身，与北洋大学堂同为中国近代历史上中国人自己最早创办的大学。

南洋公学创始时隶属于招商局和电报局，设立了师范院、外院、中院和上院四院，盛宣怀任督办。由于上海南洋公学当时教学所用全麻省理工学院的原版教材，时称“东方MIT”（MIT是麻省理工学院的英文缩写）。

1901年9月间，李叔同以总成绩第12名的成绩考上了南洋公学院新设的特科班。特科班第一次招收的20余人，皆为同辈人中英挺之选。除叔同之外，如黄炎培、邵力子、谢无量、洪樵袜、王莪孙、胡仁源、殷祖伊、项骧、贝寿同等人，日后皆成为各界卓有成就的杰出人物。

南洋公学特班的开设，是“为应经济特科之选，以储国家栋梁之材”“但望学成之后，能如曾、李二星”。因此要求进入特班学习者，“尤宜讲求中西贯通希合公理之学，不可偏蹈新奇乖僻混入异端之学”。

特科班从古文功底深厚的年轻学子中择优招生，拟经预读之后拔优保送经济特科，目的就是能够适应形势需要，为清朝政府选拔培养像曾国藩、李鸿章那样通晓实务的经世之才，是南洋公学开办以来的“高级班”。

出任特班中文总教习的即是“学界泰斗”、“人世楷模”的蔡元培先生。

1901 年，蔡元培出任特班中文总教习后，便将一种自由开放的教学方式带到了南洋公学。特科班除英语、算学及体育这三门公共课之处，不设固定的课程。主课由学生从预先开列的三十多门课程里根据喜好和特长自主选择一至三门，专业选定之后再由教习开具书目。学习以自修为主，教习的讲解引导只起辅助作用，学生每天须写一篇读书札记，交由教习评阅，是重在培养学生独立学习能力的教学方式。课余之暇，蔡元培还时常以座谈的形式轮流召集二三学生或议时事，或论学术，年轻学子们由此得以定期亲聆大学者的教诲，收益良多。授课之时，蔡元培经常品评时事，培养学生对国家的责任感，还注意向学生们介绍西方世界的文化，启蒙民权、女权之类新思想，以开阔其胸怀视野。

在精英荟萃的同学当中，李叔同以出色的艺术才能引众人注目。进入南洋公学之后，因为读书的关系，他从义兄许幻园的城南草堂搬出，在公学里独居一室。黄炎培在《我也来谈谈李叔同先生》一文中说：

南洋公学特班宿舍有一人一室的，有二人一室的。他独居一室，四壁都是书画，同学乐意和他亲近。特班同学很多不能说普通话，大家喜爱叔同，因他生长北国，成立小组请他教普通话，我是其中之一人。他的风度一贯很温和，很静穆。

有鉴于日本对西方文化的成功传介与消化，日文典籍为国人了解西方学术提供了一条捷径，因此，蔡元培除要求学生们学好英语之外，又在特科班教读日本文法，鼓励学生翻译日文典籍，并暗中宣扬民权思想。

李叔同早年在天津时已与国际红十字成员上岗岩太有过交往，后又经赵元礼引见，与千叶治和大桥富藏等著名日本书法家交好。那时的李叔同虽不精通日文，但对于日文之学多少还是有过接触。1903年发行的《法学门径书》《国际私法》，就是李叔同在南洋公学读书时期所翻译的。

退学风波

南洋公学为李叔同提供了严格而系统的新式学院化教育，为时虽然并不长，对他的影响却很深远。

新天地的新思想新学识若次第展开的画卷一样，深深地吸引着李叔同。他开始留意并研究起法律来。

在蔡元培的指导下，李叔同用心研读了几部日本学者的法学著作。在有感于法律思想及法律制度于国于民的重要性后，便着手进行翻译。由他翻译并由上海开明书店出版的日本法学著述《法学门径书》（玉川次致著）和《国际私法》（太田政弘、加藤正雄、石井谨吾合著），前者介绍学习法律的大体次第、意义、方法等，后者则是我国最早介绍国际私法的译著。李叔同由此也成为将西方近现代法律思想传介到中国的先驱者之一。

李叔同选译这两部法学著作翻译，是希望以此增强国人的法律观念和国民之主体意识，正如《国际私法》一书的序言中称："李君广平之译此书也，盖概乎我国上下之无国际思想，致外人之跋扈飞扬而无以为救也，特揭私人与私人之关系，内国与外国之界限而详哉言之。苟国人读此书而恍然于国际之原则，得回挽补救于万一，且进而求政治之发达，以为改正条约之预备，则中国前途之幸也。"

李叔同就读公学期间留下的《论强国对弱国不守公法之关系》一文，也显示了他研究法律的目的：世界有公法，所以励人自强。断无弱小之国可以赖公法以图自存者。即有之，虽图存于一世，而终不能自立。其不为强有之侵灭者，未之有也。故世界有公法，惟强有力者，得享其权利，于是强国对弱国，往往有不守公法之事出焉。

南洋公学虽然在组织形式上是一所依仿欧美的新式学校，但管理层由官僚买办所垄断，本质上仍是要为满清封建王朝服务的。学校所聘请的教师成分复杂，既有讲授近现代自然科学的外籍教师，也有一心只读圣贤之书的道学先生；既有像蔡元培这样的开明人士，也有不少捍卫封建旧统的保守分子。彼此的思想主张本难相容，尤其在民主自由之类新思想冲突中则尤见明显，教师及师生之间便渐渐分化而成对立之势。

公学之师吴稚晖此前在校内所组织的"卫学会"，就是因与保守派发生冲突而遭排挤，被迫辞职，10 余名学生也被开除。而后，1902 年的 11 月，有学生误将一瓶墨水泼到了一位时常鼓吹“圣教”“武功”之类封建思想教师的座位上，再次引发了师生间的争执，校方为平息该教师的忿怒，在不管实情的情况下，决定将几个与此事有关的学生全部逐出校门。后有学生欲作解释和申辩，校方并令一同开除。如此越闹越大，最后校方欲以高压平息此事，全班请愿则开除全班，全级请愿则开除全级。

在多次据理力争无功而返之后，蔡元培与其他几名教师一起愤然离校，退出南洋公学。

特科班的学生包括李叔同在内，平日深受自由民主思想的影响，为抗议校方的蛮横专制，不惜放弃其保举经济特科的资格，追随蔡元培全体退出了南洋公学，此后公学里还有不少学生陆续退学，前后总计共有 200 多人，终于导致了一场中国近代教育史上罕见的退学风波。

蔡元培还在特科班任教期间，即于 1902 年 4 月，便与蒋观元、叶瀚、黄宗仰等集议，成立中国教育会。南洋公学发生退学风潮，得到教育会的支持，并于 1903 年成立爱国学社，接纳退学学生，在南京路福源里正式开学，由章士钊、蒋维乔、吴稚晖等为首教，蔡元培为总理。

《章程》中说：“重精神教育，而所授各科学，皆为锻炼精神，激发志气之助。”期间，上海开展抗法拒俄运动，爱国学社革命空气活跃，师生在社会上公开宣传革命。颇具进步思想的《苏报》也经改组，“以鼓吹革命为己任。”当时，李叔同任《苏报》编辑。

入“沪学会”

1904 年，马相伯与穆藕初在上海成立了以兴学强国为宗旨的“沪学会”，吸引了不少志同道合者。李叔同与义兄许幻园、南洋公学的同学黄炎培等人一同加入。一时间，“沪学会”家喻户晓，成为了当时名震一时的新学新潮新时尚之典范。

沪学会开展的活动很多，除了兴办义学、普及文化、组织青年操练强身、习枪尚武之外，还通过开音乐会、演出文明新剧等形式向社会传播民权、女权等新时代的观念与思想，以推进社会风俗之改良。

李叔同在沪学会中主持演剧部的活动，于1905年编写《文野婚姻新戏册》一剧，剧本写成后，曾作诗四首以为纪念：

床第之欢健者耻，为气任侠有奇女。
鼠子胆裂国魂号，断头台上血花紫。

东邻有儿背佝偻，西邻有女犹含羞。
蟪蛄宁识春与秋，金莲鞋子玉搔头。

河南河北间桃花，点点落红已盈咫。
自由花开八千春，是真自由能不死。

誓度众生成佛果，为现歌台说法身。
孟旃不作吾道绝，中原滚地是胡尘。

朱双云的《新剧史》中有这样一条记载：“丙午春正月，上海沪学会组织演剧部……沪学会诸会友闻风而动，于正月既望，即就会堂试演，主其事者，为美术家李叔同。”

李叔同演绎新剧，同时也对传统戏曲保持着热爱。作为票友，李叔同把在天津客串的习惯也带到了上海。他演出过《白水滩》《虫蜡庙》《溪皇庄》等剧目，扮演过穆玉玑、黄天霸、褚彪等角色。现存的照片中，有两张当时的剧照，一张扮演的是京剧《溪皇庄》中的老英雄褚彪，另一张扮演的是京剧《虫蜡庙》中主角黄天霸。花缨冠，丁字步，左手敞撩披袍，右手紧握马鞭，剑眉凤眼，目光英凛，很是显示其功夫。

新学的兴起，也同时带动了中国现代音乐的萌芽，其代表形式便是“学堂乐歌”，即学校音乐教育歌曲。

在新式学校中普及音乐教育，早在维新变法时期即已被提出。当时由于真正掌握现代作曲法并且具有创造力的音乐人才太少，学堂乐歌的曲调多是采用欧美和日本的现成旋律，再填词或配词而成。从传统音乐中选曲者已相当少、自创乐曲者就更为鲜见了。

李叔同早期的代表作《祖国颂》便是由当时民间一首颇为流行的乐曲《老六板》加工而成，所配歌词，字里行间充满了强烈的爱国热忱。其词如下：

> 上下数千年，一脉延，文明莫与肩。纵横数万里，膏腴地，独享天然利。国是世界最古国，民是亚洲大国民。呜呼，大国民！呜呼，唯我人国民！幸生珍世界，琳琅十倍增身价。我将骑师越昆仑，驾鹤飞渡太平洋。谁与我仗剑挥刀？呜呼，大国民，谁与我鼓吹庆升平？

这首歌词具体创作时间不详，曾在沪学会的刊物上发表过，此后全国各地的中学都选来作教材。《祖国颂》一经传唱，立即成为风靡一时的流行歌曲，广为国人、特别是青少年学生所熟悉，就连偏远小乡镇的学校也在教唱。

1957 年 3 月 7 日，黄炎培发表于上海《文汇报》的文章《我也来谈谈李叔同先生》中附载了其保存的李叔同《祖国颂》

的手写原稿，丰子恺说“李先生这《祖国歌》可以说是提倡民族音乐的最早的先声”。

李叔同对音乐的具体学习时间不详，但他自幼喜聆梵音，少时喜唱戏曲，18 岁成婚后，又买了一部德国钢琴，学习拜厄的《钢琴基本教材》及车尔尼的《钢琴初步教程》。在南洋公学期间，李叔同与从日本游学回来的音乐教师沈心工交好，称之为“吾国乐界开幕第一人”。

1905 年 5 月，由上海中新书局出版发行的《国学唱歌集》，是李叔同早期歌曲创作的代表性作品。它的完成标志着李叔同已跻身于中国现代音乐先驱人物的行列。这部歌曲集的根本宗旨是要以新的音乐形式来弘扬国学精粹，其序言写道：

乐经云亡，诗教式微，道德沦丧，精力灵摧，三稔以还，沈子心，曾子志忞，绍介西乐于我学界，识者称道勿稍衰。顾歌集甄录，佥出近人撰著，古义微言，匪所加意，余心恫焉。商量旧学，缀集兹册，上溯古毛诗，下逮昆山曲，靡不鳃理而会粹之，或谱以新声，或仍其古调，颜曰《国学唱歌集》。

《国学唱歌集》分为正编与杂歌两类。正编所收的 15 首歌曲是整个歌集的主体部分，歌词几乎全部采自古典诗词中的珠玉之作，李叔同将其分为五类：

毛诗三百，古唱歌集，数典忘祖，可为於邑。“扬葩”第一。

风雅不作，齐竽竞嘈，高矩遗我，厥为楚骚。“翼骚”第二。

五言七言，滥觞汉魏，瑰伟卓绝，正声罔愧。“修诗”第三。

词托比兴，权舆古诗，楚雨含情，大道在兹。“捕词”第四。

余生也晚，古乐靡闻，夫唯大雅，卓彼西昆。“登昆”第五。

“扬葩”取自《诗经》，“翼骚”择自《楚辞》，诗荟萃太白与义山，词则综合稼轩与纳兰性德。为这些古典诗词选配的曲子大抵来自于当时欧美日本的流行曲调（即序言所称“谱以新声”），使两者能浑融一体，相映互美。而“登昆”中的《柳叶儿》《武陵花》两首古调则分别改编自昆曲“长生殿”中《酒楼》与《闻铃》二折，是用新的音乐形式传达传统文化的美韵，在当时的乐歌创作中可以说是极为另类的作品。《国学唱歌集》一经出版便受到广泛欢迎，一年之后，即有再版之请。

第二章　海上风情

烟花巷柳

毫无疑问，不论是在天津，还是在上海，青年时代的李叔同，与艺界女子或风尘女子的来往实在不少，因此，说李叔同一度寄情于声色场上并不是一个过分的结论。

从李叔同的儿子李端先生的《家事琐记》一文中注意到，那个时候，李叔同家里很富裕且在上海也有资财。有了这样的经济条件，加上他交结的又是风流于上海的艺文人士，生活上的声色情场也就在所难免。

但我们也不能全用一般的人情世故去理解李叔同的言行作为。著名美术家姜丹书在其《弘一大师传记》中对李叔同有这样的描述：

> 上人年少翩翩，浪迹燕市，抱屈宋之才华，生叔季之时会，一腔牢骚忧愤，尽寄托于风情潇洒间，亦曾走马章台，厮磨金粉，与坤伶杨翠喜、歌郎金娃娃、名妓谢秋云

辈以艺事相往返，抑莲为君子之花，皭然泥而不滓；盖高山流水，志在赏音而已。

李叔同到上海后，短短几年时间便已经蜚声书画诗文、翻译及出版等各界。但忧心国事的惆怅、情怀无纵的忧思、以及对音律等的梦寐都不是他学习或讲学、创作或出版能一概抒发的。

李叔同和古往今来的潇洒才子一样，会偶尔浪迹于声色情场，出入于艺妓闺阁之中，其行迹多是杜牧之“十年一觉扬州梦，赢得青楼薄幸名”。他于天津时交结坤伶杨翠喜，于上海交结名妓谢秋云、朱慧百、李苹香等，往复诗词，把个翩翩年少的惆怅风情尽寄于间。

那个时候和之前一样，大凡美妙的音律诗词相和多集于燕市，所以在很多时候，李叔同的烟柳雾莲亦是高山流水，志在赏音而已。所谓醉翁之意，未必在酒。

1904 年，李叔同为歌郎金娃娃之赋《金缕曲·赠歌郎金娃娃》便可见其意：

秋老江南矣。忒匆匆，喜余梦影，樽前眉底。陶写中年丝竹耳，走马胭脂队里。怎到眼前都成馀子？片玉昆山神朗朗，紫樱桃，漫把红情系。愁万斛，来收起。

泥他粉墨登场地。领略那英雄器宇，秋娘情味。雏凤声清清几许？销尽填胸荡气。笑我亦布衣而已！奔走天涯无一事，问何如声色将情寄？休怒骂，且游戏！

好一个“领略那英雄器宇”，好一个“销尽填胸荡气”！单是这样铮铮的文字，就可以想象那唱来的铿锵。然而呢？“笑我亦布衣而已！”尽心天下，却是时事无常，故“奔走天涯无一事，问何如声色将情寄？”如此而已啊，我李叔同能如何？于此间，把盏金樽，醉里轻狂。所以，“休怒骂，且游戏！”

由此可见，李叔同并不是风月场中的行尸走肉，而是在秦楼楚馆中，寻觅情趣相投的另一种知己。他和古往今来的诸多风情才子一样，对那种性格开朗、思想现代、才貌双全的女子尤为钟情。

红颜知音

杨翠喜是李叔同的第一个红颜知音，早在天津时候就因李叔同钟情于梨园风雅而交往相悦，但这一份刻骨铭心的初恋，最后却无果而终。

李叔同到上海后，仍在闲暇时候继续往返于秦楼楚馆中。这除了他的风雅之性使然，吸引他更多是诗文曲画文艺与知遇感和之情，而他交往的名妓不仅美貌，亦多才多艺。期间，李叔同与名妓李苹香多有诗词唱和。

提起皖南名妓，人们马上会想到赛金花，而很少有人会知道李苹香。赛金花因为在八国联军侵华期间，保护北京民众和京城文物有功，而成为近代名噪一时的人物。李苹香是二十世纪初旧上海的名妓之一，因颇具诗才，所以有“诗妓”之称，在风流文人中很有口碑。

当年，李苹香和李叔同有一段诗缘、情缘，以李叔同的名气，李苹香想不出名都难了。而且，当时有李叔同作序，章士钊还亲自为她写了一部传记。

李苹香的父亲是徽州人，她很可能并没有在徽州生活过。

关于她的具体生平，章士钊在《李苹香》一书的第二章《李苹香之幼年略历》里交待得很清楚。李苹香贯籍徽州，本姓黄。黄姓是徽州望族之一。到李苹香父辈时，家道已中落。“橐笔四方，遂举家迁于浙之嘉兴。光绪庚辰（1880 年），苹香生于嘉兴。”橐笔四方，本指文人的笔墨耕耘，这里大意是指李苹香的父亲在外以笔墨之事谋生，很可能是做书吏之类的活。

为名妓作传，好像是文人的嗜好。作为身份卑微的妓女，在操守气节上，要是有可圈可点之处，往往会激起文人们强烈的怜香惜玉之心，乃至为她们树碑立传。

章士钊在为李苹香作传时署的是一个日本式的名字“铄镂十一郎”。李叔同在作序时，也取了一个笔名叫“惜霜”。

李苹香的真名叫黄碧漪，入乐籍后曾先后化名李金莲、李苹香、谢文漪等。

李苹香是著名的才女，写得一手好诗词。这样，她的品位和身价就不一样了，起码她在文人圈子里就很有市场和影响。李苹香的居室名叫“天韵阁”，她的好几部诗文集就是以居室名命名出版的，如《天韵阁诗选》《天韵阁尺牍选》等。李苹香自幼聪颖，爱好学习，她小时就整日手持诗书吟咏不止，并且显示出了非凡的诗才。她 8 岁时就开始作诗，据说，当地一位名宿在一个偶然的机会看到她的诗作，读后拍案叫绝地说：“此种警艳，当于古人遇之，至于今人，百年来无此手笔！”用这样的话来评价一个 8 岁孩子的诗作，显然有些夸张了，但李苹香幼时的聪明可见一斑。到了李苹香及笄之年，上门说亲者踏破了门槛，但都遭到了黄家的拒绝。她的父母见女儿满腹诗书，心想这个女婿的标准可不能低了，想好好地物色一番。

然而，天有不测风云，就是这样一位天才少女，却因为偶然的一次受骗，被彻底改变了命运。

1897 年，李苹香 18 岁时，上海的洋商举行赛马会，也不知是谁的提议，反正，李苹香与母亲以及异母兄弟三人，一道出了门，到上海去看赛马会。结果，这次出行就成了李苹香命运的转折点。享受繁华也是要付出代价的，母子三人可能是第一次来上海，不免贪玩了几天，大概也没在意大上海的物价这么高，几天一过，不知不觉就一下子用光了盘缠。等到发现囊空如洗时，母子三人吓了一跳，旅馆费还没算清呢，还有回家的路费，这大上海人地生疏的，怎么办呢？估计李苹香的母亲是一个没什么主见的乡村妇女，以致越错越离谱。

当时，他们隔壁正好住着一位潘姓客人，三十来岁，长得丑陋，自称是嘉善县人，与李苹香老家嘉兴是邻县。当他发现李苹香一家三口困于旅馆无法归家时，就热情地以老乡的名义，表示愿意资助。实际上，潘某看上了青春貌美的李苹香，他正愁着找不着机会。有了这层阴谋，可以想见，潘某是如何大献殷勤了。他让李苹香母女在上海继续玩几天，玩个尽兴，一切费用由他支付。几天一过，看看火候差不多了，钱也花得差不多了，潘某提出要娶李苹香为妻。

可怜母女三人一下子傻了眼，真叫上天无路，入地无门。无奈，李苹香只好委屈地听从了母兄之命，跟这个潘某住到了一起。

然而，灾难还远没有结束。没想到，这个潘某根本就是个无赖，他的家中早有妻子儿女。原配妻子见他另结新欢，根本不许他进门。于是，潘某只好带着李苹香来到了苏州。这生计问题怎么办呢？潘某本就是个游手好闲的人，他不过略施小计，就骗来一个如花似玉的少女。在困顿之下，竟然要李苹香去做妓女，他自己当起了掮客，专门拉生意。可怜李苹香一个弱女子，根本无力反抗，只好任潘某摆布了。

不久，潘某带着李苹香来到了灯红酒绿的大上海。上海的妓书是分等级的。来到上海后，由于李苹香才艺出众，很快成为一名高等妓女。她本来就擅写诗词，出口成句，很快被文人们授以“诗妓”之誉，成为上海名花，声名日盛。

李叔同与李苹香相识于 1901 年，两人一见倾心，均有相见恨晚之感，互相引为知己。他与沪上名妓朱慧百、李苹香和谢秋云等都是好友。但是，李淑同与李苹香的感情，远远超过了一般的交往。

李叔同第一次来到李苹香的天韵阁，就以“惜霜仙史”之名赠李苹香七绝三首：

沧海狂澜聒地流，新声怕听四弦秋。
如何十里章台路，只有花枝不解愁。

最高楼上月初斜，惨绿愁红掩映遮。
我欲当筵拼一哭，那堪重听《后庭花》。

残山剩水说南朝，黄浦东风夜卷潮。
《河满》一声惊掩面，可怜肠断玉人箫。

这几首诗，以抒发愁绪为主，表面上是写给李苹香的，实际上，李叔同在诗中描写的主要还是自己当时的心迹。那时，国事日非，神州昏晦，李叔同空有一腔热血却报国无门。不知初识李叔同的李苹香当时是否读懂了他复杂的心迹。

应该说，作为赠诗，尤其是赠给一位刚刚相识的名妓，一般会在诗中将对方的才艺美貌歌颂一番，相比这一类诗词，作为赠诗，李叔同这3首袒露心迹的诗似乎并不是很合适。但是，也正是因为刚刚相识就向对方吐露心声，也可看出李叔同对李苹香的信任，他把她是看成知音的。

后来，李叔同进入南洋公学学习，他与李苹香的交往更加频繁了。除了上课，他的空余时间几乎都是和李苹香待在一起。才子佳人，诗酒唱和，风花雪月，情深意长。

然而，天下没有不散的宴席。数年之后，由于母亲病故，李叔同深受刺激，决意告别诗酒风流的上海洋场，远赴日本留学。

李叔同与李苹香以诗相识，当然仍是以诗告别，他又写下《和补园居士韵，又赠苹香》七绝四首。这四首诗充满了离愁别意，估计就是作于离别前夕的：

慢将别恨怨离居，一幅新愁和泪书。
梦醒扬州狂杜牧，风尘辜负女相如。

马缨一树个侬家，窗外珠帘映碧纱。
解道伤心有司马，不将幽怨诉琵琶。

伊谁情种说神仙，恨海茫茫本孽缘。
笑我风怀半消却，年来参透断肠禅。

闲愁检点付新诗，岁月惊心鬓已丝。
取次花丛懒回顾，休将薄幸怨微之。

“梦醒扬州狂杜牧，风尘辜负女相如”，李叔同是在说杜枚，实际上是在借杜说自己，他要告别了，不得不辜负红粉佳人了。“一幅新愁和泪书”，他是付出了真感情的。

李苹香也写了不少诗回赠李叔同，但目前能见到只有以下3

首，借咏落花感怀命运：

潮落江村客棹稀，红桃吹满钓鱼矶。
不知青帝心何忍，任尔飘零到处飞！

春归花落渺难寻，万树阴浓对月吟。
堪叹浮生如一梦，典衣沽酒卧深林！

凌波微步绿杨堤，浅碧沙明路欲迷。
吟遍美人芳草句，归来采取伴香闺。

这3首绝句，足以看出李苹香的诗才。诗的内容尽管不脱闺怨一路，但写得凄凉无奈，自己人生的种种不幸隐迹其中：命若落花，四处飘零，浮生如梦，只求一醉。

李叔同从日本留学回来后，仍然留在上海。不过，那时，他已忙于教学，参与南社的各种活动，再也不是从前那个流连在风月场所中的风流公子了，他与李苹香可能再也没有见过面。

1918年，李叔同将自己的存书、书画作品以及印章全部捐赠了出去，其中将名妓朱惠百、李苹香所赠诗画送给了好友夏丏尊。从此，他斩断尘缘，正式出家，隐居丛林，云游各地。

一段才子与诗妓的情缘，就此风流云散。

在那一段风流浪漫的岁月里，谢秋云也是与李叔同惺惺相惜的一个风尘女子。

在李叔同眼中，谢秋云最能善解人意，也最能理解和安抚他忧闷的心情。八国联军入侵，中华民族蒙受奇耻大辱，李叔同为国事悲愁，常到谢秋云住的地方一个人喝闷酒。每遇这样的时候，谢秋云从不劝阻。她知道生此龌龊的世界，借酒浇愁是古往今来读书人的一种发泄方式，以此来缓和痛苦的情绪。1905 年 8 月，李叔同写了一首诗《七月七夕在谢秋云妆阁，有感诗以谢之》：

风风雨雨忆前尘，悔煞欢场色相因。
十日黄花愁见影，一弯眉目懒窥人。

冰蚕丝尽心先死，故国天寒梦不春。
眼界大千皆泪海，为谁惆怅为谁颦？

李叔同自己知道，他的寄情声色，是对天寒不春现状的担忧，是自己忧愤心情的一种宣泄。所以，李叔同说：“眼界大千皆泪海，为谁惆怅为谁颦？”

挽歌长逝

对于这段时间的烟花柳巷之迹，风情浪漫之戏，李叔同之后的许多敬仰者经常采取回避或否认态度。其实，这正是凡胎肉身之人的真情常态。

对于悟性极高、心性斐然的李叔同来说，凡事认真执着的俗世历练才是他后来空门超然的根基。一个人，如果没有经历过红尘俗世的洗礼，修为只能是纸上谈兵。

所以，李叔同在经历了种种风月之事后，开始明白家事、国事不是担忧或者宣泄便能解决问题的，必须要面对。就在他出国游学日本的前两三年，他对自己的这些行为就有了反思和忏悔之意。

早在 1902 年秋，李叔同在致许幻园的一封信中写道：“希濂兄已不在方言馆，终日花丛征逐，致迷不返，将来结局，正自可虑。”他已经厌倦了这种生活方式，为将来的出路忧虑了。而且，尤其让其忧虑的是，到了1905年的春天，母亲的病越来越重了。

“母亲病了！”李叔同自言自语着，有些不相信眼前的事实，因为母亲好像从来没有病过，他一直以为母亲的身体很好。“她不会倒，她才40多岁的人哪！”李叔同望着墨黑的天空，依然有些不能相信。

然而有一种意念告诉他，春尽了，该走的人，也要走了，命运是挽留不了的！

这就是“情”，情爱的结果，包括那些挚爱的亲情和倾心的爱情，都是悲剧！李叔同忽然有些愤懑，之后，便是一种难言的失落。

“不管如何，明天我要抗母亲的命，为她请医生！”李叔同带着满心的痛苦、决心，走回自己的房子，妻子每天深夜，都守候着他，直到他回来。他和她面面相觑，然后一起来到母亲的房间。

床前，一盏油灯，灯芯如豆。母亲的病，真的不轻了！

李叔同知道母亲的生命已无法强留，满眼噙着泪水，到市上去，找一口好寿材，以报答母亲的恩惠。“母亲艰苦的一生，只落得这一点报偿！”

李叔同在街上寿材店选了一件上材，订好送到家。刚到门外，妻子的哭声便传出来了，许幻园家的男女老少也都过来了。他知道不好，一头栽进门，母亲的寿衣已经穿好，闭着眼躺在床上。临死时，王氏也没留下一句话，因为一切都来不及了——母亲走得太快！

这时，只见李叔同木然靠在门上，张开嘴，想喊声娘，可是嘴没张开，晃几晃，便晕倒在地上。

他的朋友们，得着噩耗也都来了。这些人把李叔同唤醒，他甩脱他们，踉踉跄跄，移到母亲身边，跪下来，捧起母亲冰冷的手，只是无声地，幽幽地哭！

“母亲！26个年头的养育之恩，只有在梦中报答您了！”

“母亲！您活在世间40多年，除了带走难忘的痛苦，世间有什么东西给你安慰？”

“母亲！从今天起，孩儿的幸福，已经伴着您的灵魂，一道离开了人世！”

李叔同写下了一首《哀辞》：

> 松柏兮翠蕤，凉风生德闱。
> 母胡弃儿辈，长逝竟不归？
> 儿寒谁复恤，儿饥谁复思？
> 哀哀复哀哀，魂兮归乎来。

如此哀婉的曲词，是李叔同写给他母亲的悼词。母亲的离去，让他有了锥心刺骨的大恸，李叔同曾一度陷入了凄楚、悲哀、痛苦、绝望之中。他反复地回忆着母亲在世的场景，经过慎重思考，决定一反旧礼，为母亲举办一场新式葬礼。

为了让母亲归葬于李家的祖坟，李叔同与妻儿一起扶柩，回天津老家为母开吊出殡。可是，到达天津以后，李叔同为了母亲与老家的人发生了一起冲突。关于这一事件，李端先生的回忆文章写到：

> 我祖母的灵柩运回天津以后，我的二伯父借口我祖母是“外丧”，不能进旧宅的大门。为此，我的父亲不依，和

我的二伯父闹了一仗。他们兄弟间的公开闹矛盾，这是第一次。经亲友调停说和，才让我祖母的灵柩进了旧宅，后即择日举殡，安葬在新开河边张兴庄以北的李氏祖茔内。

李叔同为母亲举行葬礼时，完全西式化，整个仪式简朴感人。据记载，在葬礼上，由吊唁者致悼词，全家穿的是黑色的衣服，而不是传统的白衣披麻戴孝。最让人侧目的是，李叔同在丧礼上边弹钢琴，边唱悼歌。在世人的不解中，25 岁的李叔同用这种异乎寻常的方式来感怀母亲的命运，也发泄着对妻妾制度的不满。

李叔同还在《大公报》上发布“哀启”，声明概不收受呢缎、轴幛、银钱、洋圆等物，可以送挽联、纪念诗文、花圈等；参加追悼会的人，不行旧礼，愿意者改行鞠躬礼。

这一举措，开辟了国人丧礼新形式之先河，在社会上引起不小的轰动。他这种有别于传统葬礼的举动，立即引起了该报的极大关注，随即以《记追悼会》为题，对李叔同为母亲举办文明丧礼的过程进行了跟踪报道。

此外，报纸还对出席追悼会的天津各界名流进行了介绍，并赋予李叔同“新世界之杰士”美誉。正是由于《大公报》的介入，极大地提升了李叔同革新丧礼在当时社会上的影响，引领了文明风尚。

李叔同还写了一首歌曲《梦》，以表达对母亲深深的爱和悼念：

哀游子茕茕其无依兮，在天之涯。
惟长夜漫漫而独寐兮，时恍惚以魂驰。

梦偃卧摇篮以啼笑兮，似婴儿时。
母食我甘酪兴粉饵兮，父衣我以彩衣。

月落乌啼，梦影依稀，往事知不知？
汩半生哀乐之长逝兮，感亲之恩其永垂。

哀游子怆怆而自怜兮，吊形影悲。
惟长夜漫漫而独寐兮，时恍惚以魂驰。

梦挥泪出门辞父母兮，叹生别离。
父语我眠食宜珍重兮，母语我以早归。

月落乌啼，梦影依稀，往事知不知？
汩半生哀乐之长逝兮，感亲之恩其永垂。

这是李叔同亲自为母亲写的挽歌。当弹奏这首歌曲时，李叔同那个有些保守的大妈流泪了，对他说："我死的时候，你也把这首歌给我唱一遍好吗？"当年的那个大家庭里，那个大妈其实对他母亲并不是太好。

李叔同很早丧父，早年的教养培育，基本靠他的生母王氏，是以奉母至孝。李叔同在上海时期，上有慈祥的母亲、下有贤惠的俞氏夫人和两个孩子，家庭生活是幸福、祥和的。可以说，这一时期是李叔同充分享受亲情乃至物质利益的时期。李叔同曾说，"那六年，从 21 到 26 岁之间，是他人生中最快乐的时光。"

没有母爱的生活，对一个性情至纯的人来说，如忽然天空游丝，没有牵绊，任情飘荡，可是也没有归处了。母亲的死，让他把世相又看穿了一部分！

生死无常的无奈再一次袭击了他。治丧之后，李叔同改名李哀，字哀公，以示对母亲的追念。安置好妻儿后，他只身回到上海，开始更为认真地思考未来，思考家事国事天下事的前途和命运。

6 月间，在取得南洋公学的文凭后，26 岁的李叔同认为自己的“幸福时期已过去”，“人生已了无牵挂”，决定东渡日本，研究艺术，寻求救国图存的道路。

临行前，李叔同写下了他一生最为荡气回肠的《金缕曲》：

> 披发佯狂走。莽中原，暮鸦啼彻，几枝衰柳。破碎山河谁收拾？零落西风依旧。便惹得，离人消瘦。行矣临流重叹息，说相思，刻骨双红豆。愁黯黯，浓于酒。
>
> 漾情不断淞波溜。恨年来絮飘萍泊，遮难回首。二十文章惊海内，毕竟空谈何有？听匣底苍龙狂吼，长夜凄风眠不得，度群生那惜心肝剖。是祖国，忍孤负！

这时的李叔同，不再逍遥于他在大上海所博取的名利，也不再风月无边地诗话岁月，他清醒地知道：即使他曾经“二十文章惊海内”，终究是“空谈何用”。赤子肝胆，要我中华崛起，惟听那“苍龙狂吼”！此时的中华，日日若“长夜凄风”，眠不得啊，怎能眠？欲度群生，“那惜心肝剖”！一切，一切都只为“是祖国，忍孤负”！

好一阕披肝沥胆的《金缕曲》！中华几代人的积愤和着血肉都在这首《金缕曲》里被李叔同一倾而出，现代作家柯文辉言及这首《金缕曲》时说：“即平生只作此阙亦足不朽！”

这一年的 7 月初，26 岁的李叔同，穿一领灰布袍，踏上了东渡日本的航程。

海风拂拂，海浪滔滔，故国离他愈来愈远了。

第三章　东渡扶桑

沈沈乐诗

当大清帝国摇摇欲坠于最后一抹夕阳时，隔岸相望的日本却在明治维新后走上了强国之路。

日本的崛起，不仅仅是经济和政治的崛起，还表现在崛起过程里全民的兴新意识、纳收并用的社会新制度、以及整个文化范畴的新锐发展等。当清政府意识到这一点，便开始把向西方学习的重点移至到日本，上至公费派遣留学生到日本，下至国人自费到日本学习。尤其 1905 年日俄战争日本获胜后，最为鼎盛时期，国人到日本学习者愈万人。

随着 1905 年秋天的桂花飘落，李叔同告别了过去，也告别了故国，来到了一衣带水的日本，忍把他乡作故乡，开始了一段全新的人生之旅。

飘洋过海，东渡扶桑，尽管留学或游学日本者各怀动机与目的，但在国家命运的问题上，都成为最为迫切的一个共同目的。所以，到日本学习者，选择的更多是政治、经济、法律、军事、科学、教育这些与国计民生密切相关的实用性专业，选择文学艺术类专业者不多，而李叔同便是这少数人中的一个。

李叔同选择艺术领域的学习，除了源于对艺术的超然悟性，也源于他意识里认为艺术同样是一个国家兴衰的标识。

李叔同在《国画修得法》一文里里如是说道："图画之发达，与社会之发达相关系。"对他来说，艺术的完善是相关于个人人格的完善，相关于国家、社会的素质完善。也就是说，一个进步中发展中的国家，文化艺术的发展，在某种程度上佐证着国力和国民意识的发展，并见证于发展的过程和推进于发展的历程。

在东京上野，没有人知道"李哀"是谁——一个傲岸的、长瘦的中国学生，在东京上野住宅区，一家公寓楼上，安住下来。

李叔同似乎忘掉了从前的那些欢乐而且荒唐的岁月，安安静静、严严肃肃，依然多彩多姿地开始了他的留学生生涯！他一方面在语言和专业方面为次年的入学做更充分的准备，另一方面，他也一如既往地投入到文艺的研究与创作之中。

1905年底，李叔同开始以一己之力创编《音乐小杂志》，内中除选登了几篇日本人的作品之外，从封面设计、美术绘画到各主要栏目的编写，均由他以"息霜"的笔名一人完成。杂志于1906年2月上旬在东京印迄，随即寄回国内，托上海友人尤惜阴代为发行。

杂志的扉页，是李叔同用木炭绘成的贝多芬像。有人考证这是中国人第一次绘制的一幅贝多芬像。而刊中"乐史"专栏里又有李叔同写的《乐圣贝多芬传》一文，文中对贝多芬的评价甚高。由此可见李叔同对贝多芬的推崇之心。

《音乐小杂志》篇幅虽然不大，内容却显得很丰富，其中有一曲《隋堤柳》，李叔同在歌词后面有一小注，曰："此歌仿词体，实非正轨。作者别有怅触，走笔成之，吭声发响，其音苍凉，如闻山阳之笛。"李叔同还在曲谱上注了"哀艳"二字。那么这究竟是怎样的一首"哀艳"的歌呢？

甚西风吹醒隋堤衰柳，江山非旧。只风景依稀凄凉时候，零星旧梦半沉浮，说阅尽兴亡，遮难回首。昔日珠帘锦幕，有淡烟一抹，纤月盈钩，剩水残山故国秋。

知否，知否，眼底离离麦秀？说甚无情，情丝剜到心头。杜鹃啼血哭神州，海棠有泪伤秋瘦。深愁浅愁，难消受，谁家庭院笙歌又。

这样的哀情，在李叔同早期的诗词里可以找到许多。如今，远在异乡为异客，回首风雨飘摇中的祖国，怎不让人陡升思念和悲情？

而另一曲《我的国》，则充满了青年时期李叔同诗文中常有的那种豪气：

东海东，波涛万丈红。朝日丽天，云霞齐捧。五洲惟我中央中。二十世纪谁称雄，请看赫赫神明种。我的国，我的国，我的国万岁，万岁万万岁。

昆仑峰，缥缈千寻耸。明月天心，众星环拱。五洲惟我中央中。二十世纪谁称雄，请看赫赫神明种。我的国，我的国，我的国万岁，万岁万万岁。

虽然现实和豪情的反差极大，就像李叔同在离开祖国前写的《金缕曲》中已经说过："破碎山河谁收拾，零落西风依旧。"但他同时也写道："长夜凄风眠不得，度群生、哪惜心肝剖。是祖国，忍辜负。"他的主观愿望仍是祖国强大。一番苦心，可歌可泣，可赞可叹。

《我的国》一经刊布便广泛传唱，许多歌集都选录此歌，就连日本音乐教育家铃木米次郎（1868～1940年）也在"亚雅音乐会"的"唱歌讲习会"课堂上用作教材。

李叔同本拟将《音乐小杂志》办成半年刊，春秋两季发行。后因种种困难，终于未再编行续刊。但作为中国近现代史上第一份音乐专刊，《音乐小杂志》却有着开创性的意义。它揭开了中国音乐期刊发展史的第一页，在我国的音乐刊物出版史上占有重要的地位。

1906年6月，李叔同加入了东京"随鸥吟社"。随鸥吟社是日本明治末期最负盛名的汉诗团体，以潜心诗道研究、振兴汉诗创作为宗旨。随鸥吟社的社名取自我国唐代大诗人李白《江上吟》中的"仙人有待乘黄鹤，海客无心随白鸥"。

随鸥吟社荟萃了当时日本汉诗界精英，其重要成员大多出生于汉学渊源深厚之家庭，自幼都受过极系统而严格的汉学教育，对中国的古典文化备为景仰，其中就有被称为"早熟之天才"的本田种竹和有"一代书圣"之誉的日下部鸣鹤。社员每月召开一次例会，萃集社中诗作优选，发行社刊《随鸥集》。李叔同在随鸥吟社的时间只有半年左右，但《随鸥集》里便刊发了他的不少诗作：

春风几日落红堆，明镜明朝白发催。
一颗头颅一杯酒，南山猿鹤北山莱。

秋娘颜色娇欲语，小雅文章凄以哀。

昨夜梦游王母国，夕阳如血染楼台。

——《春风》

凤泊鸾飘有所思，出门怅惘欲何之？

晓星三五明到眼，残月一痕纤似眉。

秋草黄枯菡萏国，紫薇红湿水仙祠。

小桥独立了无语，瞥见林梢升曙曦。

——《朝游不忍池》

李叔同的诗作深为日本汉诗大家所推重，大久保湘南评《春风》云："李长吉体，出以律诗。顽艳凄丽，异常出色。"对《朝游不忍池》的评语则是："如怨如慕，如泣如诉，真是血性所发，故沉痛若此！"

李叔同这段时间的诗词亦颇丰，且多喜用典故，其中不乏佳作。如下面的这首《喝火令》：

故国鸣鹧鸪，垂杨有暮鸦。江山如画日西斜。新月撩人、透入碧窗纱。

陌上青青草，楼头艳艳花。洛阳儿女学琵琶。不管冬青、一树属谁家，不管冬青树底、影事一些些。

《喝火令》中的冬青树取义于乾隆时代最负盛名的戏曲家蒋士铨之同名传奇戏，是写文天祥、谢枋得等人忠节殉难的故事。李叔同亦自称此词系为哀于国民心死而作。

李叔同的诗作在早年就已经足见功夫，现在更是炉火纯青，尤其他的诗风大婉约也大豪放、大写实也大写意。正如天理教大学教授中村忠行对他的诗风评语说："他的诗风，在妖艳里仿佛呈现沉郁悲壮的面影。"

西洋画意

东京有不少由留学生自己办的刊物，李叔同到日本后不久，便为高关梅主编的《醒狮》杂志撰写了《图画修得法》《水彩画法略说》两篇美术专论，前篇介绍绘画作用、种类与基本方法等，后篇专述水彩画的技法。文章中着重强调艺术的社会功能，即艺术的发展与社会的发展同步。

李叔同到东京的第一年，便开始在野外写生。他在冬天给天津的徐耀庭寄去了一张明信片，是他水彩风景小画的习作，随附的文字这样写到：

> 沼津，日本东海道之名胜地。郊外多松柏，因名其地曰"千本松原"。有山耸于前，曰"爱鹰山岗"。中黄绿色为稻田之将熟者。田与山之间有白光一线，即海之一部分也。乙巳十一月，用西洋水彩画法写生，奉月亭老哥大画伯一笑。弟哀，时客日本。

同期另一张寄与友人的明信片上也是水彩，名《山茶花》，随附文字为：回阑欲转，低弄双翘红晕浅。记得儿家，记得山茶一树花。乙巳冬夜，息霜写于日本小迷楼。

就在李叔同加入"随鸥吟社"的同年7月，他以李岸之名参加了东京美术学校的入学考试，顺利地考入了该校的西洋画科。

东京美术学校于1887年宣布成立，1889年（明治二十二年）正式开校，为东京艺术大学的前身。它位于东京上野公园内，是日本当时惟一的国立美术学校和美术界的权威。

西洋画科的学生分为正规生和撰科生两种。正规生通过初试之后，先要接受一学期的预科学习，再接受一次考试，合格者才能成为正式的四年学制的学生。撰科生通过入学考试者即直接入学。相对而言，正规生的相关理论课程更为广泛，而撰科生学时略短且更注重绘画实际技能的训练，所以对学生更具吸引力。再加上外籍学生只能以撰科生的身份入学，因而其竞争要比正规生激烈得多，要求也要比正规生高。

李叔同入学的这一年，参加正规生考试者共 67 人，合格者为 30 人，而其中被录取者仅 5 人（日本 2 人，中国 2 人，印度 1 人），其录取率远远低于正规生的比率。所以，由于当时中国人学油画的极少，能进东京美术学校学习就更是屈指可数，东京《国民新闻》的记者特地寻到李叔同的住处去采访。1906 年 10 月 4 日，该报以《清国人志于洋画》为题刊出了采访稿，随文刊登的还有一张李叔同身着西装的照片和速描画稿。

李叔同进东京美校，目的是攻中西各派绘画。这些用笔、彩色、油膏，和人的情感创造的东西，或者成了人生的一部分，或者点燃了人生某一点，令人如痴如醉，这便是李叔同倾心它的缘故！

在上野，开始时语言上有些不习惯，但日本人多是汉学专家，中国学生总算讨了这方面的便宜，一面读书，一面学话，这样一来，不到半年，普通的场面，便能应付了。而且，李叔同天津的家里，有的是钱，他名下的房地产，银号里的元宝金砖，足够他读一辈子书、搞一辈子艺术了。

艺术，是生活的体验，情意的表达。没有实际的感受，便没有艺术，李叔同决定先作“日本人”。其生活因此大大改变，把原来的长发辫剪去，改为中分式的短发，并脱下长袍马褂，换穿西装，一变而为一位风流潇洒的美少年。在这段生活中，早浴、和服、长火体，诸如此类的江户趣味，李叔同都尝试过。而且，所过的生活，是相当考究的：住的是“榻榻米”房子，吃的是“沙西米”生鱼片，穿的是两个大袖的和服。晨间起床，先沐个浴，喝起茶来，也是一小盅，说话的声音，低如昆虫，有客来访，腰弯到地，满脸卑下的笑容。

李叔同的房东是本地人，附近，更没有一个中国留学生。他孤独地一个人，生活在日本人的社会里，绝不开玩笑，逼真地做起日本人来。半年过去，公寓附近的人们，竟不知他是中国的学生。

西洋画科开设的专业课程很系统，除绘画是主科外，还设木刻、雕塑、工艺等科目。学生最先接受的是石膏模型的写生训练，现存李叔同的一张少女头像炭笔画，就是石膏模型写生训练的习作。

李叔同进入东京美术学校的时候，正值欧洲印象主义开始传入和影响日本油画界。印象派作品汴重表达在光线与色彩下的瞬间印象和直观感受，通过眩彩与光晕、色彩的对比组合与融浸，使景色人物都消融在光与色的海洋之中。这种效果需要离开画面一定的距离才能见出效果，近观则往往是一团模糊，是一种具有相当难度的技法。正当很多业界人士还对印象主义感到陌生和怪异的时候，李叔同很快以其敏锐的艺术直觉感受到其独特的艺术魅力，并极快地接受了这种重视主体感受、印象与直觉的绘画风格。这种风格和东方艺术追求气韵与意境表达的传统不无相通之处，尤其是国画水墨的大写意、书法对汉字演变的追根溯源等，都带有印象主义的朦胧感和动感。

其实印象派的开创人物马奈与莫奈等人都曾从东方绘画中深受启发，因此印象派画风与东方艺术之间本有着密切的渊源。李叔同早年曾专修过国画，加之书法基础极为坚实，还有治印的底功，而入学前年他又摸索自修过西画，所以他在学校学习起来进步极大。姜丹书对李叔同的画评价道："上人于西画为印象派之作风，近看一塌糊涂，远看栩栩如生，非有大天才真功力者不能也。"

由黑田清辉主导的白马会是日本油画界的学院派代表，反映着当时日本油画界的最高水平和最新发展。白马会每年在春夏之交举行一次会展，展品都经过组织者的挑选。李叔同在校学习的后两个学年里连续两次参加了会展，这也是白马会的最后两次年展，其中《朝》被收入当年的《白马会画集》。李叔同是该校中国留学生中惟一两次参展者，作为一名外国学生，作品能够与教授同时展出，这种荣誉显示了他的实力。到他毕业时，其作品所达到的水准已足以使他名符其实地成为中国早期西画发展史上一位大师级的人物。

作为当时学校里惟一的自费留学生，李叔同的学习异常勤奋。1911 年 10 月《东京美术学校校友会月报》载："前学年中精勤学业者，由本校授予精勤证书。"获此殊荣的 21 位学生中，他是唯一的留学生。他的毕业作品"自画像"至今还收藏在东京艺术大学美术馆中，开创了当年东京美术学校毕业生印象派风格的先河。

日本《美术新报》的记者评论说："东京美术学校毕业成绩展览会，今年没有引起特别的新感想。洋画撰科李岸君的前途也许值得注目。"《校友会月报》上则评论说："李岸君的方法非常有，总觉得他改变了肖像画的模式。"

演绎戏剧

李叔同被惊叹为艺术天才，仿佛一点都不过分，这个人脑海里的空白多得是，任何一种艺术，只要挤进来，都能占一席。

他在学画的余隙，以同样的理由，爱上了钢琴，也爱上戏剧。据说他为了主攻钢琴，还特地去医院动手术，把指膜割开以适合钢琴演奏技法的需要。

李叔同早年喜爱戏曲，在天津时就流连戏台并串票演绎，在上海时又留意并参与新剧运动，所以他进入东京美术学校后不久，于 1906 年 11 月便加入了由著名作家和戏剧家坪内逍遥、岛村抱月组织的“文艺协会”，并在业余时候师从戏剧家藤泽浅二郎和川上音二郎研究戏剧。

通过对日本新剧的研究，李叔同对于戏剧的社会功能有了更深刻的理解。他认为，戏剧应该关注现实生活，应该起到服务社会唤醒民众的作用。同时，在表现形式上，用接近现实生活的方式来表演比传统戏曲虚拟和程式化的方式更具有感染力。于是，在年底，本着为中国艺界改良作先导的宗旨，李叔同与早他一年入校的黄辅周、与他同年入校的曾延年共同发起成立了“春柳社”。“春柳社”取意柳芽春萌，最初的重要成员还有唐肯和孙宗文，藤泽浅二郎则受请成为社团的顾问。

春柳社原是一个综合性的文艺团体，以研究各种文艺为目的，分为诗文、绘画、音乐及演艺四部。凡词章、书画、音乐、剧曲等皆包括在内。其中演绎部最有成就，开创了中国话剧之先河，极具历史价值。春柳社被公认为中国第一个真正意义上的话剧团体。它的成立，是中国现代话剧艺术诞生的一个重要标志。

1906 年夏秋两季，长江下游连降暴雨，水灾严重，江苏淮北至冬仍是涝灾漫延。“中华基督教青年会”和春柳社在 1907 年 1 月共同发起并举办“赈灾游艺会”义演，地点为东京神田区骏河台铃木十八番地的“清国留学生会馆”。这是春柳社的第一场正式演出，李叔同等人选择小仲马的名剧《茶花女》，演出其最后一场阿芒之父来访茶花女及茶花女之死。剧中，李叔同男扮女装饰演剧中的女主角茶花女玛格丽特。

《茶花女》的演出是很成功的，演出收入 1000 多元全部寄回祖国赈灾。剧中李叔同扮演的茶花女也获得了一致好评，《东京日报》赞扬李叔同“扮演的玛格丽特优美婉丽，使东京观众大为轰动”。戏剧家松居松翁在演出结束后兴奋地跑到后台与李叔同握手，并在其出家后发表回忆文章，认为春柳社的演出已经超过了当时日本新剧的水平。他甚至夸张地评论说：“李叔同日后若能仍然致力于戏剧艺术，则他对中国戏剧界的影响将在梅兰芳、尚小云等人之上。”他在《对于中国剧的怀疑》一文中说：“虽则这个剧团后来消灭了，但也有许多受他默化的留学生们立刻抛弃了学业而回国从事新剧运动的，可知李叔同君，确是在中国放了新剧运动的烽火。”

中国著名戏剧家欧阳予倩便是因为看了《茶花女》的演出而深受启发，发现戏剧原来可以有这样的一种表现方法，当即决定加入春柳社，他毕生的戏剧生涯正式从这里开始。

第一次演出的成功给了春柳社成员巨大的鼓舞，其影响也由此迅速扩大，成员很快发展至 80 多人，甚至还吸引了日本和印度的学生参加。先后加入的重要成员除欧阳予倩外，还有谢抗白、严刚、李涛痕、吴我尊、马绛士、陆镜若等人，其中不少人后来都成为中国话剧发展过程中的重要人物。

春柳社的第二次公演的剧目是林纾与魏易合作翻译的文言译本《黑奴吁天录》，由曾延年负责剧本的改编，李叔同负责舞台设计，包括舞台灯光、剧中音乐、演员的服装化妆等。此外，组织演员、联系导演、商洽演出场所等事物，也多由他奔走。

《黑奴吁天录》按现代话剧的形式将小说改编成一出5幕剧本，是中国话剧第一个严格意义上的剧本，讲述的是美国南北战争前夕黑奴在白人奴隶主的残酷虐待下的悲惨境遇和奋起反抗的故事，表现了黑奴们坚强不屈的意志和抗争精神，现实意义十分明显。

公演前夕，春柳社在东京10余种最有影响的报纸上刊发公告，还设计了大幅海报四处张贴，一时间成了当时众所瞩目的事情。正式演出是在1907年6月1日和2日这两天的下午举行，海报上称为“春柳社演艺大会”。

李叔同为观众准备了精美的剧情说明书，其中一份至今还收藏在早稻田大学的戏剧博物馆里。由于宣传的作用，加之之前《茶花女》的成功，日本戏剧界不少知名人士如坪内逍遥、小山内薰、伊原青青园、土肥春曙等人都特地到场观看，伊原青青园、土肥春曙还写了长达20页的长篇剧评《清国人的学生剧》，发表在该年《早稻田文学》7月号中。

李叔同在剧中扮演二号女主角爱密柳夫人，并用钢琴弹奏了一首西洋乐曲，宛转流畅，技巧纯熟，令人惊叹。对于他的扮相，伊原青青园有这样的描述：“身材细长，敷着自粉，颇具风采，其穿洋装的样子和走动的姿态俨然一幅西洋妇人的派头。”土肥春曙则写道：“息霜氏的美国贵妇人，肩颈柔软地动着，颇具爱娇之态的举止，极为巧妙。”剧中，李叔同还兼演一跛脚醉客，也得到极高的评价。

《黑奴吁天录》演毕，演员一起上台朗诵林肯名言："只要有人的地方，绝对不允许一半自由、一半奴役，并存于世界。"顿时，台上台下一片鼎沸，都沉浸于剧情中不能自拔。春柳社的演出再次取得了巨大的成功，观众超出预期的3000人，第二天连剧场的过道里也站满了人。

当时鲁迅也在日本东京留学，曾前往观看。著名画家刘海粟曾说，"近代人中，我只拜服李叔同一人，李叔同画画，书法，音乐，诗词样样都高明，我却比他少了一样——演戏。"

春柳社的第三次公演是在1908年4月，演出剧目为《相生怜》，李叔同扮演女主角。随后，他渐渐淡出春柳社，集所有心思在学校的学习上。

随着李叔同的退出，春柳社的名字也就渐渐地归于沉寂。其后，因清政府害怕演出中的进步气息，便禁止留学生上台演戏，并以取消"留学费用"相威胁，春柳社终于被迫宣告解散。

但是，春柳的精神一直鼓舞着后继者们。"春柳社"的艺术活动是中国话剧的开端，后来相继成立的很多新剧团体，都是在续传着它的薪火。

雪子姑娘

画画，是一种重工具的学问，各式各样的纸，各种各类的笔；红黄黑白、青紫兰靛的彩色、油膏，调色板、写生架，落款的金石；研究人体时，必须的"模特儿"，都缺不了！

照学画的历程，中国画先写"山水"，而西洋画则首重"人体"。山水画，自然界有活生生的山、水，供人写生；而"人体”，则不能弄个“死”的临摹，或者活人的画像去翻版。

就这样，在异国他乡，在一个樱花烂漫的季节里，他和她相遇了。终于，他遇上了红尘里最后的爱——雪子。终于，一个樱花般洁静的女子，在涩涩绽放的年华里遇上了她命里的人。

1907年，到日本留学两年后的李叔同，在东京结识了他的这位日本妻子。两人最初的相识，是因为学习西洋绘画急需一位女模特。

西洋绘画注重写实，进行人体写实练习是一项必修的课程，然而寻找裸体绘画模特，成了李叔同在刚开始学习西洋绘画时最棘手的问题，李叔同先是在学校里用男模特进行人体写生，但女模特的问题却始终没有办法解决。

那一年的11月，天气转凉，秋天的日本，四处是古典萧瑟的美景。正在屋檐下练习绘画的李叔同无意中抬起头，给他送饭的房东女儿正好从他身边走过。刹那间，李叔同觉得，她就是自己寻觅已久的模特。

这是个温良谦恭的女子，她没有名字，因为关于她的文字记载很少，所以有人猜她叫福基，也有人叫她雪子。那一年，他是她家的房客，日夜在同一屋檐下相遇，这一天，他终于看住了她，用他洞悉人生的睿智眼神。

李叔同请房东女儿作自己裸体模特的要求让这位姑娘觉得十分突然，裸体在日本并非一件有损脸面之事，但把它画在画上，当时，除了艺术学校外，在社会上仍然不被大众所接受。

女裸体三联画《智慧、印象、感伤》，是东京美术学校西洋画科的系主任，日本西洋画之父黑田清辉于1897年创作的。在东京展出时，因被指责有伤风化，最后不得不从展厅撤走。然而11年后，他的中国学生李叔同却对一个陌生的日本女子提出请求，让她作自己的裸体绘画模特——这让年轻的日本女子十分吃惊。也正因为这个特殊的请求，让这位日本姑娘开始对李叔同有了初步的印象。

那天，她像股轻风般从他的窗前一飘而过，他本能地用目光追寻着窗外的丽影，手中的画笔停在了空中，几分钟后冲出画室。他叫住她，她回首，朝他颔首地展颜一笑，明眸皓齿。

站在她眼前的是一个外貌俊朗的青年，有一副魁梧的身材，穿着藏青色的和服，腰间系一条黑纱的腰带，三七分的发型，一脸详和。初次见面便有了七分亲切，几许久违。

他用日语夹着手势和她沟通，直言想邀请让她做他的裸体模特，她听后满脸羞涩，但不置可否。

让李叔同没有想到的是，这位日本姑娘竟然很快答应了他的请求。她觉得，李叔同是一个有才华、诚实的中国青年。

几天后，她轻盈地来了，笑容可掬地走进他的画室，第一次在一个异性面前脱下衣衫。一件件，每件都像包裹她身体的一片花瓣，就那样片片飘落，最后，她像花心般呈现在他的眼前，冰肌玉骨，纤尘不染。她不好意思地侧过身去，他示意她斜坐上那张半高的床，左手自然地支撑，右手随意的摆放，脸向后微侧，半回首。

他定格了她的美，她静坐着一动不动，任由他在一张纸上将她复制；他一笔笔勾勒、细绘，将她“画”在一张纸上。他陶醉于这样的美，屏声静气，没有丝毫的杂念。

从此，这位日本姑娘成了李叔同的专职模特，因为不用发愁模特的问题，李叔同很快掌握了人体绘画的技巧。我们可以从李叔同当年的画作上，依稀看到这位日本姑娘的神韵。

画中是一名斜靠在扶手椅上的年轻女人，披散着长发、裸露着上身，仿佛热天刚沐浴出来想小憩片刻。在光影对比之中，她的脸庞、手臂和胸脯都显出柔和而细腻的质地。女人是那么生动，仿佛观画者只要弄出点响声就会惊醒陷入梦幻的她，下一秒就会像小鹿一样抱起衣物跳开。

就这样，他是她家的房客，她是他的画模，日夜在同一屋檐下相遇。久而久之，她入了他的画，他入了她的心。每次画毕，他会让她评价一番，然后，他会弹琴一曲借以庆贺。

渐渐，她有些心跳加速，脸会不自觉地微微泛红。她时常想着，这样一个奇男子，像是她在香烟袅袅里期许的爱情；他满身的才情令她不由自主地倾心，他家衰国败的愁苦让她有共同承担的愿望，他游子般的漂零更令她怜惜不已。情愫在不由自主地暗生，虽然，她知道他在故国有妻有儿。她晶莹剔透的美好初爱，同样在他的心海一次又一次地潮涌着。

在一段时间的合作后，由于相同的爱好，又彼此真诚相待，两情相悦的他们，开始跨越画家和模特的界限。1907 年春天，一个樱花盛开的时节，李叔同再一次感受到了爱情的滋味，后来两个人开始了同居。

从此，上野恩赐公园的湖畔，经常有李叔同和那位日本姑娘一起散步的身影。他在自己的诗作《朝游不忍池》中曾写道：

凤泊鸾飘有所思，出门怅惘欲何之。
晓星三五明到眼，残月一痕纤似眉。

秋草黄枯菡萏国，紫薇红湿水仙祠。
小桥独立了无语，瞥见林梢升曙曦。

出于对父母的尊重和孝顺，早年的李叔同接受了一桩没有爱情的婚姻，但他的内心深处始终有着情感上的遗憾，直到这位日本女模特出现，这种遗憾才逐渐消散。应该说，雪子的出现，让情感丰富的李叔同得到了满足，真正完成了内心情感的圆满。

樱花般美丽烂漫的爱情就在身边，这时期的李叔同，内心是愉悦的。他暂且忘却了曾经的苦痛，只埋头于他的诗，他的画，他的爱。

那样的一个女子，似哺育了她的富士山一般，有着宁静炽热的美。她温良谦恭，心性似她的名字纤尘不染。她在豆蔻年华里，无数次地，许下了自己最纯真的爱情梦。

他比她大许多，并且，在故国家园里有妻有子，然而，她依旧爱他，倾心掏肺。

那个男人简直是个天才，音乐、诗词歌赋、篆刻、书法、绘画、表演，几乎样样精通。

他怀了一腔热忱，却报国无门。他生于富贵之乡，却倍尝人间的苦痛。现在，他只在异国他乡，将满腔的悲愤和一身的才情，赋予沉默的丹青与跳动的音符中。

从此，两人开始了6年的相依相伴，他们在一方房檐下，一起度过了一生中最静美的爱情时光。她细腻温柔的爱和照顾，温暖了一个漂泊在异乡的游魂。这样一份真实的感情，足以安慰平生。

《茶花女》公演的时候，雪子也坐在了观众席里。看着台上的李叔同把玛格丽特悲惨的命运演得如此感人，也禁不住流下了同情的眼泪。

1911年3月，32岁的李叔同创作毕业自画像，即将从东京美术学校毕业回国。李叔同回国前，雪子正式提出与李叔同结婚的要求，并决定同他一起回中国。

当时，李叔同的心情是矛盾的，又爱她又不敢带她。但为了爱，他还是答应了。

6年的形影相随，她把最美的情开在了爱情的盛年。她炽热的爱，温暖了一颗飘在异乡的孤独的心。她爱他，为了他，不惜赴汤蹈火。而她要的却不多，一份真实的感情，一掬茅檐低小的简单快乐，足矣。

6年的相依相伴，让他们度过了一生中最静美的爱情时光。她多么希望就这样与他厮守到终老啊！然而她却不知，他的心无时不系挂着他的祖国。

终于要归国了，她告别了故土，也别了樱花，要随他漂洋过海了。这辈子能与他白头偕老，天天，月月，年年，期待能像在日本一样能承接他们最美的爱，她愿意。她告诉他，有他在的地方，她就有家。

是的，他就是她的家。有他在，她便是幸福快乐的。然而，未来的日子里，等待着他们的将会是什么呢？

第四章　学有所成

回归故里

在日本留学期间，李叔同用的最多的名字是李岸，岸者，游子思归也。1910 年 6 月，李叔同在日本游学 5 年多之后，携妻回国。

有爱不觉天涯远。她随他，来了，告别了那满树的樱花，来到这陌生的国度。她不怨他，她爱他，尊重他的选择。为了他，她甘愿在这异国他乡忍受寂寞与孤独，只为心中那一纸“执子之手，与子偕老”的爱情之约。

李叔同把雪子送到上海，住进法租界一栋宽敞的公寓里，自己先回到了天津。

他已在世间活了 30 年，除了 5 岁以前，在深广的院落里，度过襁褓岁月，余下 25 年，便活在女人与艺术之间。雪子，是他最后一个——女人与艺术的总体。

过去，专为读书、写书、刻书而生活的日子，专为宣泄、孕育、制造情感的岁月，由于人生道路的突然转道，而不得不与之诀别。过去，25年间知识的吸收、情感的储藏，从上野归来的李叔同，准备在自己的祖国，向下一代的青年传播与禅递了。

天津的码头上，挤满了欢迎李叔同的人群。他的哥哥李文熙——当年严厉而寡情的嫡传嗣子，现在已是四十开外的忠厚长者，这位学医的哥哥携带着一家人，和李叔同的眷属，李家的亲友，一道来迎接海外归来的弟弟。

生活的磨炼，使人心的棱角变得光滑可爱。以往的“创伤”，似乎也失去了回忆的分量。李文熙与李叔同，这一对同父异母兄弟，互相间都有着谦疚的表情，好像过去都犯了一种不可原恕的罪责；但他们的内心，实际已经完全宽恕了。

这一群人，刚到家，李文熙便把“天津工业专门学堂”的聘书，捧了出来。也许是由于李叔同的造诣，使这所学府为其开了一科“绘画”课程。十多年前，李叔同的书画在天津已经出了名。

1910年的秋天，李叔同脱去留学生的洋服，换上了流行的教师服式：灰色长袍，黑呢马褂，布袜布鞋，上讲台，第一次为人师表。

白天在工业学校上课，晚间与暇时在家里照他过去的习惯，写画、练琴、习字；金石、诗词，则是偶尔试刀。李文熙现在依然照管家务，同时挂牌行医。没事儿的时候，则找李叔同聊聊。兄弟间，兴致一来，总是小酌一番。

总算安定下来了，生活仿佛平静如水。1911年的春假，李叔同在家里闲着，正待写一封信给上海的雪子，二哥李文熙从门外神色匆忙地回来了。

“啊，叔同！事情糟了！”李文熙走进他们古老的书屋，怅然若失，倒在椅子里，呆呆地望着李叔同。

二哥给他带来了一个坏消息。

因清政府将盐业改为“官盐”，李家投资于盐业的银号破产。祖辈留下的“义善源钱庄”被淹没，投进去几十万银元血本无归。

此后，天津盐业的不景气，如一排巨浪，向经营这一行的人们作无情的打击。直到半个月之后，李家另一座钱庄“源丰润号”，再度全军覆没，李家的百万财富，除了河东的一座住宅外，几近于荡然无存了。

李文熙在这种沉重的轰击下，已到面临崩溃的边缘。李叔同则由于艺术的陶冶，更感觉世间的财富不可靠，简直如同一堵粪土之墙，而艺术的创造，实际上是创造了不朽的生命。从此，他的表情更严肃，教学更认真，衣着更朴实了。

这好像一个人走路，本来前面有两条路，但此刻另一条路忽然阻绝了。因此，不得不一心一意地循这条路，向前奋进。

给雪子的信里，李叔同没有提到家业的破产。给上海朋友们的信里，没有说到他的窘状。他面临的，是一种更庄严、更刻苦的人生。这与过去的生活对比，过去的似乎靡费得过火了。当前的庄严、刻苦，刚好是对过去的补偿。

刚刚平静的生活，突然掀起了一阵巨浪，这突如其来的打击，让李叔同深刻地感受到财富和世事的无常：“人生总是变幻无常的。清廷的命运，已是朝不保夕。我们与生而来的——除了赤裸着的身子，别无长物——”

1911 年 10 月 10 日，“武昌起义”爆发，辛亥革命拉开帷幕，全国连续发动了一系列的武装起义，至 1912 年初南京民国临时政府成立，成功推翻满清王朝在中国的封建统治。当李叔同得知“武昌起义”的消息时，兴奋异常，其理想状态中的民主、自由以及期望中全新的社会面貌，似乎为他再一次拉开了理想的帷幕。

不久，李叔同辞去了天津的工作，决定再次南下上海。

上海文坛

1912年元旦，孙中山就任中华民国临时大总统，李叔同欢庆鼓舞，全然忘却了家庭破产的苦痛，再一次踏上了南下的征程。

这是春天的一个傍晚，黄埔江码头，落着霏霏的细雨，一艘从天津开来的客船，载来南下的李叔同。码头上拥挤着接待归客的人群，客人们从扶梯鱼贯地走下来。人群里，有熟悉的声音热烈地呼唤：“叔同！叔同！”

李叔同愣一愣，停在扶梯的中途，向人群里搜寻，有几张多么热情、熟悉的面孔！这是他初到上海结识的义兄许幻园、上野的同窗曾孝谷和雪子组成的小小欢迎场面。

幻园、孝谷、叔同与雪子，坐车回到法租界的寓所。于是他们便从亡命的王朝，说到革命的民国。李叔同看到大江以南的新气象，与古老灰色的北方，相差太远了，不禁心有所感，他一气呵成《满江红》一阕：

皎皎昆仑山顶月，有人长啸；看囊底，宝刀如雪，恩仇多少？双手裂开鼷鼠胆，寸金铸出民权脑；

算此生，不负是男儿，头颅好。荆轲墓，咸阳道；聂政死，尸骸暴。

尽大江东去，余情还绕；魂魄化成精卫鸟，血花溅作红心草。看从今，一担好河山，英雄造！

一席团聚的酒酌，兴高采烈开始，于灯火阑珊处依依惜别。最后只剩下雪子与李叔同在灯下相对，直到三更——

同年2月，李叔同受上海城东女校校长杨白民之邀，就职于该校。城东女校以严谨勤勉的校风闻名，黄炎培、包天笑、吕秋逸等人都曾执教于该校，除上海本地外，江、浙一带多有女生前来就读。

就任城东女校前，李叔同已先于1911年12月应友人朱少屏之邀筹备《太平洋报》报纸广告部诸事，同时，他为柳亚子任副刊编辑的《民生日报》作漫画《无题》《休战》和《落日》。

《太平洋报》是民国政府成立之初舆论宣传的阵地，主要成员都是著名的革命党人。

1912年4月1日，《太平洋报》出版了创刊号，魏碑体的醒目报头即出自李叔同手笔。同时在报纸的头版还刊登了一篇专门介绍该报广告特色的文章，针对当时中国报纸的现状，特别对广告提出从四个方面加以改进，集中体现了李叔同广告设计的独特思路。

《太平洋报》有自己的广告专版，李叔同运用美术中的图案构形原理，将整个版面分成若干模块，各模块又设计成各式各样的图案，并辅之以各种各样生动鲜活的边角装饰，错落有致而富于变化和趣味。经过这样精心巧妙的设计，《太平洋报》的广告有如一件件图文并茂的艺术作品出现在读者面前，立刻引起了人们的兴趣。报纸发行一个多月后，甚至有不少读者来信要求将这些美术广告编集成册，单独出版发行。此后上海的各家报纸所纷纷效仿，报刊广告的面目也自此为之一新。因此，各种文献里皆称李叔同为中国现代广告艺术的开创者与先驱推进者。

在主持《太平洋报》广告部的同时，李叔同还兼任副刊“太平洋文艺”的编辑，并专门负责一个名为“太平洋画集”的小专栏，用来发表画作，其中最重要的人物是国画大师陈师曾。

陈师曾是民国时期北方画坛的领袖人物，诗书篆刻俱工，大体处于上承吴昌硕、下接齐白石的位置。他比李叔同年长4岁，1906年，两人在东京一见如故，自此始终保持着亲密的友谊。李叔同在“太平洋画集”中为陈师曾发表了10多幅画作，这些毛笔简画多是即兴之小作，着墨不多，却极具情趣，令人回味。丰子恺曾评论道：“国人皆以为漫画在中国由吾创始，实则陈师曾在《太平洋报》所载毛笔略画，题意潇洒，用笔简劲，实为中国之始。”

为满足读者对绘画作品日益增加的需求，自6月起，《太平洋报》在保留小画栏的同时，又另行增刊一张“太平洋画刊”。这一纯艺术性的版面，除了刊登名家的画作之外，也发表其他形式的艺术作品，还曾面向社会征求讽刺漫画和学生毛笔画作，在中国漫画的早期发展过程中对于推广漫画在社会中的影响起过一定的作用。

“太平洋画刊”上李叔同用隶书笔意书写的《莎翁墓志》与当时另一位富于传奇色彩的人物苏曼殊所作的《汾堤吊梦图》同版刊出，时称“双绝”。

苏曼殊亦僧亦俗，身具多才，能诗擅画，通英、法、日、梵多种文字，尤其在绘画和诗文小说上，突兀灵舍，别具一格。

他的诗在当时很有名，诗风清艳。此外还写小说，最著名者为《断鸿零雁记》，行文清新婉丽，情节曲折动人，对后来流行的“鸳鸯蝴蝶派”小说产生了较大影响。为连载此作，李叔同特请陈师曾署名“朽道人”作插画数幅，以配合小说的情节，时称“僧道合作”。

《太平洋报》的编辑几乎都是南社成员。李叔同与苏曼殊也都名列其中，但两人的表现却是正相对比。苏曼殊时常与南社中人酒肆征逐，或借酒骂政、或题诗品伎，而李叔同则孤高自持，离群索居，独住于报馆楼上的一间小室，罕与其间，把很多的时间都花在读书、编稿等上。

南社是中国近代第一个革命文学团体，以同盟会会员为骨干，多是知识界的革命激进分子，可以说是同盟会的一支文学分会，活动中心在上海。南社成立后队伍不断壮大，入社者最多时达1200余人，成为中国历史上最大的文学团体之一。

李叔同除加入南社之外，还于1912年4月参与组织过一个小型的文艺团体“文美会”，这实际上是南社下的一个小型文艺社团。成员皆系南社中人，也大多是《太平洋报》的职事者，会址设在报馆之内。成立之初，本拟每月例行集会，因诸事纷忙，只在5月份举行过惟一的一次。会刊系李叔同独自编印，内容为书画印章之类，只限内部传阅。会员之外，参与者还包括吴昌硕、陈师曾、黄宾虹等驰名天下的艺术家。半个月之后，“文美会”并入由高吹万、姚石子等人发起的“国学商兑会”，以收集古今书籍、刊刻珍本、保存国粹为旨，编辑出版过18集《国学丛选》。

上海的文坛，曙光初现；激进的革命思想，方兴未艾。不幸的是，到9月间，《太平洋报》被警察查封。

报社的文化人，走的走，散的散，李叔同感觉世间无常，终于再度离开上海滩，应浙江两级师范学校校长经亨颐之邀，赴杭州任教，在该校图画手工科负责音乐、美术课程。

李叔同的出家因缘，便在这里酝酿成熟。

执教生涯

1912年的上海，花残叶落，这是9月里的一天。黎明时分，李叔同起来时，雪子正忙着为他整理行装。

他的行囊，包括简单的被褥、文具、雕具、画具，必要的几本诗词、乐谱，还有两身云灰布长衫，黑哔几马褂；穿起这一身，加上他笔直高度的身材，高额、细眼、庄严的长型面孔，笑起来，只动嘴唇而没有声音，总令人想到儒家的正统派书生，有一种神圣的、悲悯的神韵。这与乎少年的李文涛，青年的李岸，有着根本的差异，看来几乎脱胎换骨。

改变，看来很突然，但在雪子眼里，却又没有改变。雪子知道，他做一样，完成一样；他放下一样，便永不回顾。这种看得破、忍得过、放得下的断腕魔力，是别人所没有的。

一切都收拾好了，雪子千叮咛万嘱咐，他默默地坐了一会儿，便叫了街车，把行囊拉到上海北站。古老的车厢，把他带到一生重要的栖止处——杭州。

杭州师范的7年正规教书生活，从这一天开始。

是时，经亨颐任浙江第一师范学校校长，同时还兼任浙江省教育会会长。

经亨颐对李叔同的才华与成就以及高尚的品格心仪颇久，特别为李叔同的到来准备了在当时同级别的学校中最先进的专用教室。美术教室有3间，一间用来讲课，一间存放从日本购进的各种石膏模型等画具，另一间则是写生专用。写生教室特别设在二楼，摆放着30多个画架，墙上挂有许多世界知名画家的相片和名画。由于李叔同对写生教室的光线要求很高，屋顶开有天窗，用玻璃代替瓦片，玻璃下还有可以自由移动的布幔，教室一侧高敞的玻璃窗也配上了长长的落地窗帘，用来调节光线，便于学生体会光线的变化效果。音乐教室则是在校园内单独修建的，四面都装有玻璃窗，里面配备钢琴和风琴。

李叔同的教学不仅严谨认真而且别开生面。他在未上课之前就先从学生册上了解学生，第一次见面便能准确叫出学生的名字。他提前一学期将课程仔细设计好，于教学中理论和实践相结合，然后根据第一学期的教学实践总结和改进，并撰写相关的教学资料。他教画时，会把美术概论、美术史、画家评传、佳作分析、具体技法等作有机结合，并带领学生到大自然里去学习。教音乐时，他会结合音乐史介绍作者，并教会大家赏析其艺术特色。李叔同很注重学生的资质和学习进程，会根据每个学生的情况作专门辅导，并成立相关的团体举行艺术活动。他不仅为学生们在西泠印社的柏堂举行了一次音乐会，而且从1915年起开始，常将学生创作的铅笔画、粉笔画、传统的水墨画、西洋的水彩和油画，连同他自己的作品，拿到杭州平海路浙江省教育会和西泠印社展出。

直到1919年5月，已出家的李叔同为了给学生支持和鼓励，还欣然接受桐阴画会的邀请，参观指导当年在省教育会的画展。

在李叔同教学期间，其他的学校里最被忽视的图画与音乐两科，却成了他的学生们最受重视和喜爱的功课。1914年5月，黄炎培到浙一师参观时便已做出了这样的评价：“其专修科的成绩视前两江师范专修科为尤高。主其事者为吾友美术专家李君叔同（哀）也。”

两江师范是现在东南大学和南京大学的前身，1902 年由张之洞奏请设立，初名为“三江师范学堂”，1905 年后改称“两江优级师范学堂”。同年，晚清著名学者和教育家李梅庵入主该校，奏请依国外师范艺术教育设科之通例，开设艺术课目的教学，次年得准施行，开设图画手工科，成为中国最早设立艺术专科的高等学堂，对于中国美术教育事业和新美术运动，起着重要的拓荒和奠基作用。辛亥革命后两江师范暂时停办，1914 年复校后，改称南京高等师范，校长江谦特地聘请李叔同前往任教。李叔同在其执教时间约近 2 年，后来终因不堪两地奔波往返的劳顿，停止了在该校的兼职工作。

《浙江文史资料选辑》第 21 辑里，冯蔚然在《忆画家潘天寿》一文中写到：

> 图画课既全由李叔同老师安排，占学时不能太多，而所有石膏素描、速写、水彩、油画等，全属西画系统。……李叔同老师本兼南京高师、杭州两级师范两校美术、音乐，又是诗词、篆刻等课外研究组织的台柱，南社、西泠印社的健将。晚年德行，为全校师生所同钦。

《白阳》是“浙一师校友会”出版的杂志，从组稿、编辑、文字的抄写到刊物的石印，都由李叔同负责。全书分为文集、说部、词、曲、谈丛等八个栏目，风格与《音乐小杂志》有几分近似，文字以刚劲清秀的魏碑体楷书写成。除了经亨颐、夏丏尊等人的少量作品外，其余多是其以息霜之名发表的作品，有《白阳诞生词》、《音乐序》、《西湖夜游记》、《春游》（歌曲）、《近世欧洲文学之概观》、《西洋乐器种类概说》和《石膏模型用法》等篇。

由于《白阳》杂志只出了一期，《近代欧洲文学之概观》作为我国较早系统介绍西方文学的一篇专论也只发表了第一章，介绍的是近代英国文学，包括湖畔派诗人华兹华斯与柯尔律治，浪漫派诗人拜伦、济慈、雪莱，小说家司各特、勃朗宁、狄更斯、萨克雷等人，内容为他们的代表作品与文学地位。《西洋乐器种类概说》是国内最早系统介绍西洋乐器的文章，按顺序分别介绍了弦乐器、管乐器和打击乐器，并附带述及乐器的音域表、定弦法、演奏姿势和相关历史等内容，附有精致的乐器图。与《音乐小杂志》一样，《白阳》杂志同样是一份具有历史价值的文艺刊物。

夏丏尊是近代中国著名的文学家、教育家和出版家，浙江上虞人，小李叔同 6 岁，本名夏铸，字勉旃，后改字丏尊。他是李叔同一生中最为亲密的朋友之一，留学日本回国后执教浙江两级师范学堂，开始了长达 20 多年的教育生涯。二十年代后期，开始从事出版工作，任上海开明书店总编及所长 10 余年，出版了大量中外名著，同时又编辑发行各种进步报刊，影响深远。其中《中学生》杂志便哺育了一代青少年的成长。夏丏尊如是评价李叔同："李先生教图画音乐，学生对图画、音乐看得比国文、数学更重。这是有人格做背景的缘故。因为他教图画、音乐，而他所懂的不仅是图画、音乐；他的诗文比国学先生的更好，他的书法比习字先生的更好，他的英文比英文先生的更好……这好比一尊佛像，有后光，故能令人敬仰。"

先生行状

作为一个教书先生，李叔同做出了卓然的成就，是一个备受学校和学生尊敬的人，但同时他又是一个特立独行的人，仿佛一个不折不扣的“另类”。

就在他到任之初，李叔同提出了苛刻的条件：“我不是一般学校就能请得动的老师，除非你们同意为每位学生都提供一架风琴，这样我才会去!”

全校共400名学生。如果每人配备琴，岂不要400架？这不仅耗资巨大。且要到哪里去找这么多的琴？经亨颐十分为难，可是李叔同却执意不肯让步：“学生们上音乐课的时间原本就很有限，倘若他们没有琴练习，恕我不能接受!”

经亨颐无奈，只能东拼西凑地筹钱，然后派人四处去寻找，好不容易才买回了200架大小各异的风琴。他把它们摆放在教室及走廊里，然后忐忑地邀李叔同来参观。李叔同心有不甘地走在后面，逐一测试过琴，这才勉强答应了。

经亨颐如释重负，不禁嘀咕道：“但愿这个傲慢的家伙会对学生提升素质有帮助。”

5天后，李叔同正式登台上课，经亨颐坐在后排旁听。李叔同讲授起音乐基础知识，还不时停下来提问，令经亨颐万万没想到，初次执教的李叔同竟然不用借助花名册，就能脱口叫出所有学生的名字。

待到学生开始练习风琴，经亨颐走上前：“难道你以前与孩子们就有过接触?”李叔同摇了摇头。经亨颐接着问：“那你怎么知道他们的名字?”李叔同笑了，解释说：“上次来时，我专门去学生处借了学籍登记簿。这几天没事便把学生的名字都默记了下来。事实上，我仅仅知道他们的名字而已。”

经亨颐大吃一惊，未料到李叔同竟然如此用心对待学生，提前记下了400名学生的名字。

李叔同教学很得人心，却并不善于言辞，有时说话还会有红脸和轻微口吃的现象，但他的态度却总是十分和蔼可亲，总是在上课铃响之前进入课堂，也从来不会用责骂的方式对学生。学生课堂上有什么过失，他并不当即指出来，等到课后才把学生留下或是带到自己的房间里，和颜悦色的开导，说完后还会对该生鞠一个躬。

丰子恺的《怀李叔同先生》一文，形象描摹了当年这位教书先生的日常行状：

> 距今二十九年前，我十七岁的时候，最初在杭州的浙江省立第一师范学校里见到李叔同先生，即后来的弘一法师。那时我是预科生，他是我们的音乐教师。我们上他的音乐课时，有一种特殊的感觉：严肃。摇过预备铃，我们走向音乐教室，推进门去，先吃一惊：李先生早已端坐在讲台上。以为先生总要迟到而嘴里随便唱着、喊着、或笑着、骂着而推进门去的同学，吃惊更是不小。他们的唱声、喊声、笑声、骂声以门槛为界限而忽然消灭。接着是低着头，红着脸，去端坐在自己的位子里。端坐在自己的位子里偷偷地抑起头来看看，看见李先生的高高的瘦削的上半身穿着整洁的黑布马褂，露出在讲桌上，宽广得可以走马的前额，细长的凤眼，隆正的鼻梁，形成威严的表情。扁平而阔的嘴唇两端常有深涡，显示和爱的表情。这副相貌，

用“温而厉”三个字来描写，大概差不多了。讲桌上放着点名簿、讲义，以及他的教课笔记簿、粉笔。钢琴衣解开着，琴盖开着，谱表摆着，琴头上又放着一只时表，闪闪的金光直射到我们的眼中。黑板（是上下两块可以推动的）上早已清楚地写好本课内所应写的东西（两块都写好，上块盖着下块，用下块时把上块推开）。在这样布置的讲台上，李先生端坐着。坐到上课铃响出（后来我们知道他这脾气，上音乐课必早到。故上课铃响时，同学早已到齐），他站起身来，深深地一鞠躬，课就开始了。这样地上课，空气严肃得很。

有一个人上音乐课时不唱歌而看别的书，有一个人上音乐时吐痰在地板上，以为李先生不看见的，其实他都知道。但他不立刻责备，等到下课后，他用很轻而严肃的声音郑重地说：“某某等一等出去。”于是这位某某同学只得站着。等到别的同学都出去了，他又用轻而严肃的声音向这某某同学和气地说：“下次上课时不要看别的书。”或者：“下次痰不要吐在地板上。”说过之后他微微一鞠躬，表示“你出去罢。”出来的人大都脸上发红。又有一次下音乐课，最后出去的人无心把门一拉，碰得太重，发出很大的声音。他走了数十步之后，李先生走出门来，满面和气地叫他转来。等他到了，李先生又叫他进教室来。进了教室，李先生用很轻而严肃的声音向他和气地说：“下次走出教室，轻轻地关门。”就对他一鞠躬，送他出门，自己轻轻地把门关了。

最不易忘却的，是有一次上弹琴课的时候。我们是师范生，每人都要学弹琴，全校有五六十架风琴及两架钢琴。

风琴每室两架，给学生练习用；钢琴一架放在唱歌教室里，一架放在弹琴教室里。上弹琴课时，十数人为一组，环立在琴旁，看李先生范奏。有一次正在范奏的时候，有一个同学放一个屁，没有声音，却是很臭。钢琴及李先生十数同学全部沉浸在亚莫尼亚气体中。同学大都掩鼻或发出讨厌的声音。李先生眉头一皱，管自弹琴（我想他一定屏息着）。弹到后来，亚莫尼亚气散光了，他的眉头方才舒展。教完以后，下课铃响了。李先生立起来一鞠躬，表示散课。散课以后，同学还未出门，李先生又郑重地宣告："大家等一等去，还有一句话。"大家又肃立了。李先生又用很轻而严肃的声音和气地说："以后放屁，到门外去，不要放在室内。"接着又一鞠躬，表示叫我们出去。同学都忍着笑，一出门来，大家快跑，跑到远处去大笑一顿。

李先生用这样的态度来教我们音乐，因此我们上音乐课时，觉得比上其他一切课更严肃。同时对于音乐教师李叔同先生，比对其他教师更敬仰。那时的学校，首重的是所谓"英、国、算"，即英文、国文和算学。在别的学校里，这三门功课的教师最有权威；而在我们这师范学校里，音乐教师最有权威，因为他是李叔同先生的缘故。

李叔同先生为甚么能有这种权威呢？不仅为了他学问好，不仅为了他音乐好，主要的还是为了他态度认真。李先生一生的最大特点是"认真"。他对于一件事，不做则已，要做就非做得彻底不可。

丰子恺在《李叔同先生的教育精神》里提到一个学生说："我情愿被夏木瓜（夏丏尊）骂一顿，李先生的开导真是吃不消，我真想哭出来。”李叔同另一弟子傅彬回忆也说：“先生的仪态，平静宁谧，慈和亲切，但望之却又庄严可敬……在他高尚的人格和深邃的艺术的熏陶之下，全校四五百个学生，凡是怀有艺术天分的，他们的天才无不被充分发挥出来了。”

为师为父

关于李叔同，当年“浙一师”校园里，流行着各种各样的话题，杭州的流光，是他尘世生活里一段可圈可点的岁月。对于意气风发的李叔同，得天下英才而教育，是人生一件乐事。

李叔同在执教的几年时间中，培养出来了大批的优秀人才，如：音乐教育家刘质平；美术教育家吴梦非、李鸿梁；文学家曹聚仁、蔡丐因、黄寄慈；画家丰子恺、潘天寿、沈本千，等等。

丰子恺说：“李先生的人格和学问，统制了我们的感情，折服了我们的心。他从来不骂人，从来不责备人，态度谦恭，同出家后完全一样；然而个个学生真心怕他，真心地学习他，真心地崇拜他。我便是其中之一。”

丰子恺是浙江崇德县（今桐乡市）石门镇人，近代中国著名的散文家、画家。1914 年丰子恺 16 岁时考入浙江第一师范学校，第一年是预科生，第二年开始上李叔同的课，也就在那时，他才知道伴着自己成长的那首《祖国歌》乃是先生所作。

丰子恺自幼极爱绘画，幼时已是家乡颇有名气的小画家。李叔同鼓励丰子恺，要坚持走下去，依靠他的天资与勤勉，日后定然会在绘画方面大有作为。丰子恺后来回忆说，先生的这几句话决定了他的一生。

李叔同宿舍的案头，有册明儒刘宗周所著《人谱》，是一本汇集古贤嘉言懿行的著述，封面上有他亲笔所写“身体力行”4个字。有一次，李叔同把丰子恺和几个学生叫到他房间谈话，翻开《人谱》，指着其中的一节文字让大家看：“唐初，王、杨、庐、骆皆以文章有盛名，人皆期许其贵显，裴行俭见之，曰：士之致远者，当先器识而后文艺，勃等虽有文章，而浮躁浅露，岂享爵禄之器耶?”然后，用浅白的语言解释说，器识相当于道德与人格，“先器识而后文艺”是说人应该首重人格的修养，其次才是文艺的学习，更具体地说，要做一个好的文艺家，必须首先做好一个人。丰子恺觉得，先生的这番话似乎是特别说给他听的。李叔同出家前，这册《人谱》便送给了他。

1917年后，李叔同启发丰子恺留意日本画坛的情况，建议他读一些日文的艺术理论著作，并开始教他学日语。1921年春，丰子恺开始了10个月的日本游学生活，四处观摩游学，买了许多书籍，听了许多音乐会，看了许多画展。他从明治末期著名画家竹久梦二的作品中受到很大启发，此后终于走上了漫画创作的道路，没过多久即成为知名的大艺术家。

近代中国著名的音乐教育家刘质平比丰子恺大2岁，也比他早两年进入这浙一师。刘质平说他与李叔同“名虽师生，情深父子”。和丰子恺一样，他也是一个痴迷于艺术的学生，对音乐有着极浓厚的兴趣。由于沉迷于音乐，他在浙一师就读的时候，其他的功课大都不及格，幸有李叔同为他说情，经亨颐又是个开明的校长，才得以顺利完成在校的学业。

刘质平极富音乐天分，入校未及半年便已开始尝试自己作曲。李叔同对此十分欣赏，并不遗余力地帮助刘质平，不仅每周特抽出两次时间单独为他辅导，还介绍他到鲍乃德夫人处练琴。在李叔同的精心指点下，刘质平很快成了浙一师音乐成绩最好的学生，并于1916年夏毕业后留学去了日本。

在日本期间，李叔同一直与刘质平保持着书信往来，关注着他的生活和学习，用他过去留学日本的经验，给他种种建议，并开导和鼓励他。刘质平初到日本便感受到日本人对中国留学生的轻视，为此十分愤慨。李叔同回信鼓励他奋发精进，用自己的成绩说话，为国人吐一口气。针对刘质平耿直狷介的性情，又特别叮嘱他："宜重卫生，俾免中途辍学；宜慎出场演奏，免人之忌妒；宜慎交游，免生无谓之是非；勿躐等急进，勿心浮气躁。"

1917年初，刘质平感到了深入学习的困难，一向心高气傲的他为此颇为沮丧。李叔同在信中宽慰他愈学愈难本是进步的表现，不需以此为忧，又特为叮嘱他"务实循序"四字，并说，交友无需勉强，宁无友，也不可交寻常之友，以免浪费时间和精力。

刘质平到日本的第二年，留学经费发生了困难，烦恼之余甚至想到自杀。李叔同此前从未做过求告于人的事，闻知此事后，不惜违反平日处世和做人的准则，多方为之筹措，想尽一切可能的办法。最后，李叔同决定从自己的月薪里拿出五分之一供给其做学费。李叔同当时每月的薪水为105元，是他当时全部的经济来源，天津与上海两地的家人皆有赖于此。他将薪水作了安排，上海家用40元，天津家用25元，挤出20元来资助刘质平，与他自己每月生活的全部费用相同。为提供这份无偿资助，李叔同在信中还明言3点：（一）这是基于师生情谊的馈赠，并非是借贷，将来不必偿还；（二）不得将赠款之事告知第三者，即便是对刘质平自己的家人，也万不可提及；（三）赠款期限以刘质平毕业为准。

其时，李叔同对佛教的兴趣已经日益浓厚，开始有了出家的念头，并已着手为此作各方面的准备。为了让刘质平安心学习，他在信中一再表示将践守自己的承诺，务必使他完成学业为盼，甚至不惜为其推迟自己拟定的出家时间，帮助学生渡过难关。

在李叔同的关怀和资助下，刘质平才得以继续坚持自己在日本的学业，而他也终于没有辜负老师的期望，后来成为了一名出色的音乐教育家。

李鸿梁，字孝友，浙江绍兴人，近代山阴四大画家之一，师从过李叔同，也师从过鲁迅。1915 年夏，李叔同兼任南京高等师范学校时，要携日籍夫人回日本探亲，便推荐年方 21 岁的李鸿梁到南京代课。李叔同素知他生性戆直，锋芒太露，赠其一联："拔剑砍地，投石冲天"，另有一幅横是"豪放"，旁书七绝一首。李叔同还写了很关切的信，劝他不必倚才使气，锋芒外露，要和光同尘，既保留个性，又为世所容。

李鸿梁当时还未毕业，从未上过讲台，颇是忐忑。李叔同详细为他介绍学生程度、学习要求、课程进度等有关情形，并将自己的一串钥匙给他，每一把的用途说得都十分明白。

李叔同叮嘱李鸿梁要尊重同事、学生与工友，并分别给江谦和韩亮侯写信请他们照顾他。为鼓励李鸿梁，李叔同送了他一把日本制的绢面折扇，一面临了《龙门十二品》内的三种，另一面临《天发神谶碑》。另外李叔同还送了他一个刻有面具的日本三脚瓷杯，并在李鸿梁出发时亲自送他上火车。

曾任浙江钱塘书画研究社副社长、浙江省文史研究馆馆员的沈本千于 1918 年入学浙一师。他入校前曾从民间的一位画师学国画，入校后开始对写生产生兴趣，但又觉写生之法似与国画传统冲突，为此不能自决。是年秋，沈本千在同学的建议下，特去西湖边的虎跑寺，向出家未久的李叔同请教。

那时的李叔同虽已不复以文艺之事介怀，但得知学生为此甚为苦恼，便细心地给予解说劝慰。李叔同说，中国画注重写神，西画重在写形。除了各自使用材料不同，中画常在表现形象中注重主观心理的表达，即“写意”；西画则从写实的基础上，追求形象的客观准确。李叔同认为，国画的“丈山尺树，寸马豆人”不若西画的透视法，“石分三面，墨分五彩”也不如西画的阴影、光线、色调各有科学的根据。因此，他鼓励学生说，时代在不断进步，新生事物层出不穷，应该多多吸取新的养料，学习新的技法。

为此，沈本千受益匪浅，至毕业后仍继续研习书画。35 岁后专攻山水、墨梅，其作品挺秀、明净、抒情。其创作中，有关佛寺山水甚多，《弘一法师云游图》是代表之作。后成为在书法、篆刻、诗词等方面颇有建树的艺术家。

博通艺文

李叔同从日本回国教学到他出家前的这 7 年左右的时间，是他在艺术创作上的一个重要时期。他不仅仅培养了大批的优秀学生，在歌曲、书法、金石和绘画方面的创作更可谓成绩斐然，绚烂无比。

作为音乐教师，李叔同又开始了音乐方面的创作，尤其是致力歌曲的创作。他存留于世的歌曲约70 首，其中30 多首都作于这一时期，歌曲的质量也比前期有了明显的提高，不少脍炙人口的作品直至今还广为传唱，深受国人的喜爱。

李叔同一生的歌曲创作多为选词谱曲、选曲配词、选曲填词、作曲作词等形式。他自行谱曲的歌曲都作于任教音乐后，其中还包括他为任教的两所学校编曲的校歌（作词者分别为夏丏尊和江谦）以及出家后的2首歌。不过，他的很多歌曲依然是选曲填词，所选曲子都是欧美各国流行的通俗名曲，曲调优美动人，清新流畅。

李叔同不是把原曲直接照搬过来，而是在中文歌词的基础上精雕细琢加以匹配。他最有名的歌曲《送别》选用的是美国通俗歌曲作家奥德威（John. P. Ordway）所作的“梦见家和母亲”。李叔同删去了原曲中的变奏与装饰性的切分倚音，使乐曲显得更为简洁流畅，琅琅上口：

长亭外，古道边，芳草碧连天。
晚风拂柳笛声残，夕阳山外山。

天之涯，地之角，知交半零落。
一瓢浊酒尽余欢，今宵别梦寒。

这首流芳千古的《送别》在经历过岁月的变迁后依然经典不衰，其中歌词部分所散溢出来的那一缕淡淡的愁绪与伤感，即使无曲吟来也是离愁牵怀，让人唏嘘扼腕。

姜丹书说李叔同“通四国文字，除国文外，精日文、英文、意大利文，当然于国文之造就最深”。李叔同不同于很多歌曲作者，他不仅仅对乐曲有自己独到的见解，还在作词上有得天独厚的传统中国文学的功底和悟性，这是他永远屹立在乐坛最为重要的原因之一。李叔同的作词或者填词几无分辨地都是极佳之作。其所作三声部合唱歌曲《春游》创作于1913年，是目前所知的我国最早的一首合唱歌曲，不仅乐曲优美，歌词也清丽婉转：

春风吹面薄于纱，春人装束淡如画，
游春人在画中行，万花飞舞春人下。
梨花淡白菜花黄，柳花委地芥花香，
莺啼陌上人归去，花外疏钟送夕阳。

另一首《早秋》，歌词具有同样的风格：

十里明湖一叶舟，城南烟月水西楼。
几许秋容娇欲流，隔著垂杨柳。
远山明净眉尖瘦，闲云飘忽罗纹绉。
天末凉风送早秋，秋花点点头。

对于歌词的写作，李叔同虽仍然沿袭着昔日创作《隋堤柳》时的那种“仿词体”的思路，但在形式和语言上，更为活泼自由，在注重典雅清丽的同时，也更为流畅自然，如下面几首：

喜春来日暖风和，园林花放新莺啼。
喜春来日暖风和，园林花放新莺啼。
听花间清音百啭：呖呖呖呖。
听花间清音百啭：呖呖呖呖，呖呖呖呖呖呖，呖呖呖。

——《莺》

一帘月影黄昏后，疏林掩映梅花瘦。
墙角嫣红点点肥，山茶开几枝？
小阁明窗好伴侣，水仙凌波淡无语。

岭头不改青葱葱，犹有后凋松。

——《冬》

五日一风，十日一雨，太平乐利剩多黍。

谷我妇子，娱我黄耇，欢腾熙洽歌大有。

年丰国昌，惟天降德垂嘉祥。

穰穰，穰穰，穰穰！岁复岁兮富康。

——《丰年》

金谷园中，黄昏人静，

一轮明月，恰上花梢。

月圆花好，如此良宵，莫把这似水光阴空过了。

英雄安在，荒冢萧萧。

你试看他青史功名，你试看他朱门锦绣，

繁华如梦，满目蓬蒿！

天地逆旅，光阴过客，无聊！

到不如闻非闻是尽去抛消遥，

倒不如花前月下且游遨，

将樽倒。

海棠睡去，把红烛烧，

荼蘼开未，把羯鼓敲，

教天上嫦娥将人笑。

——《春夜》

正日落秋山，一片罗云隐去。

万种情怀，安排何处？

却妆出嫦娥，玉宇琼楼缓步。

天高气清，满庭风露。
问耿耿银河，有谁人引渡？
四壁凉蛩，如来相语。
尽遣了闲愁，聊共月华小住。
如此良宵，人生难遇。
寒蝉吟罢，蓦然萤火飞流。
夜凉如水，月挂帘钩。
爱星河皎洁，今宵雨敛云收。
虫吟侑酒，扫尽闲愁。
听一声长笛，有谁人倚楼？
天涯万里，情思悠悠。
好安排枕簟，独寻睡乡优游。
金风飒飒，底事悲秋？

——《秋夜》

西风乍起黄叶飘，日夕疏林杪。
花事匆匆，梦影迢迢，零落凭谁吊。
镜里朱颜，愁边白发，光阴暗催人老。
有千金，纵有千金，千金难买年少。

——《悲秋》

较之此前很多抒发爱国热情的作品，李叔同这一时期所作的歌曲在风格与题材上都有了明显的变化，更关注歌曲的抒情与审美性。激情也好，舒缓也好，或寄情山水，或寄情日月，或者只是一个瞬间的灵透，他更多地用文字和乐曲表现他的内心。

李叔同于金石之艺一向是情有独钟，自少时便勤业习之，从未间断，青年时期已出版过自己及古今章刻的合集。他先期的印作多带沉厚朴重之风，偶露形拙神逸之趣，汉魏风骨十分明显。他后期的印作受西洋绘画图案形构原则的启发，则多了一个明显的特征，便是非常讲究印文的整体形式效果。

西泠印社是以“保存金石，研究印学”为宗旨的一个团体，吴昌硕为首任社长。它的创立，标志着中国印学发展的一个高峰。

我国篆刻艺术，自先秦时代便已盛行。自元以后，由于开始大量使用石质材料，取材和镌刻都更为便捷，流行更广，日益受到文人的喜爱与重视。自明代中叶起，更逐渐形成篆刻之各种流派，其中最重要者为“皖派”与“浙派”。两者同宗秦汉，前者重阴柔之美，后者则重阳刚之气。浙派的主要代表人物几乎都是杭州人，西泠印社自然与其渊源极深。李叔同因为与“南社”友人在杭州的聚会而加入了其中，而后关系十分密切，以至于在他出家之前，将身边收藏的印章悉数赠送给了西泠印社，其中还包括陈师曾、经亨颐、夏丏尊等人和他自己的作品。

1915 年 6 月，李叔同在浙一师组织学生成立了一个金石篆刻研究会，担任社长，名为“乐石社”，逐渐成为继西泠印社后杭州又一个著名的金石社团。李叔同撰笔的《乐石社社友小传》中共录社友 25 人，多为杭州知名人士，如经亨颐、堵申甫、夏丏尊、陈伟、费砚、周承德等人。乐石社开展的活动很频繁，当年即汇编社中成员的作品，出版了 8 部精美的篆刻集，是 32 开的线装本，名为《乐石集》。李叔同于次年特别赠寄东京美术学校一套，现仍收藏于该校图书馆内。

南社旧友姚鹓雏所写《乐石社记》中关于乐石社的成立有简要述及，谓“乐石社者，李子息霜集其友朋弟子治金石之学者，相与探讨观摩，穷极渊微而以存古之作也。”其中对李叔同的描写颇为传神：

> 李子博学多艺，能诗、能书、能绘事、能为魏晋六朝之文、能篆刻。顾平居接人，冲然夷然，若举所不屑。气宇简穆，稠人广坐之中，若不能一言，而一室萧然，图书环列。往往沉酣咀嚼，致忘旦暮。余以是叹古之君子，擅绝学而垂来今者，其必有收视反听，凝神专精之度也，所以用志不纷而融古若冶，盖斯事大抵然也。

几乎同时间里，李叔同在兼职的南京高等师范也倡导组建了一个与乐石社性质相近的“宁社”，活动也多与金石书画相关。

李叔同的篆刻艺术，上法秦汉古韵，近学皖浙诸家，或深穆古厚，或恬淡清朴，匠心别具而又不失法度。从总体风格而言，他在吸收了皖派的营养时，与浙派更为接近，其佳处实不让于吴昌硕这样的金石大家，更有自己发明的刻具。李叔同出家后，对于以往诸多艺事不再介怀精心，只在20年后致一位金石之友的信中言及雕刻之法：“刀尾扁尖而平齐若椎状者，为朽人自意所创。椎形之刀仅能刻白文，如以铁笔写字也。扁尖形之刀可刻朱文，终不免雕琢之痕，不若以椎形刀刻白文，能得自然之天趣也。”

李叔同此段时间的书法也更趋成熟。他练字极勤，每日鸣鸡时分即起，执笔临池，数十年不辍。这一阶段，他临写的范围更为广泛，周之猎碣、秦之鼎彝、魏晋六朝之摩崖、碑碣、墓志、造像等等，皆潜心习学，尤以秦汉六朝之碑体为基。所写的字，结构稍扁而章法紧凑，沉雄刚健，正是得力于所临的诸多碑体。尤其是北碑中的《张猛龙碑》、《张黑女碑》、《龙门二十品》、《天发神谶碑》；南碑的两大瑰宝《爨龙颜碑》与《爨宝子碑》，李叔同受其影响更著。除这些南北名碑之外，先秦《石鼓文》中的大篆，秦代《峄碑》的小篆，汉代名碑《张迁碑》的隶体对于他的影响也极深。

李叔同这一时期的书法作品，是他成就极高的书法创作中一个重要的酝酿期，为他出家以后在书法上自创一体的超越作了坚实的准备。夏丏尊、堵申甫、马叙伦等友人都曾收藏有他的临习小册，皆言其功力极深，所临周秦两汉金石文字无不精似。后来，夏丏尊将其中的部分作品汇集翻印，成书一卷，命名为《李息翁临古法书》。

然而作为中国早期西画发展史上的一位大师，李叔同留给世人的绘画作品并不多见，而他的学生和友人却表明他在回国后和出家前没有停止油画和水彩画的创作。

据李鸿梁回忆，他在浙一师学习期间曾见过从上海运来的一只大木箱，里面全是李叔同自己的画作。一位自号“雨夜楼”主人的收藏家，用了数十年的时间收集到李叔同近40件油画、水彩画和素描作品，艺术价值极高。

李叔同绘画作品少见的原因有2个：一是他在出家之前的绝大部分赠给了北平国立艺术专科学校，曾有窃贼于一雪夜偷走了校藏库内的一批藏品，其中大部分便是李叔同的作品。曾就职该校的台北工业专科学校储小石教授保存的一幅《花卉》，便是作品被窃后次日捡拾到的。另一原因，则是李叔同出家后一心向佛，唯有书印等艺不断，其他的所有才艺都放弃了。

李叔同除了教学绘画，还是浙一师洋画研究会（原为“桐阴画会”）的主要传播者，介绍西洋美术史，分析名作，作水彩、木炭、油画等示范于学生。1913年他发表在“浙一师校友会”出版的《白阳》杂志上的《石膏模型的用法》，较为系统地介绍了这种在国内尚未普及开来的美术教学方法，其中涉及到用石膏模型写生教学的优点、模型的收藏方法、写生教室的选定和布置等多个方面，很多细节都来自他教学实践的体会。当学生渐渐掌握了模型写生的技巧后，李叔同又开始将人体写生的训练引入课堂，这在中国的学校里是第一次。

李叔同对现代版画的倡导比鲁迅要早将近20年。他在浙一师曾组织出版过一本《木版画集》，其中就有他本人的作品，美术家毕克官也据此认为李叔同是中国现代版画艺术的最早作者和倡导者。

李叔同早年便研习国画，这对他后来在西画上的卓越成就和相关教学都提供了极大的帮助。其认为，中西绘画在绘画语言、技法风格乃至思想观念上都存在着明显的差异，但总体上各有千秋，无分轩轾。初习绘画，无论中西，都要经过写形的基础练习。不过对于初习者而言，西画的训练应该更为科学和实用。著名画家、美术教育家吕凤子曾与李叔同在南京高师共事过，他认为，民国以来，李叔同是第一个正式把西洋绘画思想引介进来，进而启发了我国传统绘画的改良运动，是最早学成归国并将所学付诸于艺术创作与艺术教育之实践中的第一人，并影响了后来诸多的艺术家。

“凡文艺的园地，差不多被他走遍了。”这是丰子恺对自己师父的评价。而且，他在每一个艺术的领地里所取得的成就，后人除了无限敬仰之外，都几乎难以望其项背。

可是，就是这样的一位大师，却要在人生的盛年，绚烂至极，归于平淡，抛却世间的一切，遁入空门。

第三卷 天涯无岸入空门

第一章　西湖因缘

湖光山色

美丽的西子湖畔，李叔同一身灰长衫，黑布马褂，钢边眼镜，简直摆脱了青年时代的全部影子，成为了一个儒家真正的传道者！

在所有自己钟爱的领域里，教书先生李叔同像一个殉道者耕耘着，呕心沥血，倾力而为；但冥冥之中，他灵魂的着力点又固执地定在了另一个方向，在那里，他找回了真正的欢乐和宁静。

李叔同于1902年因乡试到过杭州，却未曾真正领略西湖的风光。1912年，他在正式就职浙一师前一月，与夏丏尊、姜丹书二人一起夜游西湖，流连忘返，欣喜之余，写下《西湖夜游记》：

> 壬子七月，余重来杭州，客师范学舍。残暑未歇，庭树肇秋，高楼当风，竟夕寂坐。越六日，偕姜夏二先生游

西湖，于时晚晖落红，暮山披紫，游众星散，流萤出林，湖岸风来，轻裾致爽。乃入湖上某亭，命治茗具。又有菱芰，陈粲盈几，短童侍坐。狂言披襟，申眉高谈，乐说旧事。状谐杂作，继以长啸，林鸟惊飞，残灯不华。起视明湖，莹然一碧。远峰苍苍，若现若隐，颇涉遐想，因忆旧游。曩岁来杭，故旧交集，文子耀斋，田子毅侯，时相过从，辄饮湖上。岁月如流，倏逾九稔。生者流离，逝者不作。坠欢莫舍，酒痕在衣。刘孝标云：“魂魄一去，将同秋草。”吾生渺茫，可唏然感矣。漏下三箭，秉烛言归。星辰在天，万籁俱寂。野火暗暗，疑似青磷，垂杨沉沉，有如酣睡。归来篝灯，斗室无寐，秋声如雨，我劳如何？目瞑意倦，泚笔记之。

从此文开头一句“客师范学舍”分析，当时李叔同显然还未正式到浙一师任教，或许正在应邀商议之中。这篇游记反映了李叔同当时对西湖的观感，并抒写他对生活的茫然之情。

经历了大红大紫生涯的李叔同，也看尽了人世的沉浮，此时似乎正想找到一块人间的净土，在悠闲“单纯”之中寄托生命。正好，他看中了西湖！

可以肯定地说，西湖山水是李叔同决定来杭州任教的重要原因之一。他宁愿在杭州过着平静如湖水一般的淡泊生活，也不愿再在喧闹的红尘中“叱咤风云”。正如李叔同刚到浙一师任教时，给友人题赠扇面上写到的诗句那样：“西湖风月好，不慕赤松仙。”

李叔同喜欢在杭州淡泊宁静的生活，喜欢这里天然美的悠闲和单纯，日久之后，这里逐渐成为了他心灵归属的方舟。在后来给陈师曾的《荷花》题跋，如是言道："一花一叶，孤芳致洁，昏淡不染，成就慧业……时余将入山坐禅，慧业云云，以美荷花，亦以是自劭也。"

1912年秋，李叔同在浙一师任教，后在杭州一住就是10年，西湖的水光山色为他注入了更多的灵性。他认真而陶醉般地品味西湖，正如他自己所说："我的住处在钱塘门内，离西湖很近，只两里路光景。在钱塘门外，靠西湖边有一所小茶馆名景春园。我常常一个人出门，独自到景春园的楼上去吃茶。在景春园楼下，有许多茶客，都是那些摇船抬轿的居多，而在楼上吃茶的，就只有我一个了。所以我常常一个人在上面吃茶，同时还凭栏看看西湖的风景。"

如果说《西湖夜游记》尚能反映李叔同对西湖的"向往"之情的话，那么此后他的一些文字则是竭力歌赞西湖的毓秀风光了。比如1913年他写给南社友人陆丹林的信中，就通篇皆是对西湖的赞美之词：

> 昨午雨霁，与同学数人泛舟湖上。山色如娥，花光如颊，温风如酒，波纹如绫。才一举首，不觉目酣神醉。山容水态，何异当年袁石公游湖风味？惜从者栖迟岭海，未能共挹西湖清芬为怅耳。薄暮归寓，乘兴奏刀，连治七印，古朴浑厚，自审尚有是处。从者属作两钮，寄请法政。或可在红树室中与端州旧砚，曼生泥壶，结为清供良伴乎？著述之余，盼复数行，藉慰遐思！春寒，惟为道自爱，不宣。

杭州，宛如人间的净土。这里人物、山水、佛寺，都有几分佛经上翻版的气息。在美丽宁静的西子湖畔，李叔同佛性再起，与生俱来的因缘，竟如此地根深蒂固。

> 看明湖一碧，六桥锁烟水。塔影参差，有画船自来去。垂杨柳两行，绿染长堤。飏晴风，又笛韵悠扬起。
>
> 看青山四围，高峰南北齐。山色自空濛，有竹木媚幽姿。探古洞烟霞，翠扑须眉。霅暮雨，又钟声林外起。
>
> 大好湖山如此，独擅天然美。明湖碧无际，又青山绿作堆。漾晴光潋滟，带雨色幽奇。靓妆比西子，尽浓淡总相宜。

这是一首歌赞西湖的颂歌《西湖》，是李叔同当年在学校里教唱的歌，而且还是一首有一定难度的三部合唱曲。丰子恺曾回忆自己唱的是男高音，且教室气氛十分活跃。李叔同写此歌词借用了一些古代诗人的句子，比如苏东坡，但全首诗浑然是一个整体，是他个人对杭州西湖的由衷赞美。

杭州，堪称为佛地，寺庙之多约有2000余所，可见杭州佛法之盛了！据李叔同后来自己回忆说，在茶馆的附近，就是那有名的大寺院——昭庆寺了。吃茶之后，他也常常顺便到那里去看一看。

民国二年夏天，李叔同还曾在西湖的广化寺里住了好几天。曾有一次，学校里有一位名人来演讲，李叔同和夏丏尊却出门躲避，到湖心亭上去吃茶。当时夏丏尊说："像我们这种人，出家做和尚倒是很好的。"

此情此景，一语惊醒梦中人。夏丏尊不经意间的这一句话，可以说是李叔同后来出家的一个原因了。

自古以来，发生在西子湖畔的故事太多了。在这样一个神奇的地方，佛缘未了的李叔同，注定要留下又一种传奇。

与妻对话

命运，诡秘而弯曲地决定着人的一生。惟有哲人，一生支配着弯曲而诡秘的命运！

最早发现李叔同这一转机的，是雪子。

淡雅的西子湖，出尘的山僧佛寺，深厚的友情温暖，还有几个足以承传艺术衣钵的弟子，都足以让使李叔同的心灵倍感慰藉。每当他离开杭州，回到上海的家里，一定要跟雪子提到丰子恺、刘质平、傅彬然这几个突出的年轻人。

“雪子！”这使他一再忍不住地称道：“啊，天才！天才！年轻这一代还是大有可为！不管他们的天赋与器识——其实，当我们一阵怨气上升的时候，总是认为中国人一代不如一代——说真的，这正是弄反了，下一代比这一代强过千倍！”他在雪子面前兴奋地、热烈地讨论着他的弟子：“你打着灯笼还找不着呢，我的这些学生们。”

“你把这些学生说得像一朵花哩！”雪子看到他严肃的面容，片刻间添上一丝生意，也觉得心花怒放了。

“——呵！仰不愧于天，俯不怍于人，一乐也；父母俱存，兄弟无故，二乐也；这第二乐，我是乐不全了！……”

“得天下英才而教育之——三乐也！”雪子莞尔一笑。

“正是如此。”李叔同两颔间，作了个深涡。

“太上忘情，天道无亲；这是你最近几年的思潮，可是你并不知情！”

“呵呵！”李叔同竟笑出了腔：“‘情与无情，同圆种智’，这正是‘无限之情’呢！”

“——叔同，你的思想又变了！”雪子忽然像发现了什么。

“变了？青山常在，流水常清，雪子啊！变的不是叔同，而是随着知识、智慧、季节而更动的荣枯得失，李叔同依旧是如此。”

雪子沉吟了片刻，摇头说道：“叔同！这不是现象的变，在实质上，你也很大的变！”

李叔同有些不以为然：“拿证据来？”

“证据！那便是你整天啃的佛氏内典呀！半年前，你还是埋头于老庄哲学，平时徘徊于烧汞、炼丹、御精、养气、化婴的道术之间呢！”

“这个，不究竟！我追的是人生究竟的知识！”

从这一知识探讨上，李叔同与雪子，严格地说，又不像夫妻了。

“那么，什么是究竟的知识？”雪子逼过来。李叔同微微一怔，然后发表了一通长篇大论：

“——开始，我学诗，学书，学金石，回头思量思量，不过是庙堂心理的反映而已。学得刚上路，便不屑于专一了！之后，我再追求西洋戏剧、音乐、油画。我想，这才是‘平民阶级’的东西，戏，谁不爱哼哼呢？曲子，谁不爱听？你顺口溜一曲民谣，也会引动几个村野的小姑娘。大约，这可以满足我的‘艺术’胃囊了，咳，刚进入这种境界，学他个皮毛，我又不屑了。仅仅是‘画匠的画，卖春联人的字，票友的戏，风花雪月的滥曲子’，能济哪一门的世，满足哪一点神圣的文艺心理呢？人类与生俱来的哲学质地告诉我们，我们必须有智慧、有器识、有定境，才能创造更美好的世界。而事实上，我自小便喜欢鬼怪仙狐之类的夜话，与乎神道仙佛的道听途说，可是，我并没有著作《聊斋》的兴致。等我到贵国日本，开始读一些汉译的巴利文与梵文的印度宗教经文，与少时不屑一顾的佛经，那只是为知识而浏览。想从那些古董里吸收一些知识，我重新拾起我们的‘国宝’——排列于老庄门外的符咒，啊，我发觉我受了骗!”

“在杭州，同几个初相识的朋友、不相识的老僧，谈起印度来的佛经，忽然勾起了我幼年时代的记忆：我父亲是学佛的!雪了——我研究佛经，并非走我父亲的老路，你别误会这一点。我不是师我的先父。”

“我想通了，一切世间的艺术，如没有宗教的性质，都不成其为艺术。但宗教如没有艺术上的美境，也不成其为宗教。佛经上的至理，足可说明它是一种艺术，一种精神界的艺术。一个人，死时如能脱衣服，甩去这物质的壳而不痛惜；死后，他可以像花蕾一样，当花蕊落了，会留下一把种子——舍利子；同时，他静坐、反观自性，只靠精神，便能打开另外一个光华的世界，这些都是平凡人所不能的，他们有方法创造这种人的精神艺术境界，这种知识，还不究竟吗?”

“一个人一生可以放弃一切，但错过了这种迎面赠送你人生艺术的画笔，你不可以失之交臂。你不能在这一刹那间，留下千古的悔恨——但这要靠自己用肉体和精神去实验，不实验，则等于向这份试卷，留下一片空白。”

“雪子!佛经，可以说是艺术的经典，你遵从它，不仅别人可以欣赏你，而你自身也可踮着脚尖欣赏你自己，如同看一片云，看一山野草闲花。”

“佛典，最主要的是产生智慧，制造器识。”

“所以，读书人应具有智慧与器识，他创造的作品，充满宗教气氛，才能传之后世；否则，会贻害千年。因此。‘文艺应以人传，不可人以文艺传’，有宗教虔诚的人，传文艺。文艺的寿命，都是千年不朽的；如屈原、陶潜、杜甫，虽不是教徒，而他们的作品，足以令人感到像宗教的感染性；莎士比亚，如说他是‘戏剧’的教主，无人反对。原因是，他们都以生命的虔诚与器识加上智慧，他们的作品才会辉煌万世。”

“现在呢，诌几句人家读不懂的一堆字，算是诗人。涂几笔刚成形的鱼虫花卉，便是画家；写几篇‘怨女旷夫’的白话，便是作家；这种人的文艺岂能载道？我看哪，你先把话说明白，叫人听起来像人说的，再说别的。”

“以佛氏的经文，拿来作我的标准比量比量——像世间的文章、艺术、老聃、孔子、耶稣、莎士比亚、苏格拉底，也要退一步了。它是一种究竟的知识与智慧。它改变你，在刹那之间。它使你，坚决、坚强、英勇、沉毅、牺牲、果断、无我……一千多年前，一个慧可和尚，为了印证思想上的境界，去找达摩，达摩考验他，让他站在雪地上三昼夜，末了慧可断臂，以表其虔诚。这在别的宗教里是没有的，在艺术上，也是办不到的！这便是人的火候，已到圣境，只有这种人，才有精神上伟大的魄力。”

雪子听得定了神。李叔同这一停顿，她恢复了官能的感觉。

“我对学生们都如此说，我自己也要这样做！”

“这是说：你也不够承传文艺了？”雪子诧异地说。

“我——‘先从人的艺术’着手，人类的心灵，是艺术的园地，人做得剔透玲珑了，便是艺术。那时你可以舍身取义，你可以视死如归，你可以视金银如粪土，你可以视富贵如浮云，你可以视色相如敝屣。这并不是高调，并不是那些以善行、以文章沽名钓誉的人的台词。你在历史上注意一下：孔子、耶稣，在政治上，都是失意的。而孟轲、荀卿、老子，更不必说了。

最可叹的，时风日下，遍街走着的，写文章的文人，写十四行诗的诗人，谁不是纸上三从四德呢？这便是我要遵从的‘士先器识而后文艺’的路线了。”

“我自己也不够格呢，我的恶德并不比别人轻些。但从现在起，我要学学蘧伯玉，彻底做人，洗净这一心肮脏。不怕你见笑，雪子姑娘，我学佛了！”

“你学佛？”雪子的话语有些失声。

“别惊慌，雪子！”李叔同说：“学佛也不一定削发为僧啊！削发为僧也不是与世隔绝吧！”

雪子忽然又破颜一笑。她还不到30呢，李叔同不会丢下她不管的。她一直相信，无论如何，他们都会在一起。

不如归去

活过了37个年头的绚烂生涯，李叔同的朋友、学生，觉得他的生活像海上的浪，雪山上的峰，波谷深，波峰险，变幻奇诡，不变则已，一变便是脱胎换骨。

在浙江省第一师范学校，李叔同表面上尘世劳劳，可在他的内心里却萌生几分退意。这一时期，李叔同诗词曲的创作，也无一不表达了一种“空灵”之美，透露着一种“归隐”之心。

李叔同从小读《心经》和《金刚经》，受佛教空灵思想的影响很深。《金刚经》中“一切有为法、如梦幻泡影，如露亦如电，应作如是观”的偈颂，深深地扎在他的脑海中。

这一时期，李叔同着力追求的是心境的空灵，认为只有心的空灵，才能得到欣喜和快乐。所以他自觉地把佛教空色圆融的理论用诗词创作，创造出空灵的境界，进一步从诗的空灵境界中获得心灵的欣喜和快乐。

《幽居》《归燕》《月夜》这几首歌估计是李叔同临近出家时的作品，时间大概可定在1916年至1918年间。尤其要指出的是，它们有一个共同的主题，即向往自然，歌赞归隐。

《归燕》歌词集中表现了李叔同的归隐愿望：

几日东风过寒食，
秋来花事已阑珊。
疏林寂寂双燕飞，
低徊软语语呢喃。
呢喃，呢喃，呢喃，呢喃，
雕梁春去梦如烟。
绿芜庭院罢歌弦，
乌衣门巷捐秋扇。
树梢斜阳淡如眠，
天涯芳草离亭晚。
不如归去归故山，
故山隐约苍漫漫。
呢喃，呢喃，呢喃，呢喃，
不如归去归故山。

——《归燕》

若要更好地体会李叔同的归隐之心，不妨再对照《幽居》和《月夜》。

惟空谷寂寂，有幽人抱贞独。
时逍遥以徜徉，在山之麓。

抚磐石以为床，长林以为屋。
眇万物而达观，可以养足。
惟清溪沉沉，有幽人怀灵芬。
时逍遥以徜徉，在水之滨。
扬素波以濯足，临清流以低吟。
睇天宇之寥廓，可以养真。

——《幽居》

纤云四卷银河净，
梧叶萧疏摇月影。
蓊径凉风阵阵紧，
暮鸦栖止未定，
万里空明人意静。
呀！是何处，
敲彻玉磬，
一声声清越渡幽岭。
呀！是何处，
声相酬应，
是孤雁寒砧并。
想此时此际幽人应独醒，
倚栏风冷。

——《月夜》

这便是李叔同当时的心境：“呀！是何处，敲彻玉磬……呀！是何处，声相酬应？”他找到了“可以养真”的地方，他大彻大悟：“不如归去归故山。”

创作于这一时期的歌曲，还有《月》《朝阳》《天风》等作品，无一不反映了李叔同当时的内心世界和执意追求的人生境界：

仰碧空明明，朗月悬太清。
瞰下界扰扰，尘欲迷中道。
惟愿灵光普万方，荡涤垢滓扬芬芳。
虚渺无极，圣洁神秘，灵光常仰望。
仰碧空明明，朗月悬太清。
瞰下界暗暗，世路多愁叹！
惟愿灵光普万方，拔除痛苦散清凉。
虚渺无极，圣洁神秘，灵光常仰望。

——《月》

观朝阳耀灵东方兮，
灿庄严伟大之荣光。
彼长眠之空暗暗兮，
流绛彩以辉煌。
观朝阳耀灵东方兮，
灿庄严伟大之荣光。
彼冥想之海沉沉兮，
荡金波以飞扬。
惟神，惟神，惟神！
创造世界，创造万物，
锡予光明，锡予幸福无疆。
观朝阳耀灵东方兮，
感神恩之久长。

——《朝阳》

读过这两首歌的歌词，与其说李叔同是在借景抒情，不如说他是在借景明志！

两首歌中的“灵光”“神”，当然就是佛。李叔同虽未明确点破，但从他这段时期的研佛实践和实行断食的经历来看，他这是与佛教结下不解之缘了。

李叔同说他在西湖虎跑寺住过以后的感想是：“我以前虽然从5岁时常和出家人见面，时常看见出家人到我家念经及拜忏，而于13岁时，也曾学了‘放焰口’，可是并没有和有道的出家人住在一起，同时也不知道寺院中的情况是怎样？以及出家人的生活又是如何？这回到虎跑寺去住，看到他们那种生活，却很喜欢而且羡慕起来了。”

可见，这种羡慕之情，自然可以借助“月”和“朝阳”来表达。

如果说李叔同在《月》《朝阳》中所表达的是一种对佛的羡慕、追随的情绪的话，那么这首《晚钟》则坚定表明了他自己的皈依之心：

大地沉沉落日眠，平墟漠漠晚烟残。
幽鸟不鸣暮色起，万籁俱寂丛林寒。
浩荡飘风起天杪，摇曳钟声出尘表。
绵绵灵响彻心弦，眑眑幽思凝冥杳。
众生病苦谁扶持？尘网颠倒泥涂污。
惟神悯恤敷大德，拯吾罪过成正觉。
誓心稽首永皈依，瞑瞑入定陈虔祈。
倏忽光明烛太虚，云端仿佛天门破。
庄严七宝迷氤氲，瑶华翠羽垂缤纷。

浴灵光兮朝圣真，拜手歌神恩！

仰天衢兮瞻慈云，若现忽若隐。

钟声沉暮天，神恩永存在。

神之恩，大无外。

——《晚钟》

这是一个诗化的世界，天地万物聚合在一起，它们共同承着神或佛的恩泽，这难道不是一个灵魂的归宿吗？

有人说，李叔同是以出世的精神作入世的事业。其实，真正的佛教并不出世，“慈悲救世”、“普度众生”的教义难道是“出世”吗？当然不是！从这层意义上讲，李叔同追求的灵魂生活，更有人生的悲壮色彩和积极意义。许多人不明白这种积极意义，这才生出种种对李叔同出家的猜测，所谓遁世说、失恋说、失意说、破产说，不一而足，实可谓徒劳而幼稚。

这首歌的题目是《晚钟》，当然是佛寺中的钟声。“庄严七宝迷氤氲，瑶华翠羽垂缤纷。”歌中的“神”，当明确指代“佛”了。李叔同曾作过题为《初梦》的诗，诗曰：“鸡犬无声天地死，风景不殊山河非。妙莲华开大尺五，弥勒松高腰十围。恩仇恩仇若相忘，翠羽明珠绣裆。隔断红尘三万里，先生自号水仙王。”《晚钟》一歌中没有写到一个“佛”字，也没有描绘佛的具体形象，但是，此处的“神”远比《初梦》中莲座上和弥勒树下的佛更具体，其皈依之心更为虔诚、坚定。

明月凡心

夏丏尊的心里，一直苦恼，李叔同又要走了！

他与李叔同的友情，是世上一般的知交无法了解的；要知道，也只有他们两个人才知道。那种情感，含有着一种骨肉的情分，鱼水的相投，某种“恍然隔世相逢”的奇异感觉。六年前，他们第一次在上海“文美会”上见面，猛然间，便深深地互相吸引了，那是一种心理的、哲学的、性灵的直觉。

然后，这样的一种情感，在杭州一师 6 年，一滴一点地注入着。他们之间，谁也不能失掉谁，谁有心事，也瞒不了谁。

李叔同说要走，夏丏尊便突然感觉寂寞、孤独、生活乏味。他想试试看，能拖住便拖住他，否则，他也要走。

这是 1917 年的初春，古老的中国大年夜刚过不久，学校也开学了。李叔同虽说要走，毕竟还没有采取行动，只是口头上告诉夏丏尊，他要走的动机。

3 月初的晚风，夹着阵阵砭人的奇寒，从棉袍的角缝里，往上钻。

每天傍晚，学生们上“自修室”，便是先生们围炉聚首聊天的时光。夏丏尊从学生自修室巡视一周，便绕到李叔同这里来。他想彻底了解一下，李叔同要走到哪里去？

李叔同的门缝里，筛出疏疏的灯光，轻微低抑的诵读声，传播出来。

夏丏尊停在门外，轻敲一下门。

“谁？”李叔同的诵读声停下来了。

“丏尊。”

于是夏丏尊推门进去，正想在对面墙壁边的椅子上靠下来伸脚烤火。刚巧，映入他眼帘的，是椅子背面壁上，新添了一张彩色鲜明的画像：这尊像是黑发、肉髻，眉间有盘起的白毫，眉睫下垂、方嘴、大耳，双手平叠在胸前，座下是一片彩云，身上则披着彩衣，似手在冥想。还有，一串黑色的念珠，赫然出现在彩色画像右首的墙上。

这像，当然是“佛像”，那念珠，自然是“佛珠”。

“你读书，是不？”夏丏尊望那佛像说。

“诵经。”李叔同说，也跟着夏丏尊，看那佛像。

“《易经》?《道德经》?”

“《金刚般若波罗蜜经》。”

“你是学佛了，叔同!”夏丏尊似乎省悟。

“嗯。”

“好像你对理学、玄学读得不少，研究佛经，倒还不久吧?”

“研究理学、玄学，也不过是知识上的浏览；这类东西，还谈不到‘哲学的内容’，而且，它们本身也不是自己的。”

夏丏尊木然。对理学、玄学，他的知识没有李叔同多，但起码的“程朱”之学，他是知道的。他们非儒非佛，亦儒亦佛；结果，成了当代的理学。玄学呢，无非是点金术、苦行、御女、乃至印度的瑜伽、吉卜赛人的星相、张道陵的神符、广成子的《原人论》。

“学佛我不反对。”夏丏尊伸手摸摸前额，“像你上一年去大慈山断食一样，我根本没有理由反对，是不是?只要于你有益。”

“不仅是如此的，丏尊!”李叔同对他的老朋友从没有放浪过形骸，他这一次依然笑得那么小心，那样淡泊。“我是说，你应该举双手赞成——事实上我完全接纳了近年来的思潮，放下音乐、金石、绘画，乃至于教书生活、家室之累——打算在大慈山安住下来，长期研究佛经，从佛经里理出人生最上乘的理路……”

“什么?”夏丏尊吃了一惊，“你说得太快，你放下教书生活?”

“是啊。我不想干了。暑假后，到大慈山去做居士——出家，对我而言，还有障碍。要出家呢，也得像个样。出家人要持二百五十戒哩。苦行僧，还有更多的‘单行戒’。严格地说，要出家，便要对得起那一身蛴螟。我目前只打算做居士，茹素、念佛、念经……”

“照这样说，你将抛弃我们遁入空门了？还有雪子，雪子如何处置？”

提到雪子，李叔同微微一怔。

“这个问题，我还在想。然而这也不是问题，我还没有出家哩。”

“即使如此，对雪子对朋友，都是寡情！戒，戒什么？何必如此刻薄自己？居士大约也有‘戒’吧？”

李叔同点点头：“只要学佛，便要持戒。”

夏丏尊觉得他的朋友竟为了信教，没有为自己的情感留下一席地而烦恼。于是大声说：“叔同！你这样做居士还不彻底，索性出家做和尚多爽快！何必拉藤扯葛的做什么居士？”

李叔同看夏丏尊头上青筋暴起，两眼发红，不由得动了情感，眼里也觉得润湿了。

“出家做和尚——现在还有障碍！”李叔同重复他刚才说的话。但他心里却爽快地答复夏丏尊：“居士是在家的和尚，出家正是我最后的目的！丏尊啊，正给你不幸而言中了！”可是，他没有说出口，怕伤了那颗沉重的心。

李叔同也觉得，他一去，第一个是夏丏尊受不了，即使强忍住内心的情绪，也是柔肠寸断。然而，除此之外，别无他法可想了，世间的葛藤太多，斩不断，理还乱。还有雪子是他更大的牵绊，对这种与生命、思想，有血肉关系的人，都要付出更大的力量。

要出家，便不能庸庸俗俗，去做个庸僧，招摇撞骗，沽名钩誉，离经背道地污辱了佛门。他要做和尚必得一分一寸都是和尚。

“你想想?”良久，夏丏尊摇晃着映在墙上的身影。“到杭州六年了，你要挂冠而去，何只一次?”

“大约有三四次。”李叔同想。

“前几次，看我们的友情份上，你都留下来了。比这里更高的教席职位，你没有走，难道这一次，再留下来吗?”

李叔同想到过去，南高竺师范的校长苦苦地聘他担任音乐教席，那种求贤若渴的虔诚感动了他。他把聘书接下来了，雪子也赞成他换换地方。但是，夏丏尊那一关，他竟没有通过。为了这，夏丏尊哭丧着脸苦说他：“叔同！你不能走，这里那里还不是一样；我相信，你不忍离去，聘书退还他们吧——难道我们的友情抵不上那一张教席的聘书吗？难道这里你的心爱的学生们，你的旧朋友们都不能拖住你吗？……”三番五次的苦劝苦逼，声嘶力竭地劝他，哪怕是一学期都好。李叔同终于留下来了。老实说，夏丏尊那一关，是世间至深至厚友情的力，甚至比“爱”的力更难挡，使他不忍绝情舍此他去。

这一次，又面临他的抉择了。

“丏尊!”李叔同终于带着悲哀的、伤感的声调说：“这回可不同以往的事了！以前，只是世间的名位逐鹿，那时，我走不走，都不足以跟现在比——现在，我是投奔一个……”

“空门!”夏丏尊几乎带着哭声。

“空门，是的。世间无不散的宴席。丏尊，人迟早要死。入空门，我们好修得永生不朽的法侣，这不比世间短短几十寒暑的友情，更能满足你我的至性？”

“我深悔从前不该留你，留你在杭州，卖给空门！叔同，如果你从前走了，也许今天不会遁入空门！”夏丏尊没有理会刚才的话。

“因缘很复杂，丏尊！这就难讲了。我们还是建立个道友的情分吧。我不出家呢，你要常来庙上看我；万一我出了家，还得你护我的法哩。只要你闲着，都可以到我的寺院来。我们一柱馨香，一碗清茶叙旧。”

“雪子呢？怎么办！”

“人总是要死的，丏尊。人生如朝露！从佛眼看人类的社会，是极其可悯。虽然，肉眼看人生，并不可笑，也不可悯。但是那一刹那，你看破了，一切问题都会解决——将来我要真的出家，第一个要通过雪子，雪子不通过，我不会出家……”

“我希望你再想想，叔同！这个世界，还有可爱处，像你的成就，你的朋友，你的妻子，你的社会……”

“这个世界之可爱，正如这个世界之可悲。我们都不能否认，好像我们爱大自然，爱银河星系一样。只是——结局，没有好的。”

“你宗教的虔诚与决心，我是感佩的。但——”

夏丏尊回想到过去一年间，李叔同几乎是秘密地，在着手一种计划。他之研究某一种知识，都是在不知不觉间，突然放出光彩。夏丏尊几乎不知道李叔同过去除了教书，还研究些什么别的。

从表象看，李叔同一天一天严肃而沉默了。他的那颗心，几乎逐渐地变为一种透明的结晶品，其中再也看不到人世的污脏。

夏丏尊最深悔的，是上一年秋天，他从一本日文杂志上，看到一篇断食治病的文章，他把那篇文章给叔同看了。今天的“恶果”，便自那时埋下。

但终究还是晚了，李叔同“认真”劲上来了。

断食日志

李叔同一直都很清瘦，在浙一师时因致力教学便辛苦劳疲，于南京高师兼职后，他又在杭州、上海与南京三地之间来回奔波，久而久之，身心备感疲惫。

李叔同曾遇见过一卜者，说他丙辰之年（1916 年）当有大厄。他体质素弱，自信无寿征，所以在该年初特刻印一方“丙辰息翁归寂之年”，为人写字时常用，甚至连赠给夏丏尊的一幅作品也不例外，至断食后才不再用此印。

1916 年夏，夏丏尊在一本日本杂志上读到一篇文章，大意是说断食乃更新身心的修养良法，可净化灵魂，于身于心皆有裨益，不仅可以用来治疗一些疾病，还可以生出精神上的伟大力量，历史上伟大的宗教领袖，如释迦牟尼和基督耶稣都曾实行过。文中还详细叙述了断食的感受与方法。夏丏尊和李叔同谈及此文，说觉得新奇想要试行，却是下不了决心。李叔同很是关切，便借了该书来反复细读，并与夏丏尊交换读后感，说要找机会试一试。

李叔同做人做事一向都极为严谨认真，当夏丏尊已经将断食之事忘记后，他却开始为断食事宜做准备，着手向朋友打听哪里有幽静的去处。西泠印社的叶品三是老杭州，向他推荐了西湖边的虎跑寺，说其朋友丁辅之又是该寺的一位护法居士，过去小住一段时日很方便。李叔同特地托人去看了一下，果然是清静得很，平时里除了几个住寺的僧人，极少有外人走动。特别是方丈楼下，环境极为幽静。

1916 年底的寒假，李叔同没有像以往一样回到上海，而是带着平时照料他起居的校工闻玉一起来到了虎跑寺。李叔同在寺中方丈楼下一间面南的僻静寮房里住了下来，陪侍的闻玉则住在隔壁的一间小屋里。

根据杂志上文章介绍，断食大抵分为 3 个阶段，预断期，正断期和恢复期，各一周左右的时间。预断期逐渐减少饮食，先粥后汤；断食期，几乎不再进食；恢复期则正好相反，先汤后粥，然后慢慢回复正常饮食。所以李叔同做好了精心的准备，除了日间所用的物什如蚊帐、手巾、便器、衣物、纸、笔、书等，还有少量的食物，米、新鲜水果和果干之类，都一一备置周全，并不用寺里的一点东西。

李叔同的断食从 12 月 1 号开始，是预断期的第一日。李叔同有每日晨冷水擦身、日光浴和睡前热水洗脚的习惯，为使精神凝定安和避免冷热的过度刺激，他暂停了冷水擦身，减少每天日光浴的时间，睡前洗足用温水代替热水。

断食的第一天，李叔同身体感觉并不太好，夜间咳嗽不止，又多有恶梦，未能安眠。他特别记下了两条断食的经验，一是未断食时应练习多喝冷开水，断食初期改饮冷生水；二是预断期内吃粥或米汤应于微温时食用，不可太热，否则与冷水相混，恐引起腹痛。

第二天的过程，日志中记得最为详细。其中写有当晚曾作一梦，腾跃飞升，足不履地，灵捷异常，旁观者中有两名能说北京话的德国工程师。一人说有如此之技能，可以参加远东运动会，必获优胜。另一人则说练习身体，断食之法最为有效。李叔同便即告诉两人自己正在断食，已经预备两日了。

李叔同平生实未尝有体育锻炼的经历，忽感此梦，醒后颇感奇怪，自己分析可能是因为腹内空虚，所以才会梦见轻卂跳跃之事。

预断期内逐渐减少含量，食物为粥、米汤、梅干、桔子、紫苏叶、香蕉、胡瓜等。其时李叔同正患感冒，初行之时，感觉不适，失眠、体痛等症状较常时反略有加剧，至预断期的最后一夜，神经衰弱甚至达到极点，整夜未得安眠。不过，自正断期开始，一切便都逐渐好转，身心开始渐感安乐。

李叔同断食的具体过程与体验都记录在一篇《断食日志》里，预断期与恢复期分别为五天与六天，正断期为七天，总计为十八天。《断食日志》类似于一份详尽的观察日记，写得十分严谨，除了为自己的这一尝试留下纪念之外，他似乎还想用自己的经验为后行者提供一份参考，行文中即有"后人断食者应注意"之类的话。该日志示于夏丏尊后赠与了浙一师的同事堵申甫，并于1947年首次发表在上海佛学杂志《觉有情》七卷上。《断食日志》如下：

丙辰十一月二十九日（民国五年）：

断食换心，是一种科学的、也是哲学的试验。

告诉闻玉，断食中，不会任何亲友。不拆任何函件。不问任何事务。家中有事，由闻玉答复，处理完毕，待断食期满，告诉我。

断食中尽量谢绝一切谈话。

整天定课是练字、作印、静坐，三个段落。

食量：早餐一碗粥；中餐一碗半饭，一碗菜；晚餐，一碗饭及小菜。这是平日三分之二的食量。

晚间，准备笔、墨、纸，明天开始习字。

闻玉是一个虔诚的护法。

丙辰十一月三十日：

清早六时起床，静坐片刻，盥洗。

六点半以后，习字一钟点。

早餐，粥大半碗。饭后，静坐。九时起，习字一钟点。

午餐，饭菜各一碗。十二点后，午眠。下午二时起，静坐。

三点钟起，习字。

饥肠辘辘。

晚餐，饭菜各一碗。

饭后，静坐片刻。

就寝。

丙辰十二月一日：

六时起身，静坐。

习字功课如昨。

早餐，粥半碗，较昨日为稀。

中餐，饭菜各一碗。

午后小眠，习字如昨。

傍晚，腹中如火焚。

晚餐，饭半碗。

逐日减少活动，以静、定、安、虑作生活中心。

——闻玉示我，雪子有笺。

闻玉待我，周切备至，此情永不能忘。

丙辰十二月二日：

清晨，习字、静坐如常。

早餐，稀粥半碗。

中餐，改吃粥及菜合一碗。

傍晚，空腹时，腹中熊熊然。

坚定信念，习字、静坐。

精神稍感减衰，镜中看人，略见瘦削。

晚餐，稀粥半小碗。

六时入睡。

丙辰十二月三日：

晨起，精神渐渐轻快。

早餐，稀粥半碗。

中餐，稀粥一碗，菜少许。晚餐谢绝。但饮虎跑冷泉一杯。(虎跑泉，著名于杭州。)

我如一老僧坐禅，闻玉赫然韦陀！

精神蜷然，腹内干燥减少。

静坐、习字如昔。

晚六时入睡，无梦。

丙辰十二月四日：

晨起，泉水一大杯。绝稀粥。

静坐以待寂灭，习字以观性灵。

中餐，稀粥半碗，菜少许。

傍晚，泉水一杯。

习字、静坐如常。

闻玉示我，雪子笺至。“晴”可畏也。

——年前曾与雪子妥商，假期来虎跑断食。

晚六时入睡。

丙辰十二月五日：

晨起，饮泉水一杯，清凉可口。

习字、静坐。

精神稳定，腹中舒泰。

中餐，稀粥半小碗，无菜。

晚，泉水一杯。

六时入眠，安静、无梦、轻快。

丙辰十二月六日：

今天，整日饮甘泉。

断绝人间烟火。

习字，静坐。

思丝、虑缕，脉脉可见。

文思渐起，不能自已。

晚间日落时入眠。

丙辰十二月七日：

丙辰十二月八日：

丙辰十二月九日：

静坐，习字，饮甘泉水。

无梦，无挂，无虑，心清，意净，体轻。

饮食，生理上之习惯而已！静坐时，耳根灵明，大地间无不是众生嗷嗷不息之声。

丙辰十二月十日：

丙辰十二月十一日：

精神界一片灵明，思潮澎湃不已。

法喜无垠。

丙辰十二月十二日：

作印一方：“不食人间烟火”。

空空洞洞，既悲而欣。

丙辰十二月十三日：

依法：中餐恢复稀粥半小碗。

静坐，习字如昔。

丙辰十二月十四日：

饮食逐次增进。

治印：“一息尚存”。

心胃开阔，饭食奇香。

丙辰十二月十五日：

丏尊当不知我来此间实行断食也。

一切如旧。

中餐用菜。

署别名：李婴。老子云：“能婴儿乎？”

丙辰十二月十六日：

中餐改用饭菜。

习字，静坐。作室内散步。

丙辰十二月十七日：

丙辰十二月十八日：

七天不食人间烟火。精神、笔力、思考奇利。

丙辰十二月十九日：

整理各式书法一百余幅，印数方。

回校。

第二章　做了和尚

灵魂皈依

断食是按道人的规矩实行的，李叔同当然明白这一点。所以他在断食时，自称“欣欣道人”。断食结束后，闻玉请摄影师为李叔同拍摄了一幅手捧《断食日记》的照片。

回校之后，李叔同书写横额“灵化”，落款言：“丙辰新嘉平，人大慈山，断食十七日，身心灵化，欢乐康强，书此奉酥典仁弟，以为纪念。欣欣道人李叔同。”下加盖二印，一为“李息”，一为“不食人间烟火”。

夏丏尊并不知道李叔同断食的事，直到李叔同回校晚了两周并给他看了《断食日志》。

夏丏尊在《弘一法师之出家》里说：“他的断食……据说经过很顺利，不但并无痛苦，而且身心反觉轻快，有飘飘欲仙之象。他平日是每日早晨写字的，在断食期间，仍以写字为常课……笔力比平日并不减弱……自己觉得脱胎换骨过了，用老子‘能婴儿乎’之意，改名李婴，依然教课，依然替人写字，并没有什么和前不同的情形。”

断食期间，李叔同与寺中的僧人时有接触，并初次接触了佛家经书，有了从未有过的体验。他的身体较以往安和舒泰了许多，精神上那种难以言说的愉快与喜悦，更有一种全新的境界向他敞开来，仿佛是在无意间找到了他一直在寻找的家园。这种身心灵化有如脱胎换骨的感觉，使他第一次有了宗教的体验，那是与在艺术中的沉醉截然不同的另一种幸福，而伴随着宗教体验一同到来的，便是对于尘俗世界的疏离。他《断食日志》里“愉快”“豁爽”“畅快”“满足”之类词语几乎处处可见，并在断食中刻印一方“不食人间烟火”。

“欣欣道人”“李欣”“李婴”等是李叔同断食后特别为自己取的名号，是其喜用化名的一贯作法，这些名号都寓含着某种意味在内。“欣欣道人”“李欣”皆指欣然于道之义，之前与此相应的一个名字是“李息”，息者是指息止于尘。还有一个化名为“李婴”，化用老子“能婴儿乎”之语，义喻自己有如婴儿，获得新生。这种息止于尘，欣然于道的愿望在他断食期间所刻的“不食人间烟火”和“一息尚存”两方印中表现得更为明显，都已开始流露出离俗之念。他曾在后来的文章里写到：

> 这回到虎跑去住，看到他们那种生活，却很欢喜而且羡慕起来了。
>
> 我虽然只住了半个多月，但心里却十分地愉快，而且对于他们所吃的菜蔬，更是欢喜吃。及回到学校以后，我就请用人依照他们那样的菜煮来吃。
>
> 这一次我到虎跑寺去断食，可以说是我出家的近因了。

李叔同断食成功，加剧了他归依佛门的决心。就在他真正皈依的关口，还应该提到一个人：马一浮。

马一浮是中国近现代史上一位富有传奇色彩的国学大师，12岁时应县试便名列榜首，同场竞秀之周作人第34名、周树人（鲁迅）第37名。他先后留学美国、欧洲与日本，通英、法、德、日诸国语言，攻文学与哲学。归国后，自觉西方学说不足为救国救世之根本，复致力于国学研究。而后迁居杭州，多时在西湖西泠桥之广化寺，期间尽读寺旁中文澜阁藏书，写札记备忘百万言以上，国学根柢之深厚求之当世几无与敌者。“九一八事变”后，李顿爵士率国际联盟调查团来华，便去杭州马宅拜访过。他一生著述宏富，致力于读书、教学，不求显达，与总角好友谢无量被誉为“谢沉马浮”，学界双壁。李叔同与马一浮在上海时已是旧识，但交往泛泛，直到他在虎跑寺断食对佛教产生浓厚兴趣后，两人的交往才变得密切起来。

1917年的阳历，年假过去，接着便是农历年。李叔同给雪子写了一封信。

> 雪子：
>
> 农历除夕，仍有大事待办，未能回沪聚首，至用歉然。
>
> 岸丙辰除夕

农历年，李叔同决心再到虎跑寺，随老僧了悟学静坐工夫。这时候，他对佛法，已深入堂奥，虽欲罢而不能，即使舍弃寿命，也在所不惜。在除夕当晚，他又到了虎跑寺。事实上，虎跑寺的比丘僧，对音乐家李息霜，已久仰大名。

李叔同进了虎跑寺山门，先往大殿参拜佛像，再走进后进的院子，参拜老和尚。刚巧，他的道友杭州名士马一浮也来了，同时带来一个朋友到这里学佛。

“息翁！”马一浮首先作介绍：“我来介绍一位道友给你见面。”

李叔同抬眼一看，一浮身后站着一个高大的汉子。

“这位是息翁，便是我们久已闻名的李叔同先生。这是彭逊之先生，我的朋友。息翁！如不是你断食，我们还不知道这里幽静呢。”

李叔同断食后，确实和马一浮说过，虎跑寺不仅幽雅，而泉水又好。这是姓彭的朋友到这里的因缘。

这位彭先生，是一位编辑，体型高大，重眉，方脸，满腮短髭。看到这个人，便令人感到沉稳、厚重、坚决。

这个人与叔同相比，李叔同反而显得平凡、清淡、落落无情了。两个人互看之下，都发现不了对方的本质美。如不是李叔同在中国音乐界有了成就，彭先生无论如何不会相信，站在他面前的瘦削人物，便是名垂大江南北的音乐家李息霜。

年一过，虎跑寺的老僧了悟，为李叔同安排每日的功课。另一位法轮长老，则为彭先生说法，他们各自用自己的工夫。

一晃日子过了 8 天。八天后的一个清晨，彭先生突然说，他要削发出家了。

这位彭先生的突然决心“出家”，使李叔同心灵震了一下。然而，这是铁一般的事实。

果然，正月初 9 早上 9 点钟，彭逊之叩见了虎跑寺的当家方丈，祈求落发为僧，法轮长老主持了他的剃度仪式，法名安忍。

“这倒看不出，这个看来没有宗教气质的中年人，会放下世情而出家！”李叔同默想。“这须要大智、大勇的！”

“这倒叫他占了先机！”李叔同心想。

本来，要削发，他也能跪下来。

或许，他的世缘未了？

彭先生出家变为和尚，高大的外型，突然显得庄严而温厉了，使人不由得泛起一种欣羡仰慕的情操。

李叔同亲眼目睹这一切，大为感动，当即决定要拜寺中的弘详法师为师。弘详推谢不过，就将自己的师父，当时住在杭州松木场护国寺里的虎跑寺退居老和尚了悟法师，特地请来接受李叔同的皈依。

正月十五（1918 年 2 月 25 日），他面对老僧了悟，顶礼膜拜："我李叔同愿尽形寿，皈依三宝，宏传佛法，誓成佛道，请您为我接引吧！"

这一天，李叔同正式皈依三宝，礼了悟法师为皈依师，受法名演音，号弘一法师，真正成为佛门的一名在家弟子。

然后，了了心愿的李叔同，从大慈山虎跑寺回校。他的朋友、学生起初没有觉出什么异样，只有校工闻玉，发觉李先生突然转了辙，因为李叔同安排他给自己准备素食了！

从此，他自然地在自己的生活圈内，素食、读经、拜佛，做朝暮功课。直到清明节，学校放了春假，他没有再去虎跑寺。

离开家，已有 2 个多月。他觉得，这一次回家，应该向雪子宣布他的心事。

缘诀红尘

清明前一天晚上 9 点钟，做完晚课，坐夜车，李叔同回到上海法租界的家。雪子还没有睡，百叶窗内，透出乳白色的灯光。

屋内静静的灯光下，雪子正在认真地看着一本书——是苏曼殊的《断鸿零雁记》。看到雪子，李叔同忽然起了一丝恻隐和不安。

当他与夏丏尊为“辞聘”事辩论时，那时他确实想到雪子，想到北平的家，想到他在世间艺术的造诣，还有些攀藤扯葛的俗念未消。那时，他仅仅想到做一个在家的居士足矣！至于遁入空门为僧，心里虽有浮泛的冲动，但是，能不能创造一种出家的机缘，那是大有问题的。

是的，放不下，世间一草一木，一瓜一葛的牵绊，都使你放不下。但皈依了悟老僧之后，仅仅两个月，内心的构想，突然起了变化。因此，他的脑际，即速通过这一项决定：这一学期结束，暑假去大慈山出家！

至于天津的家，没有什么了不了。雪子，先要在心理上，作个安排。他想到飘泊异国的雪子，心灵间不能不怀着一丝如缕的忏悔之情。然而，业缘如此，夫复何言？在不久之前，他告诉夏丏尊：“要出家，也必先通过雪子！”李叔同相信，雪子的眼睛是雪亮的！不过在情感上放不下，她太深情了，情深必堕，佛氏名言。

因为回家时，已经很晚了，所以也没有同雪子多谈。

假期是三天。李叔同把准备好的话，留第二天谈。第三天，用来平衡雪子剧烈的悲哀。第四天，他可以在不伤情感之下离开。以后几个月，让雪子作深一层的、哲理上的考虑。在暑假前，他还要回家两次，处理身外之物，处理雪子问题。

平时，李叔同与雪子相守，多是谈些文学上、书画上、音乐上的知识。雪子也算得半个音乐家。雪子爱好音乐，这是他们相契的焦点。

自李叔同去杭州教书以后，或许是这块“人间净土”感染了他。近二年，使他钻入佛学的故纸里。之后，每逢回家，话锋转向，离不开“佛经”的故事。

雪子与世俗儿女千古一辙之处，便是放不下那份夫妇之情——与李叔同那份性灵的结合关系。假使雪子重视所谓世间的“名分”观念，她不必远离故国。但也正因她情深业重，所以对李叔同的情感，一直是难舍的。

他们在上海一住就是八年，雪子也不过30岁。她受李叔同那种孤高而不可及的情操所熏习，在观念上，对世间名利，已感觉平淡无奇。可是，相左的，则是对李叔同的那份情感，更加深刻。

李叔同学佛后，佛家的“立”与“断”的魄力，又自李叔同的行为上传给她几许。于是，她对世间的变化，也感觉“空门”，有它的深邃哲理！

第二天白天，在朋友们访晤中度过。直到晚上雪子把药弄好让他吃了，便在灯下对坐。她对李叔同的宣布素食，略略表示了一点意见。

“叔同！你的素食，我原没有异议。不过像你这种体质的人素食，不能不令人怀疑，素食能拯救多少生灵?”雪子说话的声音很沉痛。但她的容貌，好像没有老，还同东京上野时，那种模样。

李叔同的嘴角，习惯地作个浅涡：“雪子，你这种素食见解，刚好同丐尊他们差不多！你们都会说，素食会把我埋葬！我不能相信这种生物学上的论调。为什么呢？如果素食会吃坏人，那么照理：肉食，应该青春永驻了。可是，这又不可能！所以，肉食，素食，对人体的能力，都没有人实验过，证明哪种更能接近人体的健康。这种争论，如两个小儿争‘日出’，那是没有道理的。我只证明，素食，因为我要这样做而已！”

“像我们国家的僧侣，肉食、娶妻、住庙的，大有人在。”

雪子说。

“这我的眼睛里都看见过。雪子！你们贵国那种肉食、娶妻的和尚，不过是一个宗教蜕化的样本，佛教在日本，也如武士道在日本一样，都是文化的变形虫！论历史，我们只能如此说。你们日本有肉食的僧侣，黑社会的浪人，我们中国何尝没有‘肉食’的和尚，‘黑社会’的‘袍哥’？”

“你是居士，叔同，素食会为你招来无端的烦恼，是不？”

“这个——”李叔同略一停顿。“我有一劳永逸的办法，雪子！”李叔同那一双抑郁的眼睛，突然间伤感地看着雪子，很久很久。

雪子似乎觉得有什么事要发生了！

“什么事，叔同！什么办法？与尘世隔绝，与社会绝缘吗？”

“在生活上永远隔绝！”李叔同的话坚定又伤感。

“那为什么呢？在家，我可以维护你的素食生活，可是，在外面，便不能随心所欲了！你可以永远守在家里，放弃社会的生活吗？”

“雪子，这还不是我的意思。千言万语，一个偏爱肉食者，素食自然有问题。你要了解，即使素食，也要勇气、决心、毅力！人们可拿‘损害健康’‘独特异行’，这些辞穷理拙的幌子来压制素食运动。但是他们没想到比这更重要的宗教徒的原则总要建立！一个人，自必要有与人不同处！这个不同处，才是真正的你！否则，你仅只是别人的‘积层’！孔子之与人不同，在乎他能‘作春秋’，司马迁之与世不同，在乎他有勇气‘写史记’，他们有胆子，用史家之笔，使乱臣贼子惧！我们要效法先贤，也要求得一个与人‘不同处’！

“我的素食历史很短，可是，我很欣慰！我实行素食，也是以一生为准。中间没有折扣，没有偏私，没有假定。为的只是完成一个与人不同的‘我’！”

“呵！”雪子说：“这只是你素食的道理，但不是办法！”

“还不止此呢！”李叔同看看雪子灯下的眼神，晶莹而光洁。在这个世界上，她是一个最贤惠的女人，最美好的侣伴。于是，他放胆说：“你赞成我学佛吗？”

雪子惊异地表示赞成。这不是问题。

“是出自内心？”

“是出自内心！”

“如果你真心同意我学佛，认为我做得对，请相信我。也许今生不能获得什么，这不是一种马上兑现的工夫！”

“叔同，”雪子打断他的话，“我们俩只有上苍知道！”雪子眼角，落下一滴清泪。

“假使——”李叔同想一想，觉得必须要讲下去了。“你要注意到一桩事情，那便是一个尽形寿学佛的人，一个倔强的佛教行者，很可能，他会遗世苦行，走上出家那一条路！”

雪子的脸色一变，忍不住打了一个颤栗。

“你现在是个居士，居士不也就够了！在家学佛，并没有人阻碍你。在家学佛的人，不是很多吗？”

“在家学佛的人很多！可是学佛牵绊也多。华严经道：‘家宅犹如火宅’，‘女身’犹如‘蛇身’，这没有一丝侮辱女性的成分，女人也是人生的。然而，过来人都知道，在一个学道人的眼里，家是无辜的。但那颗意识着家的心灵，却坏了事。并且，我学佛的念头，自与别人不同。雪子啊，我在佛道上，是发了大愿的！我要在佛道上，苦修一番。假如李叔同有一天成佛，将来第一个我度的人，便是你了！”

雪子听到末尾这句话，破颜一笑！觉得李叔同蜕变得太突然了。但是，他那份崇高的至情（非夫妇的情分），足以令人感动。

她说："我期待着你！"

"如果，"李叔同这才言归正转："我决定要出家。"

"这，这个，这个，叔同……"雪子的身子一软，抛开手上那本小说，倾倒在沙发上！

李叔同站起来，在雪子身旁，轻按着她颤抖的肩膀："平静些，平静些，雪子！"

"叔同！我的耳朵有没有听错？"雪子呜咽地哭。

"你没有错。"叔同解释说。

"你为何要出家？"

"便是刚才我说的目的，成佛道，度群迷——这个大前提！"

"好了，出家前，请先毁了我！叔同，你学佛、素食我都同意。只，只是你出家，我，我不能……"

"平静地想，雪子！平静些！我即使要出家，一定要通过你，不通过你，我绝不出家。雪子啊！一个用功的人，工夫成熟时，你应该考虑考虑，他进一步该怎么样？你能否定你最挚爱的所坚决从事的深行大愿吗？雪子！我至少有这种要求，要求你，为李叔同想想。我，是你所深知的。请你平静深思，然后，通过我的要求。我们十几年的夫妻关系，不过镜花水月罢了！想想看吧，如果我的决定正确，你通过我。我，正从事一种精神上艰险的奋斗。我以为，最低限度，在知识上，你会知道我，在认识上，你也会了解我，我为什么放弃世间艺术？"

"在上海这个家，雪子，我所有的身外物，全归你。事实，我是孑然一身的！这点东西，足够你一生之用。至于去日本，或者留在中国，都任你选择。不过，我不管身在何处，精神上都永远在记念你，为我牺牲的你。雪子！你是我生命上握有绝对权力的人，因为你的同意，我才能心无挂碍，过我的云水生涯……”

“不，叔同。让我想想。损失了你，那是什么滋味！”

“不，雪子。在精神上，你没有失去什么！我的钢琴、乐谱、书画……与我们生命有关系的东西，都是你的精神寄托。你想它们，便想到李叔同，一个出家为僧的李叔同！啊，雪子，忘了这一切吧，每人都有一条自己的路，中国人说得好：‘人人头上都有一颗露水珠儿！’雪子，珍重！”

雪子伏在沙发背上，起先是失声痛哭，之后便是颤栗、呜咽、低泣。她并非不了解李叔同，也并非说李叔同之断然弃俗，便是恩断义绝。她舍不了的，是她的情爱，他们12年来，甘苦与共，心灵交感的深情，一旦绝缘，她会疯狂！

李叔同反复地解释着，安慰着。终于，雪子平静下来，仰起头，远远地凝视着李叔同。

“让我想想——”雪子双手拢着头发，身向后倾。“让我想想。——现在，我没有勇气，因为，我是女人，我不能舍弃我爱的人……”

李叔同第三天晚上回到学校去了。

李叔同也想到，当决定出家时，雪子的心情是如何地绝望。一个平凡的女人，丈夫便是她的“世界”。她们宁愿失掉世界，也不愿失掉丈夫。不平凡的女人，在失去丈夫之后，会重建她们生活的信心。在“绝望”的刹那间，除了圣贤，没有人能摆脱那一关，一种情感的绞刑所加的煎熬。雪子，即将面临那种煎熬。过了那一阶段，她将会活下去。平静地，带着一种悲剧的心理活下去。假使她能全部接受佛法——她将可能活得更好。

在学校再过短暂的3个多月，便是李叔同离俗为僧的日子。期间，李叔同写两封信给天津的哥哥和家属，说明他坚决出家的原因；任何牵绊阻止不了他。

他的哥哥李文熙，为他即将出家，着实苦恼一番。“一子入佛门，九祖尽升天”的玄远妙论，他不了解，他站在世俗的兄弟之情上，词严义正地说：“你人不做，为什么做和尚呢?”而李叔同也干脆地回答：“你们只把我当作‘虎列拉症’死了，也就完了!”此事出乎意外者，他的俞氏夫人竟没有表示意见。

在学校里，有些要好的朋友，像夏丏尊、姜丹书、经子渊，他们依然希望能挽留他放弃出家那一途，那一种为人所不屑的途径。

李叔同没有理会这些。他认为做得对，便是对。也没有同谁研究。

在这一段时间，他把身外之物分配停当，准备去虎跑寺前一天，请他的朋友、学生，到房间来宣布他的决定。

这中间，他把世人对佛学的迷惘处，慢慢灌输些到学生们的耳鼓里。他同时希望雪子在这一阶段，能完全“起信”，接受佛法，等他出家后，做一个“优婆夷”。直到学期结束前，最后一个假日，他托人带了一封信给雪子：

雪子：

我的决定出家为僧，目前已在事务上向有关人们交代清楚了。现在你已考虑了两个多月，如果你认为我做得对，请你告诉我！你绝望的心情，与失去一个生命关系的人所受的摧残，我并非没有想到。可是，你是不平凡的，请吞下这一杯苦酒：忍耐，忍耐，靠佛力加被你，菩萨护持你。雪子，你的光辉永驻！我想你体内住的不是一个庸俗、怯懦的灵魂。

这在我，并非寡情绝义——人同此心，心同此理，惟一的不同，我为了那更永远、更艰难的佛道历程，我不仅放下了你，雪子！我也放下世间的一切已享有的名誉，艺术的成就，遗产的继承（我可能还有三至五十万的遗产可继承），可见，我并非厚彼而薄此。世间的一切，都等于烟云。我们要建立的，是未来的光华无垠的世界，在佛陀的极乐国土，我们再见！

雪子！永别了，我不再回家，免得你目前痛苦加深，我们那个家，还有足够你维持生命的东西。我们的钢琴、贵重的衣物、珍宝，悉数由你支配，作为我们的纪念。但望你看破这一点，人生几十年，有一天我们总会离别——现在，我们把它提前几刹那而已！大限总要到来。

在佛前，我祈祷佛光照耀你，永远如是。请你珍重，念佛的洪名。

——叔同　戊午七月一日

李叔同的信去3天后，雪子回了信：

叔同：

我知道万事不必勉强，对你，我最崇爱的人，亦复如此。请放下一切，修行佛道吧！我想通了，世间竟是黄粱一梦，梦醒时，什么都是一场空。将来，我能否去看你一次？我希望如此，至于今后，我的行踪还无法确定，在贵国，除你我没有第二个可以聊解愁苦的人。目前，我要试着念经、念佛。这一切都是宿世前缘？

为了那种圣与凡之间一层蝉翼似的隔膜，我同你一起走，去追求那个远似银河星宿般遥遥的佛道，望你珍重。

——雪子

接到雪子的信，李叔同的心，完全放下了。同时，他已把雪子的“去留问题”，作妥善安排。

6 月中旬，有一天他把心爱的学生丰子恺、刘质平，叫到房间里，把东西分类，准备分赠朋友与学生。

出家之事

在李叔同任职浙一师的后二三年，即 1916 年到 1918 年，他已经变得深居简出，常常是一下完课就迳直走回他的宿舍，很少能在校园里看见他的身影，除了几个挚友之外，也很少见他与他人来往。尤其是这次的虎跑寺皈依三宝，李叔同更是把大量的时间用在了研学佛经上。

李叔同既已皈依，出家之事便已成形。1918 年 3 月 15 日他在虎跑寺为亡母忌日诵了 3 天的《地藏经》后，给在日本留学的刘质平的信中说：“不佞近耽空寂，厌弃人事。早在今夏，迟在明年，将入山剃度为沙弥。”他之所以在时间上还没有最后确定，只是因为刘质平在日本的资费极为困难。“余虽修道念切，然决不忍致君事于度外，此款（指供刘质平完成学业所需之学费）倘可借到，余再入山，倘不能借到，余仍就职到君毕业时止。君以后可似安心求学，勿再过虑。”对刘质平有了较为妥当的安排后，李叔同再致书爱徒，告知出家在即，要他提前返国一晤。刘质平收到来信后，于夏天提早结束自己在日本的学业，返回杭州。后来的时间里，刘质平力效先生并继承其育人不倦的精神，终其一生奉献于中国之音乐教育事业。

至此，已决心出家的李叔同已不再有什么顾虑。他在假日或不上课时，便去虎跑寺学习佛典，向法轮和了悟两位老长请益，越发地沉静下来。无论是知交好友还是慕其才华者，在得知叔同意欲出家一事后，都是好语苦口相劝，但他去意已定，并陆续安排好他所有的财产物什馈赠。

李叔同书直幅“南无阿弥陀佛”赠上海城东女校校长杨白民，请之安排刘质平回国的工作。他将上海的家产全部留给日籍夫人雪子，身边的一些衣物和日常用品送给了伴随自己多年的校工闻玉。古玩之类一部分送给陈师曾，余者与部分画作送给皖南佛友崔曼文居士，音乐书籍赠给了刘质平，平日用的文具和《南社文集》赠给另一名学生王平陵。他送给丰子恺的除了美术书籍、一套《莎士比亚全集》及几幅书画作品外，还有自己以前的许多照片，以及自己以前所作的诗词歌赋共 24 首，笔录一卷。

同时，浙一师的不少同事和学生也都赠予纪念品。他的绝大部分画作，都寄赠于北京国立美术专门学校。他自己所作和收藏的名家金石作品共 92 钮，则全部赠给了西泠印社，印社特在社内石壁之间凿龛封藏。时任社长的叶品三题名“印藏”，并刻题记云：“同社李君叔同将祝发入山，出其印章移诸社中。同人用昔人‘诗冢’‘书藏’遗意，凿壁庋藏，庶与湖山并永云尔。戌午夏，叶舟识。”

李叔同专门请来情超手足的至交夏丏尊，赠物与之并正式告别。他将昔日装裱成卷轴的朱慧百、李苹香二妓所赠书画扇面

2 件，题其引首为“前尘往事”，附记：“息霜旧藏此卷子，今将入山修梵行，以贻丏尊。戌午仲夏并记。”另在《高阳台·赠金娃娃》一词横幅提跋：“戌午仲夏将入山，检奉丏尊藏之。演音。”相赠于夏丏尊的还有来杭后临古碑书法上千张及一块金表。夏丏尊久劝不得，遂是理解，便随缘而行。

李叔同在提前结束了学生期考后，把 3 个月的薪水分成 3 份：一份连同自己剪卜的胡须托杨白民交给日籍夫人；第二份寄省政府转北平内务部脱俗籍入僧籍，为印花税及手续费费用；另一份留作剃度受戒期间的斋资。

李叔同还将出家的决定告知日本的母校（摘自《东京美术学校校友会月报》十七卷一号），其告示曰：

拜启：

仲夏绿荫，惟校友诸君动静安豫为颂。不慧近有所感，定于七月一日入杭州大慈山定慧寺为沙弥。寺为临济宗，但不慧所修者净土。以末法众生障重，非专一念佛，恐难有所成就也。寺在深山之中，邮便不通。今后通信处在杭州第一师范学校内李增荣转，草草

校友会诸君博鉴

李岸　法名演音　号弘一法师

六月廿五日

李叔同出家前，特意抽空去了一次嘉兴，持杭州友人的介绍信去拜访当地有名的居士和佛学家范古农。此行的目的，主要是向其征询自己出家以后的方略事宜。范古农建议他出家后可以到嘉兴佛学会来住，因为此间收有藏经，可以潜心阅读，深研律学。李叔同接受了建议。

1917年春，姜丹书母亲病逝，遂请李叔同为之作墓志铭。此事牵动李叔同对亡母的思念，久未命笔。后来又专心礼佛，拖了下来。但时时想起，早已胸有成碑。于是，出家临行前一天深夜，他静心沉气，笔随心至，写得工整雄健，稳朴而书卷逸和，署款“大慈演音”，写迄后折笔，红尘从此了了。

次日，待经子渊、姜丹书等赶来送行时，只见桌上碑文墨香，旁支断笔，而四周清空干净无尘。留在案上的这一篇哀文，就是李叔同出家前的绝笔了。

暑假来临的当天上午九点钟，李叔同叫闻玉到房间来，要他把夏丏尊和学生丰子恺、刘质平、王平陵、李增庸都找来。

夏丏尊刚一到，丰子恺、刘质平、王平陵，还有闻风而来的学生吴梦非、李鸿粱，拥得满满一屋。

李叔同身上只穿一袭麻质长衫，黑色布鞋，坐在床上。要请的人都来了，便笑吟吟地站起来，请他们坐下。

现在大家也不能说什么了，各自心头压着一块沉重的石头。

还有些别的东西，李叔同又托夏丏尊送给校长经亨颐了。把俗家衣物典籍，分散一空，李叔同的心情也觉得荡然一空，心上负担也仿佛卸去了许多。

剩余的，便是一小卷儿行李。中午饭后，请闻玉挑着，便向大家告别，他们都跟着送出来。

夏丏尊有些一厢情愿地认为他只是入山习静，仍是居士，未必就真要做了僧人。相知之情化作反复叮咛，还是老话保重，一片至诚。

“丏尊，不必再送了，这样惊动如许人，后会有期吧！”

夏丏尊惨然咧咧嘴。“我永远护持你，叔同！我们的交情不同寻常！现在……珍重……”下面，是一串眼泪穿成断续不清的别意。

出校门，李叔同便不许夏丏尊再送。到了大慈山下，也不许丰子恺等人再送。随行的闻玉自打李叔同到浙一师起，就一直在他身边照料起居，不管李叔同怎样劝说，他都不肯放下身上的行囊，坚持要把先生送到寺中。

站在校门外的师生，遥看着一个高瘦奇特的身影，在夕阳照耀的人行道上，远去，隐没。

入寺时情形，姜丹书这样记载道：

> 入山之日，未破晓即行，故余等清晨赴校送行，已不及，仅一校役名闻玉者，肩一行李萧然随行。及至虎跑寺后，上人易法服，便自认为小僧，称闻玉为'居士'，坐闻玉，茶闻玉，顿时比在校中，主宾易位，已使闻玉坐立不安。少顷铣足着草鞋，打扫陋室，闻玉欲代之，不可；自掮铺板架床，闻玉强请代之，又不可；闻玉乃感泣，不可仰视；上人反安慰之，速其返校。闻玉徘徊不忍去，向晚，始痛苦而别出。

他终于还是走了，在人生的盛年，在事业的巅峰，绚烂至极，归于平淡。他终于还是去了，舍弃尘世一切钟爱的艺术，挣脱人间所有情感的羁绊，去了一个他最想去的地方。

从此，美丽的西子湖畔，天光云影里的李叔同，以一个超尘脱俗的翩翩君子离去，以一位古今绝无的一代宗师归来，自去中去，自来中来。

从此，世间再无李叔同，只见一心苦修的弘一。

披剃为僧

两个被夕照拉长的人影，走在湖滨人行道上，太阳已经落在丛山的谷里。黄昏的回光荡漾在西子湖上，湖光山色，晚寺钟声，带给人无限出尘的幽情。

这时候，游人如鲫，扁舟停在湖面，柳堤幽境，时时出没三三两两的少男少女，欣赏湖上的景色。

李叔同和闻玉，默默地走着，仿佛世间踽踽独行者，只有这两个人，直到大慈山——定慧寺的山门。

李叔同先进去，在大殿上伏地三拜，然后要闻玉把行李放在阶上，他自己便悄悄地到一个小院落见了退休的了悟老和尚。

老和尚在最后一座小院落里，院内花木扶疏。李叔同穿过几进大院落，刚越过一道白石砌的月形门，老和尚已知道他来了，坐在小禅堂的阶前等他。

“师父！”李叔同猛然看到老和尚，倒身便拜。

“啊，你来了？”老和尚欣喜地站起来，合着掌。“我们真有缘啊，佛门有你这样的人立志出家，真难得！”

“我孽障深重！”李叔同谦逊地弯弯腰，站在一边，等老和尚开示。

“你的行李呢？”

“在前院大殿上。”

“那就赶快拿来吧，我们为你准备一间僻静的小房子，在未剃度前，先了解了解出家人的生活，然后再择个吉日——披剃。”

“谢谢师父。”李叔同又是一拜。

说着，老和尚便叫一个沙弥通知方丈法轮长老，派人引李叔同去他自己的寮房。

李叔同跟一个年轻的沙弥，在老和尚附近的一排僧寮里，找到一间幽静的小屋——事实上，那是一明一暗两间屋，内间“挂单”，外间“供佛”。

李叔同心里非常欢喜，之后，他要闻玉把行李拿进来，在这个境况下，他已经两袖清风，剩下的，只是一套被褥，和随身穿的单衣几件，外带文房四宝，洗盥之具而已。但是，等他剃头之后，恐怕这些世俗之物，也有一半以上要“四大离散”了。

这座幽静雅寂而以泉水著名的佛寺，对李叔同而言，虽然一年以前，在这里断了 20 多天的“食”，那时缘于他是作客，并且急于“实验断食”，断食后又急于回校，所以寺里每个角落，都没走遍。在一块佛土上，东张西望，到处走动，总不像个样。因此，对定慧寺，还等于第一遭来。

西湖的定慧寺，远没有野史上写的济颠和尚那个“灵隐寺”来得显赫。但比起国内一般的寺院，可也并不寒酸。这里出家人有百十个，常来常往挂单的游方僧侣，总是有的。云水堂上，座位常满。

寺院的房子，曲曲折折的好几进，在这里安住下来，只要你心不乱，意不烦，便等于做了隐士。

安住下来，遍礼佛像以后，李叔同便作了内心的宣言，纵使肝脑涂地，也不准任何人把他从这里拖出去。

在寮房里第一晚，思潮起伏，如心电图上的曲线，蛇行鼠窜地把尘封记忆一一挖掘出来，从 19 岁到上海，26 岁出国，37 岁断食，3 个阶段，勾出他半生如幻如水的梦境。他觉得越想越多，想到他无辜的母亲，无辜的俞氏，无辜的雪子，乃至风月场的情怀，文字相上的故事……突然，他意识到这些都应该被划除的，它们来了，便是“魔障”。便当下长念一声佛号，深深地呼一口气，一切心理的对立境界都一扫而空！

当晚闻玉便回去了，李叔同也交代他几句话。

“我能出家，你的功德是不少的，闻居士！”他感激地叮咛着。

“哎，李先生！那怎么可以？”闻玉闪在一边，哧哧地说。

“一年前，你还在这里照顾我断食哩，不是那一次断食，也许还没有这一次的出家。喏，这一回，又是你送我来，真是缘啊！”

闻玉痴痴地点着头。他对叔同，像一个老玩童，对他的父兄一样。说话时，总是一片恭敬、虔诚。

“我们后会有期，闻玉！”李叔同弯下腰，向闻玉合掌。

“那怎么行？”闻玉说。他对李叔同的合掌、弯腰，感觉有一种难当的重量。

“我走了，李先生！要是您用着我，只管写信叫我来就是！”

“阿弥陀佛！”李叔同送他出了寺门，闻玉走了。

转身回寮房，忽地大殿通明。

“晚香”开始了，他这才想到，这一生，在今天竟是一个急转弯。

这一晚，李叔同和老和尚一同吃饭，又谈说了半晌，回屋里，整理整理，闭上眼，坐一会儿，前观后照一番。觉得活在世间39个年头，像从上海的马路上走了一趟相仿。往事如烟，轻轻地消逝。这后半生，看将如何处断了。

西湖南滨，大慈山阴，定慧禅寺幽幽地深蛰在湖山的一角。这里有著名的冷泉，风景幽邃，可是天晚游人为了路远，爱热闹的年轻人很少到这里来。这里对一个追求灵性生活的修士来说，是潜修的好所在。

李叔同来后第二天，寺里的僧众，都知道音乐家李叔同要在这里出家了。因此，也是从第二天开始，李叔同便随着比丘们，一天两堂功课，三堂静坐，鱼板梵钟，开始了他的僧侣生活。

1918年农历7月13日（公历8月19日），是“大势至菩萨”的生日，这前三天傍晚，老和尚叫一个沙弥负责招呼李叔同。他跟着那个沙弥，到老和尚的院子里，在禅堂上，见了老和尚。

老和尚眯着苍老而多纹的笑眼，李叔同向他恭恭敬敬地顶了礼。

“李居士——”老和尚说：“7月13，是大势至菩萨生日！”

“是的，师父。”

“你是要决定出家吗？”老和尚瞅着李叔同问。

“我决定出家了，师父！只要师父叮咛，在哪一天削发，都是一样！”李叔同回答。

“那么我们就择这个日子好不好？大势至菩萨生日。”

“谢谢师父！”李叔同听老和尚要在大势至菩萨生日为他剃度，又仆下来虔诚地顶礼。

由于心情的激动、欢欣，几乎突然而来的悲剧情绪，使得他颤栗地倾泻着泪水。

“就在这禅堂里，好吗？”

“这，这看师父的意思。”

“你是大根的人哪，李居士！”老和尚郑重地说：“这次我为你披剃，你是我最后一个剃传的弟子！”

“师父度我的恩惠，永不能忘。”

“能直下承当佛陀的正法，便是！”老和尚恳切地叮咛。

“是的，师父。”李叔同辞退出来，心里落下一块石头。

回到自己的住处，悲欣交杂地念了一阵佛号，把眼泪念得倾注如泉涌，等心灵重归平静，又想到上海的雪子。并非说“器世间”使他挂念的只有这一个女人。问题是：在世间使他仍然沉重地顶戴忏悔之情的，便是雪子——这个异国的女人。要说这一段业缘是“罪”，那么他该背起这人生旅程上最沉重的责任。过去在十里洋场的上海，飞觞醉月于李苹香、朱慧百、杨翠喜之间，那段回忆使他了无遗憾。人生的过程本是一种曲线。

对于雪子，则是无辜的。比起他死去的母亲，更为悲惨。就世间的假相说，与他相厮守12年，落得个什么呢？

想到这里，又不禁为这个牺牲了自己半生的“女性”涌出感激之泪来。虽然，在行动上，他那么冷漠、坚定，而这颗心，未尝不是浮动的。

也正为这层缘故，李叔同必须决绝一切，向精神界寻个落脚处，去忏悔、深思，乃至把“无明”“烦恼”“劣根”，净化为纯粹的、至上的“佛性”。不这样，便谈不上救世救人。

然后，又想到夏丏尊、丰子恺、刘质平，这一些渊源深厚的朋友和学生。自己一旦出了家，不知他们将以何种眼光相视？

短短的一个月，刹那间便过去了。在这一个月当中，李叔同把出家人要用的衣具都准备好，在家的衣物，都分散给穷困的人。

大江南岸，西湖的秋色，已由几枝垂柳，数度金风，带到人间。湖岸上被秋风吹落的柳叶，悠悠地飘在湖上，缓慢地沉入水底，积成厚厚的腐叶的积层。

定慧寺隐约在山坳间，秋来得早，而色调更深。这一天高照的秋阳，给人一种高爽的快意，既不炙人，也显出秋的温存。碧天与湖水相接处，长空如镜。

李叔同在寮房里，披好“海青”，穿上“芒鞋”，九点整，便退居到院落的禅堂里等着。那个小院落已挤满了观礼的出家人。

佛龛前，红烛高烧，炉香乍热，金身佛像前新换了新鲜的“香、花、水、果”。李叔同到殿前静穆地向佛像顶礼三拜，然后，向观礼大众顶礼一拜。

停片刻，一个“引礼”的出家人，“当——”一计大磬长鸣！接着，钟声震响，寺院里所有的僧众，都急急地赶到这里来了。

老和尚从禅房里庄严地踱出来，身披咖啡色袈裟，面色在严肃中带着喜悦。走到佛龛前，敛神闭目。

第二声大盘长鸣，僧众与李叔同就位，瞬息间，万籁俱寂。

第三声大盘再响，于是大众随着引盘声礼佛三拜，梵音佛曲，“戒定真香”开始嘹亮而幽远地响彻山间。接着是《大悲咒》《般波罗蜜多心经》，三称“摩诃般若波罗蜜”。大众面对而立，李叔同则面对老和尚，老和尚就“李叔同出家的因缘”而说法，然后称念“金刀剃尽娘生发，除却尘劳不净身……”偈文，之后侍者献上一个盘，里面放一刀、一帖，老和尚拿过刀，在李叔同先已剃光了的头上比划：三称“誓断一切恶心——誓除一切苦厄——誓度一切众生——”。然后为李叔同说“皈依佛，皈依法，皈依僧”这三皈依。再是上供。最后，李叔同向披剃师顶礼三拜，向大众顶礼一拜。

“剃度礼”完成后，李叔同展开那张“帖子”，老和尚替他起的法名，便是“弘一”，号“演音”。从这一天起，他正式成为释迦牟尼传法的“沙弥”了。

这时，全寺僧众围着他，恭喜祝贺，他一面带着惭愧而兴奋的笑容答谢，一面向大家作礼。

等大家散后，他又回到自己的世界——那间小房，伸手摸摸削了发的头顶，默默地自念：假使，你今天仅仅是削了发，便是和尚，那是不必为的！因此，愿佛菩萨加被你！给你坚定的信心，勇气，与愿力！要用你的一切，堆积在佛学的工夫上，直到形寿销尽！

在他剃度那一天，他曾经的红颜知己一齐跪在寺外，进行“哭谏”。可惜此时的李叔同早已是四大皆空，向佛的慧根萌发，红尘色相于他不过是镜中花、水中月罢了，任谁也拦他不住的。

李叔同出家的消息在当时确实引起了轰动和诸般猜测。世人大多无法理解，最不能理解的还有那些被他的诗文打动的读者，尤其是那些多愁善感的女读者，一时间失去寄托，可谓痛不欲生。

据说有这么一位女读者，死心塌地爱上了李叔同，在他剃度之后，天天来寺里找他，求他还俗。弘一派人送给那女子一首诗，其中有这么两句：

还君一钵无情泪，恨不相逢未剃时！

李叔同出家那天，夏丏尊没有来，丰子恺、刘质平，在剃度前来过几回，看看他们已披僧衣尚未出家的老师。

“丏尊——也许有什么事故缠住他了！”李叔同数着念珠，默默地想。

农历 7 月 14 日下午三时，李叔同从大殿上“坐香”出来。刚下石阶，忽然夏丏尊来了。两个老朋友相见之下，做和尚的欣喜一笑。而丏尊则茫然愣住半天。

“丏尊！”李叔同说。

“啊呀！”夏丏尊乍看他剃光了的头顶，身披着“染污”的飘然长袍，手上拿一串念珠，俨然一副“僧相”，脱口说：“叔同——”他是那样吃惊地：“你居然出家了？”

“是昨天落的发，大势至菩萨的生日。老和尚选的日子哩！”

忽然间，夏丏尊觉得他的朋友跌入“迷信”的深渊里去了，可是，他把那种对释迦牟尼的信仰，看得那么认真！他居然以生命供献给他那一身袈裟，不由得倾其至诚而感动了！

“叔同！我倒以为你来这里学佛，也不过学学佛算了，又何至于落发为僧呢！”

“噢，”做沙弥的李叔同，一面把他引着，穿过几个院落到一间小佛堂里，“我出家，也是你的意思哩，你不是说出家比在家更好吗？”

“这个——”夏丏尊眼里一阵热，一阵润湿，有千言万语阻塞在心里。好似李叔同当了和尚，像被他推上断头台一般，使他万分苦恼。

“丏尊！”李叔同拍拍地上一个蒲团，“你看，你苦恼哩！这不过此说说而已。一个月不见，倒很记挂着你，你在我出家那一天，偏偏自没有来。”

“我早就想来的。只是家父病了，很重，所以耽搁住了！”

“尊大人病了，这却是一个觉悟的关节，有许多人都是由此而入。可是，可是，丏尊！”他想说什么，终没出口。“你在这儿小坐片刻，我回房里写一幅字给你作我出家的纪念！”

夏丏尊点点头，他心里一直感觉李叔同那一身灰色的僧衣，像千万里外飞来无边际的云，软软地，窒息地压在他心上，一种沉重的、痛苦的责任，使他卸不了，放不下。

“假使，当时我不赌那口气呢，也许他还不致这么快便出家，抛下飘泊异乡的雪子和他的艺术生涯。如今雪子与他的艺术，亦将一并埋藏了！”

“学佛，学个什么佛呢！抛弃妻子，摒绝社会，做居士不彻底，索性做和尚，岂不干脆！”夏丏尊依然还记得不久前自己的一句气恼话，现在却不幸而言中了！

片时之后，李叔同手上捧着一幅字出来了。这幅字上，上下有款跋，和后记。

丏尊强抑心头剪不断的纷纷妄想，看着那幅3尺长、1尺多宽的条幅，李叔同念道：

> 大势至法王子，与其同伦五十二菩萨，即从座起，顶礼佛足，而白佛言：“我忆往昔，恒河沙劫，有佛出世，名无量光；十二如来，相继一劫，其最后佛，名超日月光，彼佛教我，念佛三昧。譬如有人，一专为忆，一人专忘，如是二人，若逢不逢，或见非见；二人相忆，二忆念深。如是乃从生至生，同于形影，不相乖异：十方如来，怜念众生，如母忆子，子若逃逝，虽忆何为！子若忆母，如母忆时，母子历生，不相违远；若众生心，忆佛念佛，现前当来，必定见佛。去佛不远，不假方便，自得心开；如染香人，身有香气，此则名曰：‘香光庄严’。我本因地，以念佛心，入无生忍，今于此界，摄念佛人，归于净土。佛问圆通，我无选择：都摄六根，净念相继，得三摩地，斯为第一！”

李叔同抑扬地念完这一幅字，说：“丏尊！这幅字，是我出家后第一次以字赠人，这一章，非常重要，将来，我亦将于半生中竭诚奉行！这是《楞严经》中的一节，不仅这字作你纪念，万一你做居士时，这经文也可奉行终生！”

夏丏尊逐句看完这幅字，他对这一小段简洁扼要精致的述理小文，非常欣赏，只是所谓“念佛三昧”，“香光庄严”，“入无生忍”，“得三摩地”这些奥义之文，颇为茫然。

文之末，写的是：“愿与丏尊，他年同生安养，共圆种智。”什么是“同生安养，共圆种智”，这不经译过，也不是可以了解的。

“这是大势至菩萨得证佛果的一个小故事，”李叔同说：“大势至，用的是‘念佛方法’，证得了‘佛性’，它的方法则是‘都摄六根（眼、耳、鼻、舌、身、意），净念相继（不要妄念冲断）’，便可获得‘三摩地’了！”

李叔同作一点扼要的解释，夏丏尊还是迷惘，因为——佛学，你不实行，总是迷惘。

“叔同！”夏丏尊望着他这位多年老友，如隔着一层雾看一幅故人遗像，“你的出家，是我想不到的……”言罢，泪如雨下。

李叔同看夏丏尊悲伤不已，便道：“丏尊，不必伤神了！我的出家，岂是平常的因缘？我们这么罢，在我有生之年，你能从世间的观点护持我，也便够了！”

“我护持你，叔同！我愿以我的生命护持，我愿立志素食一年，纪念你的出家！”

“阿弥陀佛！”李叔同合掌、默念。

“雪——雪——”夏丏尊脱口想说“雪子”，又吞下去了。

“雪子还在上海，”李叔同说：“我做了和尚，那个俗家便不能应用在此身了。”李叔同的嘴角作一个涡，好像做和尚，是一种了不起的荣誉！

“好吧，弘公。”夏丏尊说：“我这就走了。”

李叔同高兴地笑了，“阿弥陀佛！丏尊，假如你到上海去，请告诉雪子，李叔同——已出了家，异乡总没有故乡泥土香，在上海，不是长远的办法！……”

夏丏尊看着他，觉得叔同——这个和尚，真是不可思议。

他们互道一声“后会”！夏丏尊向李叔同弯腰合掌，留下凄苦的一笑，在山门前分手。

夏丏尊走出叔同的视线，觉得思潮一直起伏不定，他想到像雪子这样的女人，不知如何才能度过未了的残生！

情断佛堂

雪子获得李叔同的消息，不是得自丏尊，而是从上海一个朋友处。一个艺术家弃俗为僧，使许多报纸，都刊出了李叔同的出家新闻。

雪子的心情一直不定，她已有2个多月没有接到李叔同的信，这是不常有的事。除非他真正地出家！

李叔同的出家，是她一场春梦的觉醒，晨夕的枕边只落得一摊清泪。等到她证实李叔同在杭州一个寺院里出家，她一生惟一可信任的梦，终于化为灰烬。然而，她知道李叔同，如同她了解自己一样，她知道李叔同，永不会给她片纸只字！在中国，这块令人伤心的异域土地上，还有何留恋？人生是如此罢了！

在那个朋友口中，好像暗示她，住在上海倒不如回到日本去。“这似乎在逐客哩！叔同何尝会生这种心呢？”她说：“我留在这里，与不在这里，你我的缘已尽，又何在乎世界上多一个雪子呢？”想到这里，雪子又不禁为李叔同的寡情绝义而悲痛，但静下来之后，她想到李叔同的性格绝不会这样。可是为了她自己，离开上海，倒是较好的选择。李叔同遁入空门，她的世界已宣告破产，夫复何言？即使学佛以了残年，也得回到故国！

雪子决定要到日本去，但那颗放不下的心，总想见见出家后的李叔同，作最后的诀别。她要到杭州去，她从李叔同许多朋友那里和报上，抄下杭州大慈山定慧寺的地址。然后，择一个清晨，雇车到上海北站，乘四小时火车到杭州钱塘江边闸口车站。下车后，便叫了人力车，循马路，向北走。

太阳已逐渐接近傍午，人与车穿越在柳明荫暗的路上。湖山的景色，峰峦的青翠，都没有引动雪子的心。这时她万念俱灰，只想见李叔同最后一面，便值得此生回忆，除此而外别无所求！

他们12年的性灵结合，她以为有权要求李叔同见她最后一面！

车到大慈山下，在山坳里找到了定慧寺，从山门前向那广阔的寺院内一望，寺院里，空寂寂的，阒无一人。

雪子付了车钱，轻移脚步，走进前殿。穿过空场，越过一个铁制的焚香炉，迈上大殿的石级，她那颗破碎的心忐忑地急跳着，她似乎预感到，李叔同实在没有出家，那只是出诸人们口里的谣传。另一方面，她觉得李叔同并不在这个空落落而净无纤尘的寺里。因此，她急切想见到李叔同一面，同时她暗中祈祷，他不要在这里出现。

她不能承认一个光头、黑衫、露孔鞋，手持黑色念珠的长瘦人影，会在她面前出现，会是当年留学日本饰演《茶花女》的李叔同！

她的眼泪在3个月前，为叔同的出家问题已流干。现在已没有眼泪可流，惟有血在心房澎湃。

大雄宝殿上，也是空落落的，莫说李叔同，除了几尊一丈多高的佛像，闭着眼坐在殿中央若有所参，连一个僧人都没有。

雪子走到大殿中央，强忍内心的颤动，痴痴地望着佛像，她实在不知道那是什么佛，小立片刻，面对佛像，忍不住倾倒身子拜下去，那干涸的泪泉里，竟然又涌出热泪，落在光滑无痕的石板上。

“请佛慈悲！让我见李叔同最后一面，死也瞑目！我这一生没有做过一件绝事，佛啊！您能照顾我，成全我吗？……”她眼泪盈盈地抬起头，突然，微闭的佛眼，似乎一亮，雪子的心跟着一颤：“我与叔同厮守12年，一无所求，亦无所有；那只是上天的安排，如今，他出家了，我也要回国了，在离开这里以前，我要求的，是诀别的一面！……”

她又伏在地上，反复地抽泣、祷告，直到有人的脚步声从佛像背后响过来，才抹去泪水。

一个出家人，穿着过膝的“罗汉衣”，手里拨着念珠，走过来。他看看雪子，是这么苍白、瘦削、荏弱。便说：“女居士，有什么事！”

“请问您，这里有一位李叔同先生吗？他在这里——出家……”

“李叔同？我们这里的人他多，一时也分不清哪位是李叔同。这里时常有人剃度。请你等一下，我去替你问问！”

“谢谢您，师父！”雪子说：“我是他上海的——家人——来看他！我叫——雪子！”

“好的！请您在这里稍歇一会儿。”

那位出家人从大殿的侧门走向后一层院落。

雪子在大殿前的左角休息的地方，坐不安，立不稳，来回地踝躞着。这个寺院比日本式佛寺显得相当大，以大殿为基点，向前后左右延伸，都有院落深藏着，因此，也不知叔同在哪里！

眼看天色接近正午了，大殿后侧钟楼内钟声苍茫地震响起来，山谷都震动得直抖，从大殿侧门向里边觇视，后境左右两边侧房里有许多出家人听到钟声都走出来了，他们有的往后走，有的上大殿，有的绕过大殿，走向铁香炉，跟着大殿上的盘声响了，有几个出家人披着黑色的海青上殿，另有人端着新鲜的饭菜，换了佛前的供品，几十个僧众排列着，开始唱念。

约摸半个钟点，那个出家人还没有出来，雪子急了。

这时有一个身材高大的僧人，从她身旁走过，她问："请问您，我能请您帮助我找一个人吗？"

那僧人听她这一问，愣住了。

"找谁呀？"是北方人的口音，他打量着雪子。

"李叔同，刚在这里出家不久！"

"李叔同？"那个出家人又是一怔，端详着雪子，"你从哪里来？"

"上海。"

"噢——"声调里若有所悟地一声长喏。

就在这时候，那个找人的年轻僧人遥遥从后院出来，脸上没有表情，显得单调而歉然。

"那位帅父来了！"雪子说："刚才是他帮我去找叔同的！"

那位年轻僧人脸色很沉重地走向雪子——"女居士！你找的人见是见到了，只是——只是，他不见俗家人！你是他家里人吗？"

雪子心中像挨了重重的一击！

"他拒见一切亲属！"那出家人无可奈何地说。

"您有没有说，他的家人来见他呢？……"雪子的话悲伤地吐不成声。

"居士！我都说了，什么人都一样。请珍重！我们这里很方便，吃一餐粗茶淡饭再走!”

“那么——”那高大的僧人，觉得情况很尴尬，插过来说：“请您等等，我去瞧瞧!”

说罢，大踏步走了。

李叔同在自己的寮房里，正在读《华严经疏钞》，忽听有个妇人来要见他，已知道是雪子来了！这给他吃了一惊，但瞬间便平复了那种突然而来的起伏情绪。而后，那个高个子僧人——从前的彭逊之居士，来对他说：“弘一师兄！上海——您的——”话只说大半，李叔同起身向他深深一躬：“阿弥陀佛，惭愧!”

“她要见你最后一面!”

李叔同摇摇头。

“难道不成吗?”

李叔同垂目同意。嘴角边浮出一丝凄凉的抑郁。

“师兄！我出家不久，恐业力牵绊，断失佛种，因此礼佛发愿，不见一切眷属，此时一切众生均无不是同体之亲，再存个夫妻父子之情，岂不留一条地狱之根？……”

“哦哦!”这位僧人睁大着眼，“这倒是确实的见地!”

“拜请师兄，请她回去！弘一恕难接待，未来际，她自会体念此中因缘。”

僧人走了。

李叔同心底一阵酸楚，悲从中来，便直起身，走到明间佛像前，焚上一柱香，翻开《地藏王菩萨本愿经》，为忏除自己宿业，为消除雪子的积欠，虔诚地持诵七卷。

“愿一切有情，共生安养，同圆种智，佛陀的光辉，照耀这苦难的世间……”

祈祷毕，大师掩卷，默然良久。

高个子僧人只好回见雪子，他摇着头，“女居士！真想不到。他刚出家是不见俗家人的，您得了解他！珍惜自己，用过斋再回上海去！”

雪子孤单无助地斜靠在大殿一根柱子上，手中紧紧地绞着一条手绢，脸色苍白，目光迷蒙地看着那两个出家人，在那里。

这两个僧人想要雪子吃过饭再走。但是快要晕倒的雪子，终于咬着牙，强撑着身子，大殿后“鱼板”响了！寺院里的僧众开饭时间已到。雪子向大殿上的佛陀圣像，凝视最后一瞥，吞下满怀绝望与辛酸，向那两个出家人点一下头，摇着身子出了山门，沿着西湖边的小路，也不知是向哪儿摸索，一直走到天黑尽，星火满天满城，依旧彷徨在西湖畔。

她的幽幽哭声，直哭得西湖水嘤嘤如泣。她把一生所有的眼泪，都洒落在西湖之滨了。

杭州艮山门开出的9点夜快车，快要过去了！

最后，她在迷茫中，雇了一辆车，拖着麻木的躯壳，到车站。

回上海后，弘一托朋友带给她信，说自己皈依归佛托朋友送她归国。她深知佛俗异途，情难相叙，第三天便买船票离开这碎梦的异域，黯然地独自起程。站在船头，她把眼泪滴成了海水。她面朝着他所在的方向深情地张望，她一步步踏着海浪退回故国。

“久客不归无异死，故人入梦尚如生！”雪子终于又回到她久别的故乡——日本，埋名在她的故居。

在此之前，就在李叔同剃度后的第三日，他的发妻俞蓉儿已经来过寺里了。

那一天的傍晚，弘一正在大殿做功课，忽然，一个小沙弥进来通报，说寺外有母子三人，在门前长跪不起，一定要见弘一。弘一听了，置若罔闻，继续捻珠诵经。了悟抬头看了小沙弥一眼，手掌轻轻地向外扬了扬，小沙弥会意退出。

过了一会儿，小沙弥又进来报告，说母子三人不见到弘一，决不肯起来，更不肯走。

了悟叹了口气，对弘一说："弘一！你就去见见他们母子吧！"

弘一摇摇头，继续念经。

了悟复向小沙弥扬扬手。小沙弥再次告退。

过了一会儿，小沙弥又走了进来，说门外那位母亲一定要见弘一一面，额头已经叩得鲜血直流。

"阿弥陀佛！罪过！罪过！"了悟双手合一，"弘一！我佛慈悲为怀，老衲与你一起去见见她吧！"

弘一只好起身，与了悟一起走出殿门，步下山门。

山门下的台阶上，正跪着母子三人。母亲四十几岁，正捣头如蒜，额上的鲜血，混合着丝丝白发，贴在她的脑门上。旁边一位十八九岁的英俊青年，神色悲寂，在一旁扶着母亲。一个十三四岁的少年，则在另一边大哭着。那母亲，便是弘一的俗世结发妻子俞蓉儿；那青年，是他的长子准儿；那少年，是他的次子瑞儿。俞蓉儿在天津听到丈夫出家的消息，急忙带着两个儿子，漏夜赶到杭州，来见丈夫一面。

了悟见了，忙赶上一步，双手合一："阿弥陀佛！施主快快请起！"

俞蓉儿抬起头来，眼光迅即越过了了悟和尚的肩头，落到了他身后的弘一脸上。

俞蓉儿悲喜交集，她激动得"腾"地站了起来，大叫一声："三郎！——"

与此同时，两个儿子也一齐悲叫："爸爸！——"

见此情景，了悟悄转身子，往回走去，一边走，一边连道："阿弥陀佛！罪过！罪过！"

弘一神色平静，向着母子三人："阿弥陀佛！施主可好？"

"三郎！您还俗吧！跟我和孩子回去吧！"俞蓉儿拖着弘一的胳膊，哀求道。

"出家人万念皆空，心如止水。施主，你还是回去吧！"弘一把俞蓉儿的手从自己的臂弯拿开。

"三郎！您不看僧面看佛面，您就看在两个可怜的儿子面子上，跟我们回去吧！"俞蓉儿哭诉着，"准儿眼看要成家立业，瑞儿也要考学堂，他们都需要您这当爹的做主啊！"

"我心已空无一物，红尘已离我杳然而去。施主请回！"弘一双手合一，转身欲回。

"爸爸！——"18 岁的准儿悲唤一声，扑了过去。

弘一愣了楞，停住了身子。良久，转过头来，眼眸里掠过一丝疼爱和痛苦的神色。这神色是那样的短暂，转瞬即逝，马上就恢复了原有的平寂。

"爸爸！您为什么这样狠心！您对得起我母亲吗？这么多年来，我母亲独自一人，把我们兄弟拉扯大，愁白了头发！熬干了心血！您看看，我母亲才 41 岁，都老成什么样子了！"准儿指着母亲，悲愤地说，"爸爸！难道您就没有一点良心？您知道这些年来我们兄弟俩是怎样长大的吗？我们有父亲就和没有父亲一样！您给了我们什么爱？"

"万法皆空，法不胜空，空不异色。法尚应舍，何况非法。"弘一道。

"爸爸！您既然不肯尽一个做父亲的责任，当初您又为什么要生下我们？"

"色即是空，空即是色。受想行识，亦复如是。老衲已属于佛，属于众生！天色不早了！三位施主，还是趁早回去吧！阿弥陀佛！"

说完，弘一毅然决然地掉转身来，手捏袈裟，向着钟磬声声的佛堂，疾速而去。

在他身后，一声声悲戚的哭喊，久久回荡……

几年后，在朋友和杨白民的帮助下，雪子又重返中国，她想弄清楚什么是爱，她不相信12年的情缘真会抵不过一个空门的信仰。

于是，一个雨意浓浓的阴天，他们相约于西湖边上，两船缓慢地相向而行，他们四目相对，静默无语。风雨中，浪花拍岸，飘来远处寺庙悠长的钟声。

她唤他："叔同——"

他回她："请叫我弘一。"

她强忍着满眶的泪，"弘一法师，请告诉我，什么是爱？"

他轻描谈写地回应："爱，就是慈悲。"

他没有抬眼看她，不敢与她对视，怕她炽热温情的双眸随时会溶化他不安的佛心，他甚至不敢久留，而她却始终在看着他，只想留住最后不多的记忆。

临别，他调转船头一桨一桨地向湖岸划去，一尺一尺地拉开距离，在她眼前渐行渐远。

她突然失控伤心地责问："先生，你慈悲对世人，为何独独伤我？"

没有回应。

再一次伤心欲绝。

12年的相濡以沫，如今咫尺却天涯。就只能目送他远去，直至他来过的湖面又只剩湖水。她曾是他的爱人，也是他的妻子，却是他留在尘缘里爱的绝笔。

当满头的青丝坠落，他从荣华富贵中抽身而去，俗世所有的绚烂都化作了脱俗后的平淡，而他对她的小爱，也必将从此转变成对天下苍生的大爱。

她爱他、敬他，可她的内心却还没有强大到可以静如止水地目送着爱情的离去。美丽的西子湖边，我们又仿佛听到了一个扶桑女子碎心的吟诵：

长亭外，古道边，芳草碧连天。
晚风拂柳笛声残，夕阳山外山。

天之涯，地之角，知交半零落。
一壶浊酒尽余欢，今宵别梦寒。

受持戒律

剃度，只是形式上的出家仪式，只有严格受持戒律，才能真正成为一个舍尘离俗的出家人。9 月下旬，弘一法师移锡灵隐受戒。

9 月初 6，灵隐寺开坛传戒了，他将寻求这一机会受比丘大戒！于是他从容地收拾衣物，准备接受一次 49 天的身心熏陶。

“一切的尘缘已尽，所有的宿因现前，在这种万劫难逢的关头，有四事，当为我明镜，不做一个碌碌于岁月轮下碾得魂消魄散的啖饭僧：

“第一，我必须放下万缘，一心系佛——宁愿堕地狱，不作寺院住持，不披剃出家徒众。

“第二，我必须戒除一切虚文缛节，在简易而普遍的方式下，令法音宣流，不开大座，不作法师！

“第三，我誓志拒绝一切名利的供养与沽求，度我的行云流水生涯，粗茶淡饭，一衣一衲，鞠躬尽瘁，誓成佛道。

“第四，我为僧界现状，誓志创立风范，令人恭敬三宝，老实念佛，精严戒律，以戒为师！”

他在心灵间起誓毕，并再三自我叮咛：“你不要忘掉前人的创痛，做历史的疮疤！时时刻刻，观照自身，如履薄冰！我的罪，已深重如海域，既现僧相，能不忏悔力行？……”

深秋 9 月，柳叶片片飘落，李叔同以一个“沙弥”的身份，打好行李，在 9 月初 5 下午 4 时，辞别“了悟上人”与寺中同参，背起衣物，拜过大殿上的佛像，便出了山门，沿着小径，向灵隐寺漫步走去。

走到灵隐寺的山门前，要经过西湖西滨小径，未出家前，他与姜丹书、夏丏尊、丰子恺、刘质平这些知友弟子们，结伴而来，湖上泛舟也不止一次。然而，湖山的景色，每来一次，都给人各有不同的感受，当他出家后，这是第一次侧行湖滨，觉得西湖景色又不同了！

这天傍晚，云高水碧，栖鸦疏落，晚寺的钟鼓已苍然低鸣，好像这个世界正向尘寰之外的星空移动。

灵隐寺也是一样。灵隐是西子湖的灵魂，它在西湖千百年的史实上，有着特殊的位置；它现身于西湖，使湖山跳出人类血肉之心，与西子的幽魂，成为地理上的精神标志。

李叔同跨过灵隐寺那道与大殿相隔遥遥的山门，他的身后——湖滨平坦的石道上，零落地走着三三两两云水僧，和求戒而来的戒子们。他们掮着行囊，踽踽而来。到山门口，汇合成一种疏稀的散列队形，走上一条青石铺道。头顶上，古木参入云杳，夕照，从浓密的树叶间，筛下金红色的不规则投影。这条从山门到大殿的石径，越来越幽深，越来越寂静；飞来峰下白色如缎的瀑布，从峰顶飞下红尘，冲激在古老而平滑的岩石上，迸出无数浪花。

头上是蔽日的松、柏、梧、柳，脚边是飞瀑流泉，一群戒子们踏落西下的秋阳，一直走进大殿，恍如身游化境。

这正是息心学戒的好去处，戒子们在一片明湖山林之中，接受佛家生活基础的陶冶。

“戒律”的定义，是制心守身的规范。沉心静虑，纯化气质，才能产生智慧。追求佛道最重要的前提便是“戒”。它在日常生活上，使每一个献身于佛道的人们，从衣食住行娱乐上，化除“掉以轻心”的积习，使那些乐于严格自我陶炼的人们，由形式的戒文，轨正那颗瞬息万念的心。没有严持戒律的佛教行人，如谈到高深的定力与大智大慧，那便是一片谎言！佛言：“佛灭度后，以戒为师！”是千古不移的真理！

李叔同夹杂在戒子群中，同寺里负责总务的比丘，办好求戒一切手续，他便被分配到一间通铺的楼上，得到一份受戒期中生活上应遵守的规约。他与大伙儿同吃同眠，倒也觉得这种群众的生活，颇富诗意。

在几百个戒子群中，听到许多南蛮北侉的方言，见到许多张端正丑陋的面容，他们已牺牲了世间一切可征服的东西，到这个刻苦自己、洗炼自己的地方来，这能说，这一群弃俗出家的人，没有自己的理想吗？

戒期从第二天开始，高僧如云，被安排作他们的传戒师、教授师，与尊证师。虎跑寺的了悟上人——也是尊证师之一。

这一群人所接受的，如果外界人不了解，一定以为他们在接受一种神秘的巫术引诱。其实，佛家戒律的过程，百分之七十的时间，用在生活教育的磨炼，使他们在生活上养成一个遵守佛教教制的传教者、修道者。其余的时间，便在戒坛上，熟悉戒文，接受“教授师”的熏陶，最后，便是接受戒文上的规定，燃顶香以表起誓的虔诚，终身奉行，尽形寿而不渝。末了，传戒和尚郑重庄严地把一个正式比丘所必备的袈裟、戒牒、钵、锡杖，颁给他们。此后，他们便脱去“沙弥”的名义，成为一个遵守二百五十戒的比丘了（比丘尼五百戒）。

李叔同在灵隐寺住了49天。在整个受戒期中，他为那种细密而针针见血的戒文感动过，他觉得能确实不渝这二百五十戒，这个人在圣贤的路上，才算起了步！一个和尚，能遵守不渝这二百五十戒，那个和尚才活得有点意思。否则便是一个“破比丘”“垢比丘”“旃陀罗比丘”……

佛律的戒文，每一条都有分寸，都有严格的规定，它不是一部柔性的“佛教宪法”，只表出原则性的义务与权利。它是刚性的，不可曲解的。它只限于一定的时间与空间，错了一毫，便是犯戒！在任何一页戒文上，都有“宁可牺牲生命，誓不杀害一虫一蚁……宁可牺牲生命，誓不妄取一草一木，宁可牺牲生命，誓不……”的字样；归根结底，它硬性地律定了一个出家比丘的行为与身份。

在灵隐寺戒期中，李叔同的老友马一浮，到灵隐戒坛上访晤他。这位朋友，先他而皈信佛教多年，李叔同之倾心于佛道，毋宁说这位马居士站在主动的“因地”。他获得李叔同受戒的信，便赶到这里来，专为他送来两部戒律方面的著作。

其中之一，是明代蕅益大师的《灵峰毗尼事义集要》；另一部，是清初见月律师的《宝华传戒正范》。

“弘公——”马一浮这样改口称他的老友：“这两部戒律著作供养您，以表我这份虔心与敬意……”

“多谢多谢!”李叔同恭而敬之地双手接下来，并且先把书供在佛案上顶礼三拜，默祷片刻，再和马居士叙谈。

李叔同在这一个多月，除了演习“披衣”“持具”“托钵”“请师”“长跪朗诵戒文”，乃至一切僧家日常生活的琐事，闲下来，便是专心凝志于这两部戒律的研究。从这两部看来尚有许多不完整的戒律中，他发现这个时代，贩忏、付法、趋炎，已粉碎了佛陀崇高的救世救人的目标!

古德有言：“秀才是孔夫子的罪人，和尚是释迦的叛徒!”

他想到僧林的德行破产，现实的一片黑暗，去佛遗教一千二百万里，不禁悲从中来，难怪知识分子们，从表象上把沙门列入“三教九流”的江湖人物!

为此，重建佛门的戒律生活是迫切的!

为此，复兴佛门的戒律之学是必要的!

为此，佛门的清净应自比丘个人做起!

他想：“律学到今天一千年来，由于枯寂艰硬，而成为绝学，无人深究力行；于是佛门的德行败坏，戒律成为一张白纸，令人悲叹!

“如我不能誓愿深研律学，还待谁呢？佛菩萨啊，请加被我！我如破坏僧行，愿堕阿鼻地狱！……”

他这一片天性的流露，虔诚的抒发，沥血的表白，使他在佛像前泪流满面，不能抑止!

同时，他想到人人如遵行佛陀的戒律，绝没有什么难度的岁月。那种戒律生活力行之后，只有使当事人觉得，他的人格更洁白，他的德行更崇高，对金身佛像而无惭无愧，心地如一台明镜，无挂无碍，除此而外，有什么更令人满足的呢？——人类精神生活的最高点，便是自身的自爱与爱人！

李叔同既然发心学戒，便立志“实践’，便“过午不食”。

恰巧，戒期中马一浮走后，夏丏尊也来了。

丏尊为李叔同受戒，特地来看他。本来佛教对他无瓜葛之亲，自李叔同出家后，佛门忽然与他结不解缘。于是，他渐渐了解佛家的内容——他渐渐觉得佛道对他也有了吸引。

这次丏尊来，表情很抑郁，李叔同知道他的身上有什么严重的事发生了。

“受戒的生活还好吧？”夏丏尊说。

他们坐在一棵梧桐树下。

“好。非常好。”李叔同含蓄的眼，看着夏丏尊，“你有什么不如意事？”

“家父在上个月中逝世了！”

“阿弥陀佛！”李叔同马上合掌默念几声佛号，“等满戒后，我要为尊大人念几卷《地藏经》，祈老人早生安养！”

“谢谢，弘公！”夏丏尊说，悲苦地用袖子沾沾眼角。

他们又默坐了片刻，每人都没有什么话，只觉得人生很悲苦，夏丏尊这时在感觉上更锐敏。他们伤感地把时间拖延下去，直到丏尊站起来，告别。

“满戒之后，我写一章经文给你，丏尊，你在服丧中，恭敬诵念，可以为老人消业灭罪！”

“噢，是的。”夏丏尊漫应一声。他们便在寂寞中分手。

第三章　菩提树下

舍俗学佛

戒期完了，大家都捎着行囊，离开灵隐寺，如同一群学子离开学林，走入社会。在社会那口大染缸里，近朱者赤，近墨者黑，你能不能保持白璧无瑕，那只有靠“戒行”的甲胄去披坚执锐。

受戒后的叔同——弘一大师重新回到虎跑寺。不久，受嘉兴佛学会氾古农居士约请，弘一赴嘉兴“阅藏”。

弘一与范古农相识在出家前。他在春假回上海时，路过嘉兴，拜访了这位当代佛学大家，他们相约，弘一于出家后，到这里来阅藏。

嘉兴佛学会设在当地最大的佛教丛林精严寺内。该寺是一座千年古刹，始建于东晋，初名灵光寺，宋大中祥符年间改称精严寺。寺内有12间石室收藏古刻石经，藏经阁内又藏有各种版本的佛藏万余册，堪称佛门至宝。阅藏诵经，这里确是一个难得的所在。

为了阅读藏经，弘一于农历 10 月 20 以后，到“嘉兴佛学会”挂单。挂单，指行脚僧到寺院投宿。单，指僧堂里的名单。行脚僧把自己的衣挂在名单之下，故称挂单。

大江南岸，遍地飞霜。弘一入寺后，上香、拜佛。天色将晚，整理寮房之后便入“藏经阁”，参礼经卷。

他初次接触到这部线装的浩繁佛典，深觉得茫无头绪，便动一个整理的念头，按照“目录学”的方法，分函夹注签号，这样便省去许多时间上的浪费。这一点小小的方便，于有志读藏的人们，是一种很大的功德！在佛学会，除了偶尔之间，范居士有事相商，所有的时间，完全埋头在写标签与翻阅佛经上。

弘一法师在精严寺刚住几天，便有不少人纷纷慕名前来求取墨宝。以前从不拒人的他一时左右为难起来，自己既已出家，决意诸艺尽舍，惟道是求，这笔墨之缘，已然是俗务戏业，避之犹恐不及，如何还能再做呢？

范古农知道后，劝慰他说佛法利生，本有多种随缘善巧的途径，书法又何尝不能成为弘扬佛法的一种方便呢？若能用佛语书写，令人见而生喜，以种清净之因，这不也正是弘扬佛法的一种途径吗？弘一法师听了，不由得胸臆释然。他让人买来笔墨纸砚，先为精严寺书写一副联语“佛即是心心即佛，人能宏道道宏人”。接着写了一些横额条幅，皆为佛号、法语之类，一一分赠于人。他之以书接人，以字弘法，用书法来化导身边之人同入佛法喜悦，即是自此时开始。

“天涯五友”之许幻园得知好友出家的消息，一直想来探望，这时特意赶到嘉兴，在精严寺里见到了弘一法师。离别多载，两人晤谈甚欢，幻园言其已开始学佛，让弘一法师备感欣慰，昔日知交，如今更成佛友。临别之时，弘一法师书写“忍辱波罗蜜，无量阿僧祇”一联以相赠。

随后马一浮应佛学会至邀也来到了嘉兴，开讲《大乘起信论》。这是中国佛教史上一部影响深远的论典，主要内容是通过对大乘佛教甚深教理的开演，以树立众生对于佛法的坚定信心。

弘一法师于佛学上受马一浮之教益良多，常以“大士”相称，这次有机会听他开演宏论，自是每座必躬。马一浮讲完后回去杭州，弘一法师则继续留下来读经。

弘一在精严寺住了一个多月的时间，与范古农之间日益亲厚。马一浮佛学深湛，但仍是以儒门为正统，范古农则是纯粹的佛门居士，他是继马一浮之后第二位在佛学上对弘一法师产生重大影响的人物。弘一法师对他极为推崇，后来屡称他是自己最为钦服的居士。

杭州海潮寺与灵隐寺、净慈寺、昭庆寺合称杭州四大丛林。1918 年底的禅七会请了以通禅理闻名的扬州高旻寺首座法一禅师前来主七。禅七是佛教信众以克期取悟为目的的禅会，为佛门的重要行事之一。12 月底，马一浮致信弘一法师，要他参加海潮寺打禅七。

弘一法师放下信，同时放下阅藏之念，便与范古农居士作别。他原是一个誓志于实行戒律的云水僧，浮云白日，漂泊何地，都是学佛。因此，心中无挂无虑，便径自回到杭州，先回虎跑，息静一天，然后与马一浮居士，同赴海潮寺。

弘一大师未出家前，从定慧寺断食时起，那时他对坐禅的倾慕，形成一个高潮。但他一经遍参经著，便忽然会悟“条条大路通罗马”。随缘参一次禅七，对他而言，并不是平泛的！七天坐禅，使他的心灵专一而澄静，思想坚定而周密；这是初履空门，一个急进的高潮！佛学如万花筒，但被他发现的，被他珍重的，都全力去追究。

七天过去，除夕将临，便与老友分别，挂单在西湖玉泉寺。时至残冬岁底，大雪纷飞。他时时以生死事大自行警策，极为精进，每日于礼佛、念佛、拜经、阅经、诵经，诵咒等诸佛事外，余暇不足一个小时。

除加深修持外，开始注意到比丘的“戒相”问题。这是一种需要翔实而明畅的文字表达，令人方便，做来易行的工夫。但在古代，律本上的文字，不是抽象、含昆，便是复杂、繁琐，要补正的很多，不适用的也不少，这种“戒文”实用起来，使后来的戒子，如背重负；因此，必须经过一番分价、整理、注解，才能发挥它实际上的功能。“四分律”的时代，在时间与空间上，已经沧海桑田！

这种动念分析“四分律”的愿望，便是《四分律比丘戒相表记》最初的胚芽！这是弘一大师的全部著作中，最伟大的一种，它决定了中国比丘“戒相”的模式。

除夕前，南洋公学时代的老友杨白民，怀念过去的李叔同，带着浓郁的兴趣，到杭州来与这位方外友共度旧岁，他因为李叔同的学佛，对佛学引起了一股冒险精神。

1919 年的 2 月，正是戊午的残冬，过了年，这位学律的大师便是 40 岁——为这个原因，杨白民居士带了一堆素果与素食来供养他。弘一为老友的至情，便恭写一篇格言，与杨白民结方外文字缘。其写道：

> 古人以除夕当死期，一岁末了，如一生的尽头。往昔，黄檗和尚说：“你事先如不准备一番，等腊月三十来到，凭你手忙脚乱，也嫌晚了！”因此，一年开始，你便准备除夕

的大事。初识人间悲欢，便准备生离死别的来临！

人生是一场断梦，荏荏苒苒，悠悠忽忽，谁知道哪一天，死神来临！因此，生命无常，不要把美好的岁月蹉跎！

另外是一个附记：

我与白民是二十年的知交。今年，我弃俗出家，白民依旧埋首浊世，岁在暮尾，白民来杭州玉泉寺相聚，写上幅古人语，我与白民共勉之！

末了，署名“戊午除夕。雪窗。大慈演音”。

李叔同出家成为弘一法师，从民国至今，一直是现代文化界争论和探讨的话题。丰子恺把人生分作三种境界：物质生活、精神生活、灵魂生活。他说物质生活就是衣食，精神生活就是学术，灵魂生活就是宗教。他把人生分成三层楼：“懒得（或无力）走楼梯的，就住在第一层，即把物质生活弄得很好，锦衣肉食，尊荣富贵，孝子慈孙，这样就满足了。这也是一种人生观。抱这样的人生观的人，在世间占大多数。其次，高兴（或有力）走楼梯的，就爬上二层楼去玩玩，或者就久居在里头。这就是专心学术文艺的人。他们把全力贡献于学问的研究，把全心寄托于文艺的创作和欣赏。这样的人，在世间也很多，即所谓‘知识分子’‘学者’‘艺术家’。还有一种人，‘人生欲’很强，脚力很大，对二层楼还不满足，就再走楼梯，爬上三层楼去，这就是宗教徒了。他们做人很认真，满足了‘物质欲’还不够，满足了‘精神欲’还不够，必须探求人生的究竟。他们以为财产子孙都是身外之物，学术文艺都是暂时的美景，连自己的身体都是虚幻的存在。他们不肯做本能的奴隶，决志追究灵魂的来源，宇宙的根本，这才能满足他们的‘人生欲’。这就是宗教徒。”

丰子恺在谈及李叔同的出家时说：“世间就不过这三种人，我虽用三层楼为比喻，但并非必须从第一层到第二层，然后得到第三层。有很多人，从第一层直上第三层，并不需要在第二层勾留。还有许多人连第一层也不住，一口气跑上三层楼。不过我们的弘一法师法师，是一层一层的走上去的。弘一法师法师的‘人生欲’非常之强！他的做人，一定要做澈底。他早年对母尽孝对妻子尽爱，安住在第一层中。中年专心研究艺术，发挥多方面的天才，便是迁居在二层楼了。强大的‘人生欲’不能使他满足于二层楼，于是爬上三层楼去，做和尚，修净土，研戒律，这是当然的事，毫不足怪的。”

从丰子恺所言，弘一法师的出家是从艺术的精神生活升华到灵魂的宗教生活，而且人生的灵魂生活，是可以超越于物质生活和精神生活的。

艺术家李叔同的一生，从 39 岁这年，遁入空门！形成后期“人类精神艺术的崭新创造”，这不过是人类中最杰出的演员。一场戏，两幕登台，这在历史上，是一条越过天幕的“彩虹”，令人惊奇，赞美，倾服！

结夏清修

古老的中国年过去了，已是民国八年的新春。时间的轮回下，又开始另一个空间生命的萌芽。自遁入空门，弘一的生命已表现为另一种形式。

现在，弘一潜居玉泉，开始全心钻入律藏的故纸里。他遍读“南山遗学”，并以四分律为中心，展开辐射式的演绎研究。

玉泉寺的长老印心、宝善，为这位艺术大师持“过午不食戒”，特地把午斋提到上午11点来，以便使这位刚出家不足半年的比丘，维持他严净的戒行；同时，午斋之后，好使他小憩片刻，然后开始埋头苦修。

这日子里，正是他舍俗后钻研佛乘，刻苦修持的顶峰。

李叔同这种多样天才，遁入空门，弄起佛学，是足以令僧林中任何角色“望尘莫及”的！照佛家的轮回观说：只因夙慧深，善根厚，多生多世植慧植福，到今天才有多方面的成就，这也不过是他多生来所储蓄的一顿丰美果实而已！

日日如是，刻刻如是，除了早粥、午斋，他把全部时间支配在那间小佛堂里，对佛学与学佛，是全心全意，是一种源自于心底欢喜与虔诚。虽然，他对自己的修学生活，排得如此谨严，而依然有许多新知旧雨，慕名与怀念而来看他，欣赏他！

杭州、西子湖、李叔同、弘一大师，是一串诗句连成一组动人的念头。往日，当弘公未出家前，本已断绝音书的朋友，道路遥闻李叔同出家的消息，也不禁情不自禁，来找这位艺术家了。这是一种新奇、迷惘、关怀与怜悯的混合情绪。这使许多知识分子与艺术工作者，对西湖有更迫切的理由动心！

在这里，那个风度翩翩的富家公子不见了，那个意气风发的教书先生不见了，那个抚琴泼墨的艺术大家不见了。在这里，他们只看到了一个认认真真的和尚。在这里，他们看到，佛堂的礼佛蒲团上，长跪着一个僧人，上身笔直而瘦削，身披黑色海青，光顶，芒鞋赤脚，正凝视堂上的佛像，低念某一种经文。

从背影看去，恰似多年前的李叔同，这位和尚似乎未闻人声，即使他们走进去，他依然长跪不起，口中低沉而清晰地随着手中小木鱼的笃笃声，一字一唱。到访者大都为那种镜像所折服，不敢惊动他。

一座清静的寺院，一个出家人在默默地清修。他们甚至不愿意相信眼前的现实，这个就是那个当年津沪驰名的李叔同吗？

是的，这就是他们曾经仰慕至极的李叔同，现在应该称他为弘一，每天在那间小屋里，摒除一切，除了研律，便是写经、念佛。

对于弘一法师而言，佛学的广博和深奥刚刚才为他打开大门，不管之前他是如何的才艺风华、或已经问鼎艺术巅峰，此时的他不过也是和他先前教学的学生一样，只有更加的严学律己才可以达到他理想的心灵升华。或者说，在艺术的终究之后，他在这个时候才找到真正属于他内心的本源。万源归宗，他知道，律学作为一种文化及心灵的载体的基本规则，对于终极修为的达成至关重要。

从春到夏，柳丝、梧叶、池水、白色的石板地，幽静的禅院，又使玉泉回复到幽美出尘的庄严世界。

弘一住在玉泉寺，到端午前后，听说虎跑寺了悟上人，集众僧结夏安居，便欣然离开玉泉，回到定慧，准备以这 3 个月的时间实地过一过佛制的生活：静坐、听经、念佛……多一分修持，少一分罪报，增一分福慧。

“结夏”，不过是出家人在夏季 3 个月，闭门集众潜修而已。在古代印度的佛制，佛陀为了夏季雨多，蛇虫遍地，不宜出门托钵，为了避免杀生与生活上的困难，便撙节出这 90 天的日子，下一番工夫。

到定慧结夏，是己未 4 月16 日，弘公与出家后的彭逊之居士——现在的安忍法师，又再度成为同参的道友。

结夏是集体生活，整日都是念经、听经、静坐、礼佛。弘一法师在大慈寺结夏时，安忍法师同参。期间，法师从华德法师习唱梵呗，手录《赞颂辑要》一册。梵呗赞颂，源于礼佛之需，常用于讲经宣道、道场忏法、朝课暮诵、无遮斋会等仪式。

寺中有一小黄狗，于7月8日午后一病不起。弘一法师悲悯，请弘祥、弘济等七人念《香赞》《弥陀经》《往生咒》。后小犬深呼吸而亡，形色安详，观者感叹。随后法师等送葬于寺边的青龙山麓，事后又写了一篇《超度小黄犬日记》，描写当日情形，文虽平白，而悲悯隐忍之情，溢于文表：

> 七月初八日，风定，晴。午后小黄犬病不起，请弘祥、弘济及高僧共七人与余，为小黄犬念佛。弘祥师先说开示，念《香赞》《弥陀经》《往生咒》，绕念佛名后，立念。小黄犬犹不去。由弘祥师再开示，大众念佛名。小黄犬放溺，呼吸短促而腹不动，为焚化了悟老和尚、弘祥兄及余所书经、佛像。小黄犬深呼吸一次乃去。察其形色，似无所苦，观者感叹，时为申刻初。旋与弘祥、弘济及三高僧送葬青龙山麓。

弘一法师心里，岂特人生而平等，便是众生，无论禽畜鱼蛇，还是鸟兽蛹蝶，所谓卵生、胎生、湿生、化生，都生而有灵，生而平等。

结夏期毕，弘一法师回至玉泉居住，有时也于灵隐挂单几日。昔日共事于《太平洋报》的南社旧友胡朴安相访于灵隐寺中，有诗相赠，意境颇佳：

> 我从湖上来，入山意更适。日淡云峰白，霜青枫林赤。

殿角出树杪，钟声云外寂。青溪穿小桥，枯藤走绝壁。奇峰天飞来，幽洞窈百尺。中有不死僧，端坐破愁寂。层楼从青冥，列窗挹朝夕。古佛金为身，老树柯成石。云气藏栋梁，风声动松柏。弘一精禅理，禅房欣良觌。岂知菩提身，本是文章伯。静中忽然悟，逃世入幽僻。为我说禅宗，天花落几席。坐久松风寒，楼外山沉碧。

弘一法师看罢，写“慈悲喜舍”横卷相赠以答，并坦言：“学佛，不仅精佛理而已。又我非禅宗，并未为君说禅宗，君诗不应诳语。”胡朴安闻言知是法师肺腑，自觉羞愧，便持斋读佛。此后他每到杭州，必访谒大师。

这段生活，安谧而宁静，淡泊而幽长，弘一体会了念佛上许多实际工夫。不久，弘一又回玉泉，继续苦修，到12月8日——释迦牟尼佛成道日。与程中和居士，共结佛七，在佛前依《楞严经》文，燃臂香十二烛，扬声高唱：“南无本师释迦牟尼佛……”

一连串悲怆凄凉的诵念释迦牟尼佛的回声，激荡在香云袅绕的弘公佛堂内，由低沉，转入宏亮，由铿锵，转入苍茫。

佛即是心心即佛。行云流水，青灯古佛，在自己选定的道路上，弘一固执然而精锐地修行着。

闭关研律

1920年，春寒料峭，弘一在玉泉寺冷石板地上伴着一小盆火，白天到深夜，把自己献身在浩瀚的佛典中。

本来，他那一副骨瘦嶙嶙的身躯，与寒流对抗，总是撑持的成分多，凭着那一股精神上牺牲的血诚，便挨过了春天。虽然有时咳嗽几声，仗着不休止的拜佛，又恢复了血液在脉搏里激急的流动。

诵经时，他缓沉而铿锵，惟恐念错经文中的一句一字；念佛时，不躁不急，绵绵如平沙细流；写经时，则蝇头小字，一字一端详，惟恐有亵渎佛法的尊严，不到精致完美，绝不放手。

自灵隐受戒以来，弘一法师已发心学律。在这一年的春天，他研究的重心，依旧放在戒律上。

春寒过去，初夏来临。

4 月中，是弘公亡母的忌辰，天朦胧亮，便起身盥洗，然后拜佛，诵《无常经》为母亲回向；早课完了，点起油灯，研好浓墨，便趺坐在一张宽阔的木椅上，开始写《无常经》全文。

弘一完全以工整的楷字，写到早斋梆响，这才住笔，搓一搓冷僵了的双手，默坐良久。

这一天，他不说话，没有笑容，只是凄凉地诵《无常经》，心里想到他的生母。如果不死，也只有 59 岁，忍不住热泪滚滚而下，现在，他削发已经两年，世寿也 40 出头了。

亡母冥诞过去，他有一念主动，这便是在感觉上，杭州玉泉寺游客众多，环境不宁，自己时时受扰，还不能彻底地清净，彻底地思考，彻底深究律学，心中十分向往有一块静修的净土。

翌年 3 月，正巧浙一师学生楼秋宾来信邀请弘一法师，说是家乡富阳新登贝山环境幽僻，可以除茅筑屋，以供老师掩关。弘一法师读过宋人晁补之的登山游记，神往贝山的“毕状幽邃”，决定赴贝山长期掩关静修，专研律学。这年 6 月，弘一法师偕同弘伞法师赴贝山，暂止楼秋宾家，研读从日本请得的古版南山《灵芝记》三大部等佛学典籍 80 余册，一面等待筑屋。孰料，由于天雨等原因，关房建设迟迟不能动工。

缘障贝山，自是一番心性的磨砺。秋风渐紧，贝山早晚已经寒气砭骨，再加上兼湿重难赖，而且关房一时又无开工的可能，弘一法师与弘伞法师便顺富春江而下，挂单于衢州城北的莲花古刹。

弘一法师出家前以艺闻名于世，出家后又以德性服众，所以即使是第一次前往衢州，也是谒者不断。南社旧友尤墨君说：“法师的态度如其字，静穆之中，寓温恭之致。他接待往访者常正襟而坐，面呈微笑，眼观若鼻，手捻佛珠，很自然，很谦和。这种态度是任何人都学不到的。”“任何性情暴躁的人只要一晤弘一法师，没有不会矜平燥释的。凡是接触过他的人都有这样感想。”

据尤先生回忆，法师见的最多的是劳动者，次为知识分子，不见官僚。一次他正请教法师书法之事，有沙弥来说衢州驻军团长已经是第三次求见。弘一法师坚持不见，说他无非是要求一张字，只让沙弥拿了寺中的佛号给他。

此间，弘一法师常给来访者写字，多是经文偈语，尤《普贤行愿品》中四句偈语为多：

> 十方所有诸众生，愿离忧患常安乐。
> 获得甚深正法利，灭除烦恼尽无余。

弘一法师在此除了研读佛典，便是不停地写经。他已经把写经当作修行弘法来做，每一笔都认真写来，目力大受损伤。

8 月，江南的秋风卷着黄叶，已落遍富春江畔，天气又慢慢地深凉了。由于季节的转变，这位大师的支气管，总是不断地出问题，病魔与他一生结了不解缘，大病小病总是不离身，入秋以来，枇杷膏便成了清晨惟一的镇咳剂。

他的色身里，似乎装着两个对立的灵魂，越是被病魔侵袭，越是以精神来作牺牲。在佛道上，他以众生的救度为已愿，随时准备为佛陀的教义殉身，这种令人担心不休息，便是他的弟子丰子恺说的："是一种献身！"

在莲花寺，除了日常铁定的研修，便是孜孜不断地写几十卷《阿含经》。写好后，再把它分册装辑起来。最后，写完了《印光大师文钞》的叙言和题词。

这一连串埋头写经的工作，直到年根岁底，因为经写得太多，每天午后便觉得眼前发黑，天地旋转。由于整天伏案写工笔字，使他的胸部更削，脸色更黄。弘公的苦行不是下一辈人所能想得到的，因为他是经常的过午不食，早餐一碗粥，中餐一碗菜。这使他的色身遭受到"四面楚歌"，不得不接受印光大师的劝告。印祖在信里说：

弘一大师：

昨接手书，并新旧颂本，无讹勿念。信中所说用心讨度的境况，光早已料及，故有止写一本经之说。但因你太过细，每有不须认真，而不肯不认真处，所以受到损伤。观汝色力，似宜息心专一念佛，其它教典与现时所传布之书，一概不看，免得分心，有损无益；……书此顺候禅安。

莲友印光九年七月二十六日

对于"善食色身，以续慧命"，弘一实在没有理它，也正像印光大师所说，他的性情如此，他对佛道是无我的。因此使他对每一本经，每一章节，一个字的不周全、不妥当、不工整，也要劳瘁到必须圆满而后可。

印祖是当时弘公的"偶像"，他们在佛法上是依从的，而且弘公从印光大师那里得到极温和而严厉的信札上的指引。印光大师这一封信，使他不得不放下笔，稍稍休息一下。

然而，弘一法师那一颗求道访真的心依然不能安息，那一双行走的脚步依然没有停下。残冬将尽，冰雪在山，富春江波平水静，弘一法师和弘伞法师逆水上行，于1921年正月回到杭州，先驻凤生寺，后止玉泉寺。

弘一正在着手检阅“四分律”的当儿，他的学生丰子恺，已从杭州师范毕业出来走入社会。这个不甘屈服的年轻人，正准备去日本留学游历。因为他要马上离开祖国，听说老师已回杭州，便到凤生寺来向老师话别。

20刚出头的微胖的丰子恺，是弘一“绘画”艺术的接替人，大师不仅把绘画“遗产”全部给了他，当年在日本精读批注的原文《莎士比亚全集》，也成了这个学生书架上的珍品。

同样如弘一对待印光大师一样，丰子恺把弘一当作世间惟一的榜样：灰大裤儿，黑粗布鞋，清茶淡饭，平淡庄严，一毛一发，都学他这位做和尚的老师行径。

这是正月底，残雪还没有消融。寺里便有个出家人把他领到弘一挂单的“云水堂”，一间简陋的屋里，那里没有太多的陈设。弘一正在灯下写字。

略形前倾的侧影，正照在粉壁上，堂上静悄悄无声。

“法师!”丰子恺踏进门，先叫一声，那声音是颤栗的，充满了情感的震动。

弘一突然转身：“啊呀，子恺!”说着便站起来了，“来吧，这儿坐。”

“法师，我要到日本去了，前几天才探听到您在这里驻锡，所以……”

“哦?”弘公慈切地望望他钟爱的学生，“一到日本去，能看到许多国内看不到的东西。”

“我去游历，去日本各地艺术馆、博物馆、画廊……去看一番。”

“青年人走路，有时比读书还要紧，看看别人能吸收不少新的东西。年轻人记住这番话，你必须让自己铸造成一种东西，不达目的，除死，不要终止。”

一粒灯光如豆，师生分别半年多，丰子恺看到，老师的面颊瘦削了许多，但是精神还旺盛。从微弱的灯光下，弘一的脸有一半埋在隐影下，只觉得他的话声，比以前更低沉更缓慢，有一种与世无争的平静感，有一种遗忘世界的飘逸。

丰子恺的日文，一半学自弘公，一半学自丏尊，所以去日本可以通行无阻。“去吧!”弘一法师说：“但是别忘了自己，去学习别人，不要忘了创造。”

然后，师生同时沉默在一种肃默的气氛中，很久，丰子恺才懒懒地站起来，向老师一躬合掌到地，退出门外。

“法师，我这便走了，明天——”

“明天别再来了，埋下头去体会别人……”

丰子恺怔怔地看着弘公，一瞬间，便蹑手蹑足顺着云水堂的墙壁，转过大殿，出了山门。

送走了学生，弘一依旧埋首于繁缛的佛律之中。此时，他在日夕研习中，已经从戒相繁杂、不易记诵的“四分律”里渐渐地发现了某种简便易行的持修规律。他需要一个安静之地分析、整理和归纳自己的修习所得，但“杭州多故旧酬酢”，干扰太多，无法宁心涤虑。

远方有一个境域，一个中永嘉的地方，山水清华，气候温和，幽僻宁谧，仿佛是早就等在人生路上的一片好风景，又仿佛是心意相通。

1921 年 3 月底，弘一法师收拾起简单的行囊，道经上海，直趋永嘉。永嘉又名永宁，即今之温州市，位于瓯江下游。弘一法师先止瓯江孤心屿上的江心寺，随后卓锡城南庆福寺。从此，弘一法师在永嘉一住 12 年。其间，虽多有云游弘法，但每到严冬或是酷夏，弘一法师这一羽野鹤，总会回到温和宁静的永嘉，息影休整，补充能量。

庆福寺，俗谓“城下寮”，僻居城外，依山临水，环境清幽，宜于习静清修。住持寂山上人，了解弘一法师的人生经历，对这位舍弃富贵浮名毅然出家，出家后竟严持戒律的同道礼敬有加，悉心照护。弘一法师持过午不食戒，寂山长老特地将全寺午饭时间提前到 10 点。弘一法师生长北方，惯于面食，寂山长老吩咐多准备一些面条之类的食品。为了让弘一法师安心闭关，寂山长老专辟一栋自成庭院的小楼，供弘一法师安心静修，研律著述，还特命高文彬居士为弘一法师护关，兼照顾弘一法师的日常起居。

那一双倦翅终于可以暂栖，那一颗道心终于可以凝虑，那一种绝学终于可以续脉。终于有了掩关修学之所，弘一法师非常珍惜，特与同人约法三章：

> 余初始出家，未有所解，急宜秘诸缘务，先办己躬下事。为约三章，敬告同人：
>
> 一、凡有旧友新知来访者，暂缓接见。
>
> 二、凡以写字作文等事相属者，暂缓动笔。
>
> 三、凡以介绍请托及诸事相属者，暂缓承应。

惟冀同人共相体察。失礼之罪，希鉴亮焉！释弘一谨白。

之后，又印刷《掩关谢客简》，分寄师友：

敬启者：不慧痛念生死大事，无常迅速。自今以后，掩关念佛，谢绝人事。谨致短简，以展诀别。他年道业有成，或可启关相见。凡我师友，希垂鉴焉。

掩关自有“法则”：早粥前念佛，粥后稍息，礼佛诵经；9时至11时，研究佛学；午后休息；下午2时至4时研究佛学，4时半起礼佛诵经；黄昏后专念佛；晚间可以不点灯，只在佛前供一盏琉璃灯即可。闭关期间，不闲谈，不晤人，不通信（十分要事，写一纸条交与护关者）；凡一切事，尽可等出关，再作料理。

尘杂去尽，灵思精进而锐敏。弘一法师潜心律学，闭关3个月，便完成了《四分律比丘戒相表记》初稿。身心松脱，法喜充满，弘一法师情不自禁地在自序里写道：

庚辰之夏，居新城贝山，假得《弘教律藏》三帙，并求南山《戒疏》《羯磨疏》《行事抄》及灵芝三记。将掩室山中，穷研律学；乃以障缘，未遂其愿。明年正月，归卧钱塘，披寻《四分律》，得览此土诸师之作。以戒相繁杂，记诵非易，思撮其要，列表志之。辄以私意，编录数章，颇喜其明晰，便于初学。三月来永宁，居城下寮。读律之暇，时缀毫露。逮至六月，草本始迄，题曰《四分律比丘戒相表记》。数年以来，困学忧悴。因是遂获一隙之明，窃自幸矣。

茫茫大海求索，终于遥遥发现彼岸就在眼前；漫漫长夜独行，终于看见故园耿耿闪烁的灯火。虽然那不过是一隙之明，却足以照亮生命的长路。

也许正是穷研律学的原因，弘一法师把自己的生活降到了最低点。弘一法师的关房里，只是一坏桌，一旧榻，一烂席，一破帐。春寒料峭，人们还穿着棉袍，他却赤脚芒鞋，身裹单薄的衣衫。甚至于连同人将扔一双旧芒鞋，弘一法师觉得还可穿，竟郑重其事地请求施舍。

也许，弘一法师正是用苦行僧式的生活，来决绝地割除往日轻裘珍馐的日子，磨砺一种坚韧的意志，培育一颗慈悲的道心。也许，弘一法师正是要在最低处生活，繁华便消散了，欲望便涤尽了，眼里便总是美好，心里便总是满足。

弘一法师掩关心坚，在居处正对院门的窗口贴了“虽存犹殁”四字，以辞谢来客。时有当地长官慕名求晤，弘一法师也是称病辞谢。新任道尹张宗祥只身相访，寂山长老推托不掉，只得持道尹名片求弘一法师见一下。弘一法师闻言，两颊泛红，终而急颂“阿弥陀佛”圣号，垂泪对寂山长老说：“师父慈悲，弟子出家，非谋衣食，纯为了生死大事，妻子亦均抛弃，况乎朋友？乞婉告以抱病不见客。”

而一位做小贩的老婆婆，以平生积蓄来寺做功德。弘一法师却主动地与其道场，并且亲提钟鼓，极尽虔诚地为老婆婆求福。

微斯人，依然特立独行，至情至性，是大心，是凡夫，是亭亭净植的那一缕绝俗遗世的妙香。

掩关的日子枯寂而又清苦，却也充满了证道的喜悦。此期，弘一法师除了学律著述，依然写经不止，先后手书了《赞礼地藏菩萨忏悔仪》《佛三身赞颂》《佛说无常经》《佛说略教诫经》《增壹阿含经》《杂阿含经》和《本事经》等多种经典，是弘法妙谛，也是艺术瑰宝，其境界之高几不可仰视，其向度之深复难以探求。

是年，弘一大师俗家次子李准得子，写信请求大师赐名，大师以扬善普度为本，为其取名“增慈”。

1921 年年底，得悉老友夏丏尊发心皈佛的消息，弘一法师真是颇付感慨，不由想起，只在几年前，夏丏尊还对自己出家不理解，现在竟然已经开始实践佛家的修持生活，每天早晚持“阿弥陀佛”圣号。老友终于迈出关键的一步，弘一法师欢喜不已，当即挥毫书写蕅益大师等前辈高僧大德的法语以赠：

> 待无累时而修行，何如藉修行而脱累，且尘劳逼迫，正可警悟苦空，磨砺礲情性。世情淡一分，佛法自有一分得力。娑婆活计轻一分，生西方便有一分稳当。

也许是关中闲暇，忆及夏丏尊与自己不弃不离的情谊，一时兴起，以自己的别号“大慈、弘裔、胜月、大心凡夫、僧胤”为内容，奏刀连治五印。刻过，还写下段情意殷殷的跋文：

> 十数年来，久疏雕技。今老矣，离俗披剃，勤修梵行，宁复多暇耽玩于斯？顷以幻缘，假立私名以别字，手制数印，为志庆喜。后之学者览兹残砾，将毋笑其结习未忘耶？……余与丏尊相交久，未尝示其雕技。今赍以供山房清赏。弘裔沙门僧胤并记。

是真才子，是伟丈夫，是阿伽陀，其真情总是时不时地便横溢而出。只是读着题跋的文字，就仿佛看见弘一法师奏刀时兴奋的神情，又仿佛看见弘一法师题跋时嘴角的微笑。

由老友夏丏尊，弘一法师不由自主地想起了另一个同样厚道诚实的老友杨白民。在为夏丏尊写下蕅益大师等前辈高僧大德的法语以后，似乎意犹未尽，又似乎责任在胸，弘一法师想起法常首座的辞世词，便提笔为老友杨白民写了下来：

> 此事楞严尝露布，梅花雪月交光处。一笑寥寥空万古。风瓯语，迥然银汉横天宇。蝶梦南华方栩栩，斑斑谁夸丰干虎。而今忘却来时路。江山暮，天涯目送飞鸿去。

1922 年初，法师俗妻俞氏病逝于天津，终年 45 岁。弘一本欲北上奔丧，无奈北方正值“直奉大战”，未得成行，由李文熙率李瑞送殡。

归计未践，弘一法师特地为前尘亡妻关中设灵，诵授自吴璧华居士的往生咒和《地藏菩萨本愿经》，以超度亡妻，希望能够安慰那个在往生路上踽踽独行的孤魂。

皈依佛门，都说尘缘已经断绝。如果真的断绝，为何还要苦苦地参学，苦苦地修证？前尘才子，今日佛徒，不过是一路风景的两个段落，豪华绚丽渐入清凉真淳。前尘繁华，正是烦恼，正是磨砺，从烦恼里淡出，心上便磨出智慧的光明来了。

弘一法师才情之高，佛性之厚，慈愿之大，断然不会忘记那些前尘旧事，只是那些前尘旧事已经化作了深广的悲怀。抛妻别子，一去不回，忽忽已经是 15 年的光景。15 年，红尘里颠踬，佛土上修证，那个家，那个苦苦撑持着家的兄长，那个可怜的寂寞的寡欢的女人，那两个时常依门悬望父亲归来的小儿，那一段未了的尘缘，一直深藏在心的最幽微处，时不时地便疼痛起来，尖锐地疼痛起来。

又一眨眼间，弘一法师在瓯江畔潜修已经过去大半年。这期间，寂山上人无微不至的关怀和慈爱，让他那颗孤苦的心时时处在温暖和光明里。弘一法师又想到佛律上的规矩，云水僧住在一个寺庙里，依律须拜住持为依止师。弘一法师觉得，于情于理，于对寂山长老道风的崇仰，拜师一刻都不能耽搁。寂山长老知道弘一法师的拜师之意，坚辞："余德鲜薄，何敢为仁者师？"

弘一法师诚恳致意："吾意永嘉为第二故乡，庆福寺作第二常住，俾可安心办道，幸勿终弃。"

弘一法师又请周孟由、吴璧华二居士出面恳求，寂山长老乃默允。翌日，弘一法师携带毡子至方丈室，亲把毡子铺在座椅上，恭清寂山长老上坐接受拜师礼。寂山长老始终不肯就座，弘一法师只得向空座顶礼三拜，从此尊称寂山长老为"师父大人"，终身以师礼事寂山长老。

庆福寺闭关，弘一法师还从蕅益大师的《录峰宗论》里选录部分格言，辑成一册《寒笳集》，以供人们随时参学。

少年高文彬为弘一法师护关，日夕相处，深受感化，遂生出家之念。弘一法师觉得僧材难求，竭力向寂山上人推荐高文彬。寂山长老却以为高文彬年龄太小，识性未定，将来良莠难卜，没有应允。弘一法师为请求师父恩准侍者出家，在寂山长老面前长跪不起，并请来吴譬华、周孟由二居士担保。

此前，弘一法师在虎跑寺，已破例收了一个少侍年者宽愿为徒。眼下，已经不能再违背不蓄徒众的前誓，作高文彬之师。于是，他让高文彬拜弘伞为师，取名因弘，号白伞。因弘，因了弘一，因了弘伞，而结佛缘。其实，还暗含了他与因弘之间心意相通的师徒情分。此后，因弘多照料弘一法师饮食起居，宽愿负责对外联络，多陪伴师父外出云游。

僧材难得，宽愿和因弘后来果然成材，一主虎跑寺，一主庆福寺。

1923 年春天来临的时候，弘一法师已经在永嘉庆福寺里闭关静修了整整两年。当弘一法师抬起头，越过早春似绿还枯的树枝，越过茫茫的大原，他看见了熟悉的人间，看见了深爱的亲朋故旧，看见了红尘里的芸芸众生。弘一法师毅然破关而出，携徒宽愿，访学于丛林之间，行走于尘世之中，弘法利生，救心济世。

法师离开温州前，书一联惜别："临行赠尔多无语，一句弥陀作大舟。"

第四章　云游弘法

出关游沪

弘一法师出关的第一个行脚处是上海。

上海曾是弘一法师人生的重要结点，与母亲、妻儿在此生活了七八年，后又与日籍夫人在此相守了六七年，有着太多的酸甜苦辣、喜怒哀乐，有着太多的前尘故旧，有着太多不堪回首的往事。

前年经沪赴永嘉时，弘一法师便寻旧友穆藕初不得。穆藕初秉持实业报国的理想，几十年打拼，已经成为沪上有名的实业家，也常常面临种种困境，陷入种种烦恼之中。那年，弘一法师特意抄下《佛说五大施经》、《佛说戒香经》和《佛说木槵子经》转赠穆藕初，以达怀念与祝愿之情。

弘一法师这回开关来沪，穆藕初正为企业人事矛盾，愤然去职，心情甚为恶劣。老友相见，互道契阔。穆藕初本来满腹对老友出家和佛教的不理解，然而初见之下被弘一法师那“目光炯炯，气象万千”的气质所震慑，竟然生出敬畏和拘束感觉来。

弘一法师告诉老友，实业可以富强国家，拯救民族，但实业却不能扼制贪欲，解决心中时时生起的烦恼。大乘佛法讲求慈悲，讲求“息息以此自励，念念利济众生”，主张尽力建设，造福苍生。至于佛说的空，并不是消极遁世，而是劝人止火心中的贪欲，心中贪欲一除，杂念一净，烦恼自然也就没有了，心地自然一片清凉光明，济世悲怀自然也就充溢心胸。其实，佛法真是积极到万分，正是以出世的无上勇猛精进，实现入世的救心利生情怀。

一缕清风拂过心头，穆藕初的心上一片明净透亮。后来，穆藕初回忆这次与弘一法师相见：

> 余经此一番开示后，觉佛教自可以纠正人心，安慰人心，使人提起精神服务社会。本诸恶莫作，众善奉行之主意，做许多好事于世间。故余深信佛教于人生有大益。但余喜在家自修，不愿向热闹场里造因，而取烦恼之果。

还写一首颇有佛法意味的《五十自述》诗：

> 世界原无事，吾人自扰之。痛心由失者，追悔已嫌迟。一切凭谁造，贪嗔更带痴。咸疑生恐怖，性海翻浪时。好事成残局，艰难只手支。机缘来莫喜，世味耐寻思。寄语当途客，咸宜慎设施。前车应借鉴，补益有毫丝。

佛陀情怀，当也深含人间至醇之情味。弘一法师在上海，与老友尤惜阴居士合作完成《普劝发心印造经像文》的写作后，心情很好，便想与弟子宽愿轻松一下。

弘一法师带宽愿到大东门吃面，微笑着告诉弟子，老板不但不要钱，还会特意在面里多加佐料。可是，当他们来那家面店，早已物是人非。面店依然人来人往，热气腾腾，没味浓腻，但那位老板已经过世多年了。

宽愿哪里知道，当年，弘一法师与日籍夫人就住在这家面店的楼上！经常从店门前走过，时不时地在店里吃面，弘一法师便与面店老板成了很要好的朋友了。

是为了怀旧而来么？可是，故人早已如风飞逝，前情早已如云飘散。弘一法师默然，好长时间都回不过神来。

这恰恰就是弘一法师，大心凡夫，大悲尊者，大慈佛陀。一片闲云，一羽野鹤，行行复行行，随意而栖止。

弘一法师携带着弟子宽愿，栖过上海太平寺，在西湖灵隐寺结夏，重游莲花寺，遍访衢州莲花溪一带的寺庙，一路整理佛典，一路写经写字结缘劝善。

春暖重回，窗前花发；幽香渺渺，心倦思家。1924 年 4 月，弘一法师师徒二人终于结束云行，重新回到永嘉庆福寺。

小楼依然安宁、温馨。想到在此闭关的种种进益，想到道心还有待坚固，想到弘法利生事业任重道远，弘一法师再生掩关的念头，萌生刺血写经的愿望，发誓证悟念佛三昧。掩关前，弘一法师向印光法师函请念佛、深修和写经方面的疑难，印光法师及时地告诫他：“座下勇猛精进，为人所难能。又欲刺血写经，可谓重法轻身，必得大遂所愿矣。虽然，光愿座下先专志修念佛三昧，待其有得，然后行此法事。倘最初即行此行，或恐血亏神弱，难为进趋耳。”

印光法师一再提醒弘一法师于刺血写经切须慎行：“刺血写经一事，且作缓图，当先以一心念佛为要。恐血耗神衰，反为障碍矣。”

心境渐明，心海波平。弘一法师谨记印光法师的教诲，道业果然大进，写经日益自在随顺，久病的身体也日渐好转起来。

这日，弘一法师正想着约请杨白民来游览瓯江风光，却忽然接到杨白民女儿杨雪玖的来信，告以杨白民殁耗。弘一法师悲痛不已，绕屋长叹："二十年来老友，白民老哥哥最为亲厚。今老哥哥殁矣……人生无常，友情亦不能天长地久么？"

弘一法师陷入深长的悲哀和茫然境地，还能为白民老哥做什么？白民老哥还需要人为他做什么？

弘一法师写信叮嘱杨雪玖为父亲诵经念佛，以消宿障。弘一法师自己强抑悲痛，净手焚香，礼拜磨墨，整整两天时间，一字不简、一笔不苟地写下《佛说八种长养功德经》，以为白民老哥祈福。这是弘一法师近年来所写最长的一部佛经，是友情的充分表达，也为后世留下了一部书法杰作。

1924 年 8 月，弘一法师劳心劳力 4 年的《四分律比丘戒相表记》，终于编撰和缮写告竣。老友穆藕初出资委托中华书局影印 1000 部，分赠国内和日本佛教界，原稿由穆藕初收藏。同时，法师又依高丽藏本校订智旭的《优婆塞五戒相经笺要》，稍事改订，并分章节，指序条贯，以便初学者之用。

此外，还编撰了《根本说一切有部毗奈耶自行钞》及《学根本说一切有部律入门次第》，这是他研习律学的重要论著。

《四分律戒相表记》是弘一法师律学撰述的代表作，他本人也极为珍爱这部著作。在晚年致刘质平的一份遗嘱中，法师特声明：

> 本衲身后，无庸建塔及其他功德，只乞募资重印此书，以广流传，于愿已足。

佛教界对弘一法师的《四分律比丘戒相表记》十分看重，将此书收入中国大藏经之中。

随缘随喜

草长莺飞，和风剪剪。转眼已是1925年的春天。弘一法师感到，随着岁月的流逝和风物的消长，已经来日无多，进入人生的晚境了，可是他还有许多弘法利生的事业有待去做。

春色正好，时不我待，弘一不觉随口吟出李商隐的《晚晴》：

深居俯夹城，春去夏犹清。
天意怜幽草，人间重晚晴。

并添高阁迥，微注小窗明。
越鸟巢干后，归还体更轻。

心头的阴郁一扫而光，弘一法师的精神不由为之一爽，遂冠自己住处为“晚晴院”，以自励和自珍。

法喜充满，体力也大有恢复，拟再作云游计。这年春天，弘一拜别寂山长老，再次开始云行飘游的生活，前往普陀山礼拜印光大师。

弘一法师在普陀后山法雨寺中与印光大师共住了七天，每日自晨至夕，皆随于左右，大师的德范，一行一止皆具慈悲，或语或默无非教化——亲历于耳目，熏染于心田，给他留下了极深的印象。

印光大师化人无数，最被人称道的是，无论是谁，只要写信请教，大师都回信指点迷津，由其回信集结而成的《印光大师文钞》，被认为是佛教徒尤其是净土宗信众的修行宝典。

既然得到印光大师的悉心指导，弘一大师就想拜在印光大师门下。但印光大师不立门墙，并且出家之初就发誓实行三不主义："不收徒众，不作住持，不作讲师"，或者是"不作寺庙主人，不剃度徒弟，不募缘。"

早在1922年，弘一法师即致信印光老法师，愿侧弟子之列，印光法师逊谢未许。次年在衢州莲花寺，弘一于阿弥陀佛圣诞日在佛前燃臂香，乞三宝慈力加披后，再次上书陈请，仍未得愿，至当年年底再复竭诚哀恳，印光师才感诚意，答应为师。

在弘一大师三年中再三恳求之下，印光大师破例收了唯一的出家弟子。实际上依止印光大师修行的出家弟子很多，如德森法师尊印光大师为亲教师，但弘一大师是印光大师唯一具有名分的出家弟子。

民国十三年农历2月4日，弘一大师在覆王心湛居士书中回顾了自己恳求列入印光大师门墙的经过：

> 朽人于当代善知识中，最服膺者，惟印光法师。前年（按：民国十一年）尝致书陈情，愿厕弟子之列，法师未许。去岁（按：民国十二年）阿弥陀佛诞，于佛前燃臂香，乞三宝慈力加被，复上书陈请，师又逊谢。逮及岁晚，乃再竭诚哀恳，方承慈悲摄受。欢喜庆幸，得未曾有矣。

弘一法师的欢喜之情溢于言表，遂引用永嘉周孟由居士赞叹印光大师的话说："法师之本，吾人宁可测度？且约迹论，永嘉周孟由尝云：法雨老人，禀善导专修之旨，阐永明料简之微，中正似莲池，善巧如云谷，宪章灵峰（明蕅益大师），步武资福（清彻悟禅师），弘扬净土，密护诸宗，昌明佛法，潜挽世风，折摄皆具慈悲，语默无非教化，二百年来，一人而已。诚不刊之定论也!”弘一法师还答应周孟由居士，他年参礼普陀时，撰写印光大师传记。

参礼印光大师之后，弘一回到永嘉，稍事安养。这年5月，弘一法师手书《梵网经》一部，寄赠于已年过八旬的艺术大师吴昌硕，吴昌硕老人感慨并作绝句二首为报：

昔闻乌柏称禅伯，今见智常真学人。
光景俱忘文字在，浮提残劫几成尘。

四十二章三乘参，镌华石墨旧经龛。
摩挲玉版珍珠字，犹有高风继智昙。

这年秋天，弘一法师拟往九华山，朝拜心仪已久的地藏王菩萨圣地。原想道经宁波、南京，在皖南芜湖略作停留，看望一直无缘相见的朋友崔祥鸿居士，而后直上那片莲花净土。没想到，这时却收到崔鸿祥兄长的来信，告以其弟日前遽尔亡故。

神交至友，相契互怀，却连见上一面的缘分都不给，人牛如幻，苦何以堪?弘一法师在老友杨白民谢世不久，再一次陷入深深的悲哀之中。

先前已应崔鸿祥之请，写过《崔母往生传》，意犹未尽，现在崔鸿祥也走上了往西之路。弘一法师濡毫写下《补遗》和《崔旻飞居士诵经荐母文》，又为崔祥鸿拟碑铭，特引莲池大师语以赞亡友：“人子于父母，服劳奉养以安之，孝也。立身行道以显之，大孝也。劝以念佛法门，俾得生净土，大孝之大孝也。”

崔鸿祥未能谋面，九华山之行，也因江浙战事，竟至半途而废。船行宁波，弘一法师便上岸，挂单于四明山四大丛林之一的七塔寺云水堂。

缘悭于彼，缘厚于此。在宁波，弘一法师竟不期与知友夏丏尊相见！

夏丏尊这时正在故乡上虞的春晖中学任教，闻知弘一法师行踪，特地前往迎他到上虞白马湖暂住。

当年一别，至今整整4年了。夏丏尊到宁波去迎请的时候，弘一法师正在七塔寺的云水堂休息。夏丏尊问其路途中事，法师说很好，现在在这里挂单也很舒服等等。

云水堂是统舱式的屋子，上下铺很简陋，共有四五十个游方僧人同住。夏丏尊实在是无从想像这里的舒服，惟有一脸惘然，弘一法师却是满面笑容，显出颇为满足的神情。

夏丏尊在春晖中学里为法师找了间闲置的房间，再三相邀，弘一法师这才答应随老友去白马湖小住。夏丏尊替老友打扫房间，弘一法师便自己打开行李卷。夏丏尊看到，弘一法师珍重地打开粉破的席子铺在床上，再摊开被子，又把几件衣服卷了做枕头。铺好了床铺，弘一法师又取出黑破不堪的手巾，到白马湖边去洗脸。

看着弘一的清苦行状，夏丏尊有些心痛，想替弘一法师换一条新的。可是弘一法师却郑重地把手巾张开来，说还好用，和新的也差不多。

第二天未到午，夏丏尊送了米饭和两碗素菜过来，自己在旁坐了陪他。送来的原本只是些萝卜、白菜之类，但对法师却似乎是一顿丰盛的美食，满心欢喜地吃起来，夹菜时那种郑重其事专注凝意的神情，让一旁陪坐的夏丏尊见了，几乎流下又是欢喜又是惭愧的眼泪来。

再后一天，另一位朋友送了四样菜来看弘一法师，其中有一样菜盐放得多了些，同席的夏丏尊尝了便受不了，法师却笑着说好的。法师的住处离夏丏尊家有一段路，第三日，他对夏君说，以后不必将斋饭从家里送过来了，他自己可以过去吃的，且笑着说，上门乞食原是出家人的本分之事。

春社与夏家，中间相隔一段距离。过了几日，弘一法师就不让夏丏尊送饭，而是要自己去夏家吃饭。在夏家只吃了一天，弘一法师又叮嘱夏丏尊，一碗青菜已经蛮好，千万不可再搁香菇、豆腐一类的东西。弘一法师告诉老友："我在普陀山参礼印光法师，见他早饭光是一碗白粥，中午吃的菜里，连油都不搁的。相比之下，我要比他奢侈多了。在惜物一事上，我还得向印师学习呢！"

与故友相聚数日，夏丏尊发现，对弘一法师而言，这世间似乎没有不好的东西。一切都好，小旅馆好，统舱好，破席子好，破毛巾好，白菜好，咸苦的蔬菜好，任一事、任一物，似乎都各有各的妙味。看见法师吃萝卜、白菜时那种愉悦的情景，他不禁感叹，这食物的全滋味、真滋味，怕只有像法师这样的人才能如实尝到。对照起来，自己的大半生简直可以说是囫囵吞枣地度过了，平日吃饭着衣，何曾尝到过真的滋味；乘船坐车，看山行路，何曾领略到真的风景呢？因而旁人看来的苦，对于弘一法师来说，何尝不是一种安然和喜悦呢？

佛教的智慧教人以平常心来活在当下。禅门中有一则著名的公案，有人问大珠慧海禅师："大师修道是否用功？"师回答："用功。"更问："如何用功？"师答："吃饭时吃饭，睡觉时睡觉。"这和一般人有什么不同呢？大珠慧海解释说，一般人吃饭时不肯吃饭，百种需索，睡觉时不肯睡觉，千般计较，所以不同。佛心禅境原不在于神通玄妙，而是能在平实的日常境遇之中，安然于当下的存在，在一切看似再平常不过的事与物中，体味其不可思议的意义。

因此，夏丏尊把弘一法师出家之后的生活称之为艺术化的。真的艺术，并不限在诗里，也不限在画中，而是到处都有，随时可得的，关键在于能有一颗如实观照、细细品味的心。正如弘一曾说："咸有咸的滋味，淡有淡的滋味。"

云水情怀，总是在茫茫的山水之外，遥遥的天地之外。弘一法师在白马湖边小住几日，终于还是飘飘而去。于弘一法师，知友能够一朝相聚，已经是莫大的福报。这一份友情，当珍藏在心的最深处，使之时时温暖和照亮自己。

于夏丏尊，弘一法师的远引，自然是深深的惋惜和无边的惆怅。短暂的相聚，又引起他关于生活、人生、艺术，甚至是人类生存方式和生活境界的思考。时隔不久，夏丏尊便在一篇《弘一法师的出家生活》的文章里深情地写道：

> 在他，世间竟没有不好的东西，一切都好，小旅馆好，统舱好，挂褡好，粉破的席子好，破旧的手巾好，白菜好，咸苦的蔬菜好，跑路好，什么都有味，什么都了不得。

世事洞明皆学问，人情练达即文章。是的，无论在空门，还是在尘世，凡事看透了，洞明了，也就无欲无碍，处处妥帖了。没有什么不好的，没有什么过不去的。在人间，他是一个看得开、放的下的禅者，入佛门，是一个不忘世间烟火的大心凡夫。

大心凡夫

弘一法师计划中的九华山之行未果，11 月归返温州。这一年辗转各地，法师身心备感疲倦，除年底去了趟杭州外，便一直在庆福寺中静养。

1926 年 3 月，弘伞法师邀请弘一法师往杭州招贤寺一聚，弘一法师便又一次启关云游。

在招贤寺，弘一法师由寺主招贤老人弘伞照护，调养年初就染上的咳嗽症，暂时放下了《华严经疏钞》的整理工作。弘一法师发愿，用 20 年时间，厘定卷帙浩繁的《华严经疏钞》。

西湖风物，仿佛是一首怀旧的诗歌，而调养身心里的弘一法师，余暇多多，便成了吟咏怀旧诗句的那个人。便想起了丰子恺，两人不相见已经整整 6 年了。于是，一张邮片，丰子恺和老友夏丏尊便从上海赶来。

知友相见，师生相聚，自然是难得的赏心乐事。坐在弘一法师的身边，恩师满面的笑容，话语的温和，让丰子恺似乎又回到了学生时代。偶尔一低头，见到草鞋里那一双赤裸的细长秀白的脚，丰子恺的心里一下子又涌满了浓浓的酸楚意味。不知何时，天上飘起了轻雨。雨粉入窗，丰子恺的心上一片滋润。

丰子恺回上海后不久，弘一法师因赴江西庐山参加金光明法会要假道上海，又到了丰子恺的家中看望。其间，丰子恺给法师看了他保留的法师的所有照片，有穿背心拖辫子的，有穿马褂的，有穿礼服的，有演京戏的，有演话剧的，还有断食及出家后穿僧装的留影。法师颇有兴味地一张一张翻看起来，一边看，一边为大家说明，脸上带着一丝超然的笑容，倒像是在说别人的事情一样。

当时，丰子恺一位刚从日本回来的朋友恰巧也在，是研究油画的，知道法师是艺术界的前辈，便拿出许多画，同他长谈细说地论起绘画来。法师有时首肯，有时表示意见。在丰子恺的印象里，弘一法师出家以后对于这些世事，态度历来是很严谨的，没想到，这次居然会亲自寻到自己家里来，又与人很随意地谈论艺术，不禁很是惊异。

弘一法师此行住在小南门灵山寺，离原来住过的城南草堂不远，又听人说起这附近还有一处讲经念佛的超尘精舍，便在到丰子恺家头一天去这两处看看。

不料超尘精舍竟是设在城南草堂，布局还一如旧时，不过装了洋式的窗户与栏杆，加了新漆，墙上添了些花墙洞。他母亲原来住过的房间，现在已经供着佛像，有僧人在那里做功课。打听之下，才明白义兄许幻园已经把草堂转手别人，那人却捐作了佛堂。

当年的草堂，今日的精舍，明天不知又会变成什么去处？繁华富贵，风流艳赏，哪里还有一点踪迹？慈祥的母亲已经遥不可见，曾经相守的俞氏也已经遥不可见！世事沧桑，人生如幻，许幻园，许诺一段美好的幻梦，一个住梦的小园。站在陌生而又熟悉的房子前，那一刻，弘一法师的心里不由得生起无穷的感触。

“真是奇缘！那时我真有无穷的感触啊。”法师给丰子恺讲述着，说这话的时候，“无穷”两字说得特别长。

第二天上午，弘一法师相约丰子恺、黄涵秋，再次重访超尘精舍。一路行，弘一法师一路指点，哪里是浜，哪里是桥，哪里是那一棵老柳。可是，浜早已填平修作了马路，桥和柳树也早已消失。

走进院内，弘一法师更是如数家珍，哪里挂着“城南草堂”的牌匾，哪里是客堂，哪里是会客室，哪里是自己的书房，哪里是母亲的住室。可是，弘一法师的兴致，终于让屋里那个和尚的热情招呼打断了。

几个小时以后，弘一法师与弘伞法师便要离沪赴庐山。时间那么短暂，弘一法师为什么还要偕丰子恺访超尘精舍？是那一缕前尘旧怀依然不肯淡去？是想让丰子恺能够记下这段奇缘么？

从精舍出来，按照精舍里和尚的指点，弘一法师他们在一间低矮的房子前找到了许幻园。许幻园头发花白，耳聋背驼，靠代人写书信为生。执手相向，默然无言。还能言语什么？还用言语什么？所有语言，只会使痛更痛，使伤更伤！唯有两眼浊泪，唯有温温一笑。

离沪前，弘一法师偕丰子恺往闸北佛教居士林，访已经皈佛的故人尤惜阴居士。一见之下，尤惜阴五体投地，拜伏于弘一法师脚下。居士林的信众们得知弘一法师来访，纷纷围过来，启请法师作开示。辞谢不过，法师开示《在家律要》，主题是居士在家修行的律仪。

此次开讲，尤居士速记并发表在 1927 年 4 月的《世界佛教居士林丛刊》上。这次在居士林给信众作的开示，便是弘一法师第一次宣讲律学方面的问题了。

当晚，弘一法师与弘伞法师乘船离沪，赴庐山金光明法会。在庐山，弘一法师和弘伞法师先居大林寺，后住青莲寺。大林寺因为是净土宗初祖慧远法师的道场，成为净土宗的祖庭，庐山也因之成为南方佛教中心之一。

遥想慧远结茅庐山 30 年，著书立说，结成莲社，劝善弘法，大力倡导往生极乐世界的学说，弘一法师觉得前辈大德就是典范，自己弘法利生的责任实在是太大了。参加金光明法会之外，弘一法师大部分时间都用来研读《华严经疏钞》，以为将来重新整理这部佛教典籍做准备。

此时，正是盛夏溽暑，而庐山却如同凉秋，清凉宜人。这样的气候，正好为弘一法师提供了避暑养病、调适身心的机会。

居于庐山，应蔡丏因之请，弘一法师寒夜篝灯，用了约一个月时间，于 9 月 20 日写成《华严经十回向品·初回向章》，邮寄蔡丏因，嘱其付梓流传。弘一法师非常看重这部写经作品，曾经在给蔡丏因的信中，比较自己的《华严集联》和《华严经十回向品·初回向章》两部作品，指出《华严集联》“体兼行楷，未能工整”，而“昔为仁者所书《华严初回向章》，应是此生最精工之作，其后无能为矣”。太虚法师见到由开明书局影印出版的《华严经十回向品·初回向章》，推为近数十年僧人写经之冠。

护法正义

10 月的庐山，已是寒气逼人。

弘一法师此行使命已经结束，便相偕弘伞法师回到杭州。此时，北伐战争正在如火如荼地推进。国民党内的一些激进分子，提出灭佛毁寺之说。在北方，基督将军冯玉祥，见寺就拆，见佛像就毁。

1927 年春，流风所及，江浙一带也是但见香火便说是迷信，见到僧人便强之还俗，见到寺宇便改做学校、工厂。一时间满城风雨，佛教界顿时陷于存亡之境。

该年正月，弘一法师移锡杭州云居山常寂光寺掩关，精研

《华严疏钞》。仿佛是宿命，历史和人生里总是隐伏着许多的劫难，时不时地便横在你的面前，你根本无法躲过。那么，只有迎上去。在此危急关头，本拟一心掩关修学的弘一法师挺身而出，出关护法。

灭佛毁寺风声日紧，生存日益受到威胁，弘一法师不得不毅然奋起抗争，决绝地函告自己的护法、浙一师时的老友堵申甫："余为护持三宝，定明日出关。"短短的11个字，却让人仿佛看见弘一法师正披一身青霜地站在你的面前，铮铮傲骨，强横不能使之屈，高压不可使之折。

弘一法师与堵申甫交谊甚深，早在浙江省立两级师范学校时，堵申甫与夏丏尊、姜丹书皆为李叔同的同事好友，共同执教于该校，李叔同是音乐、美术老师，而堵申甫则掌教书法，两人同时又是"乐石社"社员，李叔同所撰《乐石社社友小传》中就有堵氏条目。

无论是在俗，还是出家，彼此间的缘分甚深，关系笃密。出家前，李叔同将自己在虎跑大慈山定慧禅寺断食18天所记之《断食日志》赠与堵申甫保存。出家时，又将自己早期的一些生活照片和书法作品等相赠堵氏。出家后，堵申甫则成为弘一法师的护法之一，屡有资助。

1927年，弘一法师欲在杭州常寂光寺闭关，需请一护关侍者，首先想到的就是堵申甫。弘一法师在给堵氏的信中写道："久别深念。朽人现居常寂光寺，方便掩室，不出外，不见客。唯须请一人为之护法。每月来此一二次，代为购办诸物，料理琐事。尊寓距此非遥，来往殊便，拟请仁者负任此事，未审可否？"

出关后，弘一法师列了一份当地激进官员名单，委托堵申甫邀请来自己驻锡的常寂光寺座谈，并且写好了劝诫墨宝，赠予与会人员。座谈这天，预约者并未悉数到场，但事先写好的字幅却不多不少，刚好人手一张，不知是巧合，还是定数，竟似前知之智。这种巧合颇具神秘意味，使来者气焰消减，无一人再提灭佛之事。

众人正在低头看弘一法师相赠书法墨宝的内容，弘一法师恳切地说："和尚这条路亦当留着。"弘一法师话语不多，语调不高，言辞也不激烈，娓娓道来，婉婉犹如和风，却句句如锤，敲击人心。

弘一法师特意请浙一师的学生宣中华坐在身边，温言相叙。宣中华平日健谈善辩，这日却难置一辞，背生冷汗。

会后，弘一法师又给部分与自己相旧的政要写信，致书蔡元培、经亨颐、朱少卿（时浙江教育厅厅长）等当局人士，主动提出佛教整顿的意见：

旧师孑民、旧友子渊、夷初、少卿诸居士同鉴：

昨有友人来，谓仁等已至杭州建设一切，至为欢慰。又闻孑师在青年会演说，对于出家僧众，有未能满意之处。但仁等于出家人中之情形，恐有隔膜。将来整顿之时，或未能一一允当。鄙意拟请仁等另请僧众二人为委员，专任整顿僧众之事。凡一切规画，皆与仁等商酌而行，似较妥善。此委员二人，据鄙意，愿推荐太虚法师及弘伞法师任之。此二人，皆英年有为，胆识过人，前年曾往日本考察一切，富于新思想，久负改革僧制之宏愿，故任彼二人为委员，最为适当也。至将来如何办法，统乞仁等与彼协商。对于服务社会之一派，应如何尽力提倡（此是新派）；对于山林办道之一派，应如何尽力保护（此是旧派，但此派必不可废）；对于既不能服务社会，又不能办道山林之一流僧众，应如何处置；对于应赴一派（即专作经忏者），应如何处置；对于受戒之时，应如何严加限制。如是等种种问题，皆乞仁等仔细斟酌，妥为办理。俾佛门兴盛，佛法昌明，则幸甚矣。此事先由浙江一省办起，然后遍及全国。谨陈拙见，诸乞垂察。

弘一在信中恳切指出，现代出家僧众，良莠不齐，佛门确实有改革整顿的必要，但是社会人士对于佛门中的情形多有隔膜和误解，若全由彼等来整顿佛教，恐怕难以允当。为此他建议从僧众中选请两人参与相关委员会以“专任整顿僧众之事”，并特别推荐了太虚与弘伞两位法师。信中又提出对于佛教的改革，不应草率一律行事，对于主张服务于社会的新派应如何提倡，主张山林修道的旧派应如何保护，而对那些惟以经忏为事的应赴派乃至于终日无所事事的闲僧之流又应如何处置，都需仔细斟酌。

灭佛之议，如风过檐，刮起一阵杂响，便随之消弭。这封信，透露出弘一法师对于改革佛教现状的期望。念兹在兹，长期处在丛林里，弘一法师对于时下的佛教已有深透的了解和深刻的思考。

许多寺庙已经不是净地，早已沦为营利之所；许多出家人根本就不清净，早已堕落为江湖中人，成为逐利之徒。这也从另一个方面证明，为什么弘一法师要那么苛严地持守戒律，矢志弘律。佛祖似乎早有预料，所以在离世前告诫后人要以戒为师，唯有严持戒律，才能防非止恶，使人内心清凉，得无上智慧，得见佛性，达到涅槃境界；唯有严持戒律，才能和合教众，净化寺院，庄严国土。弘一法师为什么过得那样清苦，有清心寡欲的原因，但他更希望用自己的行为，行无言之教；在弘法利生的路上，点一盏明灯，树一种典范，吹一缕清风。

这次佛门危机，终于在弘一法师的带领下制止。

劫难过去，煎熬在心。弘一法师打算再度掩关，穷研《华严经疏钞》，将养深受摧残的身心。弘一法师给弘伞法师的信中，道明了自己的心迹：

> 今春以来，老病缠身，身心衰弱，手颤眼花，臂痛不易举，日恒思眠，有如八九十岁专老翁……音近来备受痛苦而道念亦因之增进。佛称八苦为八师，诚确论也。不久拟闭关用功，谢绝一切缘务。以后如有缁素诸友询问音之近况者，乞以‘虽存若殁’四字答之，不再通信及晤面矣。音数年来颇致力于《华严疏钞》，此书法法具足，如一部佛学大辞典。若能精研此书，于各宗奥义皆能通达。

家书深情

是年，弘一法师俗兄李文熙年届6旬，体又欠佳，亟盼能与三弟见上一面。4 月间，弘一法师的俗侄李圣章由法国考察教育返回上海，遵父之嘱，由沪去杭，探望时在那里挂单的三叔，转达了家中人盼他返津团聚的迫切愿望。

1921 年后，李圣章与分别 10 多年的三叔弘一法师联系上了。其时弘师正驻锡于浙江衢州。他在首次写给侄子的信中，叙述了他此前的人生经历和往后的打算，是一份极有价值的弘师传记资料。有南社社员尤墨君，正在将弘师在俗时的作品编成《霜影集》一书，以广流传，弘师嘱尤出版后，寄一册给他的侄子李圣章，说："圣章为朽人俗家后辈之贤者，以此付彼，聊表纪念也。"

以后五六年间，李圣章一直与弘师保持着书信来往，多次给他寄过旅资和请经书款。弘师则为圣章刻过印章，写过佛号和格言辑录《晚晴剩语》等。

弘一法师破例，与俗侄李圣章在常寂光寺共居9天。看到三叔那种常人难以忍受的艰苦生活，李圣章不禁心酸落泪，曾多次劝其还俗，但弘师只说"有机会时回家看看"。临别，大师赠其一本手抄《华严经》，一件旧僧袍。

与俗侄相见，也许能治疗内心深处那一种难抑的故家之痛，那一种时时涌起的亲人之思。这正是弘一法师，至情至性。

这年7月，李圣章的姨父，故友李石曾，一访玉泉寺，二访招贤寺，三访常寂光寺，均不获弘一法师的踪迹。最后还是相求弘伞法师，才在本来寺与弘一法师谋面。谋面的枝枝节节，依然无从知晓。

此夜曲中闻折柳，何人不起故园情？俗侄和故友别去，弘一法师便作归家之计。9月初，弘师致信其俗兄，说是他已决定，将于近期由杭州转道上海返津一次，甚至已经议及返家路费等细节。

弘一法师归家念切，家里的亲人更是引起了热切的期待，由二哥李文熙给弘一法师的一封信可知：

> 三弟如晤：获手书，得悉弟有意返津，欣慰之至。兹特由邮汇去大洋一百元，望查收后趁此天气平和，交通无阻，即刻起身回家，不必游移，是为至要。至居住日期及衣服、谢绝亲友等项事，悉听弟便。再赴津船名，起身前务必先仔

细来信为要。专此即问近好。兄桐冈手书八月二十日

再彼时收弟信时，适麟玺儿、叔谦女在座，余云汝叔有意回家极可快，惜需款甚巨，余一时手头拮据，奈何奈何。家中经准侄喜事，已借贷千余元尚未弥补，一时无款。麟玺闻而雀跃曰：‘儿愿筹此款。’四姑也赞成，拟凑百元，惟未知由杭至津二人旅费足用否？遂与麟玉儿去信，回信云二人旅费由杭至津七十元已足用，百元尚有余，伊亦愿加入拼凑等语。此等小事，本不必令弟知之，但儿女辈体亲之心，盼叔返津相见之切，聊表孝心，亦可爱也。录之以博一粲。万望俯念其诚，勿负其意是盼。又及。

二哥李文熙以苍苍老迈之心，以前清秀才之笔，这封短信可以说倾心力，曲尽柔肠，字字泣血，目的都是在坚固弟弟回家之心。至今读来，依然让人心酸欲泪。

这年农历 9 月，弘一法师转道上海，暂栖丰子恺家，等待回津的时机。因为战事，津浦铁路交通阻隔，只得耐心地等待。没想到，这一等在丰家竟住了一个月。

天气渐凉，落叶纷飞，直等到这年的深秋，弘一法师返家的情绪在等待中如秋一般地冷了淡了。

战事频仍，道路依然不宁，大师赴津门一叙的初衷，终于没能够成行。

第四卷 万籁俱寂普万方

第一章　所缘之缘

前尘故旧

弘一大师这一段等待归家的日子，对于天津的亲人来说，的确有些无情。但对于丰子恺来说，却提供了亲近弘一法师的绝好机会。

弘一法师恰如一个温暖的光源，源源不断地照亮和温暖着丰子恺。

丰子恺请他给自己的居所取名字。法师教他一个有趣的办法，在许多小纸片上写下自己喜欢又搭配得起来的字，把纸片搓成团，放在佛像的供桌上，然后去拈阄，拈到什么就是什么。丰子恺连着两次拈到的都是个“缘”字，这室名自然就定为“缘缘堂”了。弘一法师当即为他写了横额，以后丰子恺无论迁居到何处，都会把这幅装裱好的横额挂起来。于是，日后著名的“缘缘堂”，竟是由此而起。真是奇缘！

丰子恺请弘一法师住在楼上，自己和家人则住在楼下。法师自出家以来，绝少止息于佛寺之外，这次在“缘缘堂”中却住了有一个来月，着实令他感到意外的欣喜。用他的话来说，与法师共居的这段时间，成了他日后丰富的回味源泉。每天天色将晚的时候，丰子恺便上楼来与法师谈话，谈到夜色完全降临的时候才告罢。谈话结束，法师也就歇息了，他睡得很早，差不多总是和阳光一同睡着的，一向也不用电灯。

弘一法师持律之严，丰子恺早已知道。有一次他给法师寄一卷宣纸去，请书佛号，宣纸多了一些，法师就来信问，多余的宣纸应如何处理。法师认为，这些宣纸既非自己所有，如何处理自当是要问过物主，否则私自使用，便犯了盗戒。另有一次，丰子恺寄回件邮票去，因面值比法师所需的多了几分，法师便把多的几分寄还于他。此后丰子恺给法师寄纸张或邮票，就预先声明，凡有多余的即送与法师。他知道，不如此明确声明，法师是断不会接受的。

与弘一法师在“缘缘堂”中朝夕相处的这段日子，丰子恺对这方面的情形，有了更深刻的感受。法师每次坐上那把藤椅之前，都要把它轻轻摇动一下，然后才慢慢坐下去。起先丰子恺不敢问，后来见他每次都如此，终于忍不住问起来，法师告诉他，这椅子的藤条之间，或许有小虫伏着，如果突然坐下去，怕要把它们压死，所以要先摇动一下，慢慢坐下去，好让虫子避开。望着那一丝不苟的动作，丰子恺深深地为弘一法师的护生情怀和谨严人格陶醉了。

丰子恺有位朋友是虔诚的基督教徒，弘一法师看了他写的《理想中人》一书后大加赞美，并写横幅“慈良清直”托丰子恺相赠，以期与这位《理想中人》的作者见上一面。后两人相见，一个得道高僧，一个虔诚的基督徒，奇妙地在丰子恺家相对而坐，自在融洽，谈笑风生，完全看不到一丝一毫因各自信仰的宗教不同而有所隔碍的情形。

真正伟大的宗教，都是导人去恶而向善，教人敞开自己的心灵，以平等和慈爱的心情去善待他人。面对这样让人感动的场面，丰子恺不由在心里暗暗地赞叹起弘一法师的通达和大气来。

在此期间，许幼园得知消息后，多次到“缘缘堂”叙旧，摄影留念，弘一法师皆作小记。为弘法，李鸿梁绘普贤文殊菩萨像，法师题菩萨名号，姜丹书施彩，由佛学书局影印流通。

著名文学家叶圣陶是丰子恺至交，一直仰慕弘一法师，这次也终得一见。在上海功德林素斋馆，法师微笑着坐在靠窗的一角，悠然地捻着手中的念珠。一同会面有十来人，叶圣陶坐在法师身边，大家都觉得在这样一位清癯如鹤的长者身边，时光那样恬然，自种难言的美。

因为弘一法师过午不食，所以 11 点钟左右众人便开席了。同席的李石岑请法师谈一些关于人生的意见，法师真挚诚恳地说惭愧，没有研究过。叶圣陶想，研究云者，乃是处身在其事之外去观察、思考、分析，像弘一法师这样的人，一心持律，一心念佛，再没有站到外面去研究人生的余暇。他所说的没有研究过人生，应该便是因此而起。

的确，对于年近知命的弘一法师来说，他的生命已经完全地投入于一种宗教信仰的追求之中，人生此时已不再是一个需要研究的问题，而是一条用来通往彼岸的桥梁了。

斋后，弘一法师带着众人去太平寺见印光大和尚。到了门口，寺役进去通报时，法师从包袱里取出一件大袖的僧衣来，恭恭敬敬地穿在身上，眉宇间异样地静穆。过了一会，身躯硕大的印光出来，法师立刻跨步过去，对他屈膝伏，动作异常的安详而恭谨。进得禅房，弘一法师与印光法师并肩而坐。叶圣陶在《两法师》说："一个是水样的秀美、飘逸（弘一），一个是山样的浑朴、凝重（印光）。"

叶圣陶与弘一法师这第一次的相见，也是惟一一次。法师那种纯任自然的风度，使他终生难忘。

在这个纷繁热闹的尘世里，弘一法师像是生活在另一个世界里的人，在他身边，便犹如在一阵清凉的微风里，而他那样一颗安宁喜悦的心，便可以令人躁忿全消了。

同样，丰子恺在与法师朝夕与共的这一个月里，更真切地感受到了一个佛门高僧的风范，对于这位昔日的艺术恩师何以会皈依佛门也有了更深的理解。

1927 年底，丰子恺、裘梦痕二生将弘一法师俗时名曲《朝阳》《忆儿时》《送别》《悲秋》等 20 多首，选入《中文名歌五十曲》一书。丰子恺在序言中赞颂弘一大师"有深大的心灵，又兼备文才与乐才……中国能作曲又作歌的音乐家，也只有李先生一人"。

此书出版后，即被众多学校选作音乐教材，多次再版，影响巨大。

护生画集

当慈悲在心灵里生根、发芽、开花、结果，心灵便化作了慈悲的种子。

弘一法师这次在沪小居期间，还有一件重要的事情，是决定与丰子恺合作编绘一本画集，用图画和文字的艺术形式来宣扬拂法戒杀护生的慈悲之心。

此书最初拟名为《戒杀画集》，最初所选的题材也有很多都是表现杀生伤生的惨烈之景。弘一法师最初未留意于此，后渐觉有所不妥，因戒杀之义过于偏狭，不如护生之名，含义更为丰富而积极，便决定改名为《护生画集》。

李圆净是印光大师的皈依弟子，他本是富家子弟，素喜资助佛教文化事业，得知弘一法师与丰子恺两人有创作《护生画集》的构想，也欣然加入。三人作了分工，法师编写文字，丰子恺绘图，其他诸如编辑、印刷、出版等事务则由李圆净负责。画集编绘的大体方案定下来以后，法师重归温州。

接下的一年里，除次年进过一次大罗山，法师一直在庆福寺和江心寺中掩关。掩关期间，僧俗师友概不晤见，起先时常通信处也暂停联系，但法师惟独对《护生画集》的编辑工作，经心留意，与丰子恺、李圆净两人一直通信未断。

由于各在一方，相关事宜，只能通过邮函联系讨论，画集的创作颇费周折。到 1928 年秋，弘一法师又一次赴上海，为的便是当面详议《护生画集》的编辑工作。

编绘《护生画集》的宗旨，是欲“以艺术作方便，人道主义为宗趣”。原本弘一法师拟定的是 24 幅，李圆净说为扩大作品的影响，提议画集出版后拟赠送日本各处，因而有所增加。又经过半年，恰弘一法师 50 诞辰，《护生画集》第一册最后便定为 50 幅。

也许，幼时放生种下善因，如今终于结出善果了。弘一法师不但看重放生，而且十分重视护生，并且把护生作为护心济世的重要手段。

弘一法师特意请马一浮为《护生画集》作序，马一浮在专门序里论及护生与护心的关系，可谓深解弘一师的知友之言：

夫依正果报，悉由心作。其犹埏埴为器，和采在人。故品物流形，莫非生也；爱恶相攻，莫非惑也；蠕动飞沉，莫非己也；山川草木，莫非身也。以言艺术之原，孰大于此？故知生，则知画矣；知画，则知心矣；知护心，则知护生矣。吾愿读是画者，善护其心。

1928 年农历 9 月 20 日是弘一法师诞辰，恰法师从温州到上海商议《护生画集》的编辑，丰子恺在家中为恩师祝寿。

六日后为丰子恺生日，丰子恺深为佛学的精深浩大所动，便在家中设坛举行仪式，拜弘一法师皈依佛门。弘一法师为这位得意门生取法名“婴行”，希望弟子的人生从此开始一个新境界，永远保有一颗赤子之心。

1928 年岁末，《护生画集》终于编写完竣，弘一法师根据每幅画的意境，配写了诗歌，其中 17 首诗录自前代诗人之作，其余均为弘一法师创作。

为了便于阅读者的理解，从不用白话写诗作文的弘一法师，竟然一气写了 33 首白话诗。这些诗读来朗朗上口，颇具情趣，下面略具数例：

一蟹失足，二蟹持扶。物知慈悲，人何不如？

——《生的扶持》

妙在“物知慈悲，人何不如”，陡地转折，由动物而及于人类，深深地体味出弘一法师对人类冷酷无情的批评。

弘一法师大约不会想到，人类在他之后，已经走了这么远，但依然人情浇漓，同类相残，悲夫！

雏儿依残羽，殷殷恋慈母。母亡儿不知，犹复相环守。念此亲爱情，能勿凄心否？

《感应类钞》云："眉州鲜于氏，因合药，碾一蝙蝠为末。及和剂时，有数小蝙蝠围聚其上，面目未开，盖识母气而来也。一家为之洒泪。"今略拟其意作"母之羽"图。

——《母之羽》

《母之羽》，充满母子深情，让人读来不由得心里一颤。"殷殷恋慈母"，是在写蝙蝠，人类岂曰不然？

也许，弘一法师想到了自己的母亲，在一个孤寂的深夜里，和泪写下了这首劝善诗。

《老鸭造像》："罪恶第一为杀，天地大德曰生。老鸭札札，延颈哀鸣；我为赎归，畜为灵囿。功德回施群生，愿悉无病长寿。"

1928 年农历 11 月的一天，弘一大师乘船外出，在客船内，他见到一只老鸭被囚于笼中，老鸭冲着弘一呱呱直叫。据主家说，这只老鸭将被送往他乡，宰杀后让病人吃下。还说，吃它的肉可以治病。弘一法师顿生怜悯之心，想到老鸭即将遭到杀戮，大师十分难过，便乞求主家不要杀它，并以三金为老鸭赎身，请主家将老鸭带回。事后，大师特别嘱咐丰子恺画一幅《老鸭造像》，补入《护生画集》，大师亲为该像题诗，表达自己对老鸭的爱护与同情，以"罪恶第一为杀，天地大德曰生"来劝诫世人珍惜生命、积德行善。

"功德回施群生，愿悉无病长寿"，虽然是平实的大白话，但弘一法师的那一腔济世大爱，至今读来，仍让人心底温暖涌起。

受戒杀护生理念影响，大师还养成了很多习惯。如不穿蚕丝、丝棉制品，只穿棉、麻织物；不穿皮鞋，只穿布鞋和草鞋；不用皮箱，只用藤箧，甚至连用动物骨骼做柄的牙刷也不使用。因使用这类东西，就会引起间接杀生，这与当今世界的一些绿色组织，反对赎卖、使用象牙、犀角制品，以保护大象、犀牛免遭猎杀，很有相同之处。

有了大师这样的典范，弟子们个个怀有慈悲心，一举一动也都展现一种护生悯人的精神世界。

据丰子恺讲，他作护生画第三集，原定画70幅，画了69幅，只差一幅了，这时身在新加坡的弘一另一弟子广洽寄来一封信，叙说他亲身经历的一件事：

上元节那天，广洽乘汽车访友，车中有一乘客，带有五只鸡，五鸡之足被绳子紧紧捆住。那位乘客说，下车后就要将那五只鸡宰杀，烹制佳肴，以助元宵之乐。五只鸡见到广洽，叩首举目，分明是求他救援，只是有口不能哭罢了。广洽便用钱将那五只鸡赎出，“放之光明山，永不受杀戮”。

丰子恺得知这一情况后，赞叹说：“此僧真慈悲，此鸡真幸福。”于是他画了一幅《幸福的鸡》，这画便是《护生画集》第三集的第70幅。

书稿完成，弘一法师特意为《护生画集》作《跋》云：

> 李、丰二居士发愿流布《护生画集》，盖以艺术作方便，人道主义为宗趣。每画一叶，附白话诗，选录古德者十七首，余皆贤瓶闲道人补题，并书二偈，而为回向：我依画意，为白话诗，意在导俗，不尚文词。普愿众生，承斯功德，同发菩提，往生乐国。

才子高情，佛陀慈怀，《护生画集》自然非同凡品。1929年2月《护生画集》出版后，立即引热烈的反响，各地争相翻印，版本一时竟多至15种。

从此，又10年之后，正是日寇入侵，国中一片焦土，人命贱如草芥。丰子恺一直惦念师父，思之不见，乃发为护生画续集60幅，以祝贺弘一法师60寿辰，以一念护生之善抵抗日寇漫天杀气之恶。

1939年，广西也遭轰炸。这年恩师李叔同60岁了，流亡的丰子恺完成了《护生画集》第二集60幅画作。

经历家仇国难，目睹无数生灵涂炭，纵是如此。他的这本画集却优美静谧，全篇没有任何刀枪杀戮。他画的，是他心中深藏的美丽自然和纯真善良的人间，那个世界里任何生命都能得到尊重，心灵可以得到安宁。夏丏尊为画集写下序言："沸汤长莲花，兵杖化红莲，此足以象征和尚之悲愿矣。"

弘一法师接到画稿，欣然应邀配写了全部题句，并在给弟子的信中提出要求："朽人七十岁时，请仁者作护生画第三集，共七十幅；八十岁时，作第四集，共八十幅；九十岁时，作第五集，共九十幅；百岁时，作第六集，共百幅。护生画集功德于此圆满。"

弘一法师100岁，丰子恺亦当老矣，且不知世寿是否可及，丰子恺回信然诺："世寿所许，定当遵嘱。"

智，当了知生死；仁，当通达生死；佛，当看破生死。弘一法师见智见仁见佛，"聊存遗念"，品之，岂不百感丛集？自知不久将会往西，《护生画集》以后的续集自己是不能再见到了。弘一法师在交待过弟子丰子恺之后，又恳请知友夏丏尊和李圆净帮助丰子恺。孰料，人生无常，《护生画集》第三集未成，夏丏尊和李圆净相继作古，丰子恺不负师托，于 1950 年、1960 年和 1965 年，分别独力完成《护生画集》第三、四、五集的绘图和配文。

第六集创作，丰一吟 2004 年写的《护生画集后记》述之甚详："最后一集应在 1980 年完成。可是父亲由于在浩劫中遭害，郁悒致癌，于 1975 年离世。

弘一大师似乎在冥冥之中提示他的学生，父亲竟在 1973 年悄悄地提前 7 年完成了 100 幅，结束了这套画集的全部创作工作。以前曾对先师许下诺言：'世寿所许，定当遵嘱。'而今世寿不许，竟也实践了诺言。这不能不说是一个奇迹。朱幼兰居士甘冒风险为第六集题了字。"

1978 年，弘一法师的弟子、新加坡佛教总会主席广洽法师回国，把《护生画集》第六集携至境外，于 1979 年弘一法师 100 岁诞辰之际出版。

从 1929 年开始出版，一直持续到 1979 年，整整半个世纪！《护生画集》50 余年的创制历程本身，其间经过的一个一个或抑或扬、或悲或欣的时代，其间流动着的一个一个或波澜壮阔、或清流涓涓、或荡气回肠的故事；活跃着的一个一个或显或微、或热或凉的生命；灌注着的然诺之信、人情之美、人性之纯，就是一部感人泣下的史诗。

丰子恺，终究还是跟随弘一法师的大脚力，漫步在宗教世界的第三层。他说："我崇仰弘一大师，是因为他是十分像人的一个人。"师徒二人终以平实真挚的情怀，仁爱慈悲的佛性，散发如明月般清冷无暇的光芒，印证了佛教"月印万川"，"一月普现一切水，一切水月一月摄"的透彻空明。

"护生者，护心也"，要"去除残忍心，长养慈悲心，然后拿此心来待人处世”。

《护生画集》是佛教界、文艺界诸位先贤、大师们绝世合作的结晶，堪称艺术文化之精品，其意义早已超出佛学，在诗、文、书、画等方面都有其特殊的艺术地位，具有永存和广泛流布的价值。

晚晴山房

1928 年岁末，《护生画集》的第一集终于编写完竣。在准备返回温州前，弘一去居士林拜访尤惜阴，适尤居士和谢国梁居士在收拾行李，说要到暹逻（泰国）弘扬佛法，法师当即表示愿与同往。

从上海到暹逻，途中要经过厦门。12 月初，船抵厦门之后，与弘一法师曾有过往的当地居士陈敬贤（陈嘉庚的胞弟）等人闻讯前来迎接。在厦门候船之时，弘一法师的身体又有不适，陈敬贤便介绍他到南普陀寺中稍事休养，因此而得与性愿、芝峰、亦幻、大醒等法师相识。因着寺中诸位法师的极力劝说和热情挽留，法帅终于打消了到暹罗去弘法的念头，留在了厦门。

南普陀寺在五老峰南麓，唐建，因在普陀山之南，亦供养观音，故得名。弘一法师住在叫“关房”的僧舍内，监院觉斌、大醒、芝峰、教师亦幻等，每日必有一、二人到关房中闻法师无言之教。

小住之后，弘一法师便到南安小雪峰寺度岁，正月中旬回南普陀寺，住佛学院筱楼上，为时约 3 个月。

佛学院里的学僧虽然不多，但态度与举止文雅有礼，学习也很用功，给法师留下了很不错的印象。佛学院的课程设置得很多，时间分配却很少，法师对此提出了一点建议，把英文和算术等课目删掉，腾出时间来加强佛学课的教学，佛学院的师生都很赞成，接受了他的提议。此后，学僧们的成绩，果然要比以前好得多了。

4月，弘一法师因为担心闽南的天气会很快热起来，由泉州名居士苏慧纯陪同返回温州。途中经过福州，游鼓山涌泉寺，得览该寺所藏《法华经》《楞严经》等，精妙绝伦。更让法师喜出望外的是，检阅藏帙时，意外地发现了一些清初的佛经刻本，特别是鼓山涌泉寺方丈道霈禅师所编纂的《华严经疏论纂要》，实为罕见，法师如获至宝，随即发愿要重印25部，12部赠日本名刹保存。

弘一法师旧识、日本商人内山完造一向热心中日友好，法师《四分律比丘戒表记》出版后，他曾依师嘱分批寄赠日本170多部。这次法师发愿重印古籍，内山听说只有25部，每部约60册，十分震惊。因为日本大正年间出版的《大藏经》里也未收有此书，足见珍贵。

弘一法师回到温州后，着手为开明书局写字模。原来，当时坊间所用的活字字模，常有字体参差不齐、印成文后行列不均的毛病，法师因此发愿，得暇之时，为开明书店书写一套铜字模，用于刻印佛书。

弘一法师坚持了半个月，写了30页，终于决定放弃此事。原因为："朽人本来发愿写一套铜模字用于弘扬佛法，但仔细考虑，铜模刻成，浇出来的字未必皆印佛书，也没有那么多的佛书刻印，势必还要印别的书籍，有的著作与佛门相悖，如以之排小说之类，更不恰当。又如女部中的一些字，佛家不宜写，不宜想，不宜属目，实为难题。"

此事搁置之后，弘一法师选录了两本格言集，一是从明儒薛文清的《读书录》中选摘戒除身心习气的训言百余条，另一卷则是从清人梁瀛侯的《日省录》中选录的有关警策身心之言。

弘一法师自出家以来，云游苦修，迄无定居。近年来年事渐长，身体状况也大不如昔。尤令法师友人担忧的是，社会上寺院充公之说，仍时有所闻。为此，法师的友人与学生们便想为法师募集资财，筑建 处能长期安养静修的居所。

也许，年岁渐老，身累心倦，生命的灯光渐弱，便不由自主地想一个息影敛羽的处所；也许，时事流迁，人世不靖，弘一法师自已未也想早作准备，以防万一。

1929 年，弘一法师终于首肯友生们在白马湖畔为他建一座山房。筑居由刘质平、经亨颐、周承德、夏丏尊、穆藕初、朱酥典、丰子恺 7 人发起，且特意发布《筑居募款启》：

> 弘一法师，以世家门第，绝世才华，发心出家，已十余年。披剃以来，刻意苦修，不就安养；云水行脚，迄无定居；卓志净行，缁素叹仰。同人等于师素有师友之雅，常以俗眼，愍其辛劳，屡思共集资财，筑室迎养，终以未得师之允诺而止。师今年五十矣，近以因缘，乐应前请。爰拟遵循师意，就浙江上虞白马湖觅地数弓，结庐三椽，为师栖息净修之所，并供养其终身。事关福缘，法应广施。裘赖腋集，端资众擎。世不乏善男信女，及与师有缘之人。如蒙喜舍净财，共成斯善，功德无量。

这年夏初，筑居告成，弘一法师命为“晚晴山房”。弘一法师在给夏丏尊的一封信里，透露出对这所山房的满意：

山房建筑，于美观上甚能注意，闻多出于石禅之计划也。石禅新居，由山房望之，不啻一幅画图。(后方松树配置甚妙）彼云：曾费心力，惨淡经营，良有以也。现在余虽未能久住山房，但因寺院充公之说，时有所闻。未雨绸缪，早建此新居，贮蓄道粮，他年寺制或有重大之变化，亦可毫无忧虑，仍能安居度日。故余对于山房建筑落成，深为庆慰。甚感仁等护法之厚意也。(秋后往闽闭关之事，是为宿愿，未能中止。他年仍可来居山房，终以此处为久居之地也）以上之意，如仁者与发起诸居士及施资居士晤面之时，乞为代达。因恐他人以新居初成，即往他方或致疑讶者。故乞仁者善为之解释，俾令大众同生欢喜之心也。

在友人与学生们的多次恳请之下，1929 年 6 月，弘一法师来到上虞白马湖的居所。这是 3 间平房，依于山麓而建，背山面水，坐北朝南。门前有数十级石阶，一脉清水从不远的白马湖流过来，周围的环境十分幽静。一旁不远，是经亨颐、丰子恺、夏丏尊的家。

弘一法师前后只在“晚晴山房”住过三四回，但山房落成，却解除了他的后顾之忧。从此，云行天下，哪怕再远，哪怕前途再恶，在内心深处都有一片清清的湖波，一座小小的山峦，一栋幽幽的山房，以作心灵的最后憩园，以为倦羽的最后栖枝。

在弘一法师 50 寿诞之际，夏丏尊将其俗时所临各种碑帖辑成《李息翁临古法书》，由上海开明书店出版。

阴历 9 月 20 日这一天，弘一法师在“晚晴山房”迎来了自己的 50 寿辰。夏丏尊、刘质平、李鸿梁等人共聚于经亨颐的“长松山房”，为法师贺寿。法师当日手写一联，是他幼年时代即喜爱的晚唐诗人李商隐的名句："天意怜幽草，人间重晚晴。"

无上清凉

弘一法师在生日后第三天，与刘质平、徐仲荪等人在白马湖举行了一次放生活动。稍后法师返回温州，开始了他的第二次闽南之行。

闽南佛学院的学僧，比去年多了一倍，约有60多位，管理方面不免感到困难。为协助佛学院院长常惺法师整顿学院，弘一法师特地撰写了一篇"悲智"训语。

弘一法师去年来南普陀的时候，太虚法师正出国传教，两人未能相见。这次海外回来，太虚法师随即开讲大乘唯识学的重要论典《瑜伽真实义品》，法师逐日亲临法席听讲。期间两位高僧还合作编写了一首佛教歌曲《三宝歌》，由弘一法师作曲，太虚法师填词。

《三宝歌》发表在《海音潮》上后，开始在佛教界广为传唱，后来还译成藏文，传入了康藏地区。时至今日，它仍是中国最为流行的现代佛教歌曲之一。

弘一法师的第二次闽南之行颇有周折。当时福建各地兵事颇急，各地寺院多为兵士强用。法师正月里在承天寺居住之时，寺中即驻兵50余人，日日操练，昼夜不宁。返温行程之中，他又被迫与20多兵士同乘轮船，种种逼迫污秽非言语可以形容，虽强自支撑，而精神上深感损恼。谁知回到温州，庆福寺中此时也有兵士驻扎，每日喧躁不宁，对法师而言，实是莫大的苦恼。他终于难以忍受，旋即离开，在宁波时约了夏丏尊同归白马湖畔"晚晴山房"。

弘一法师入居晚晴山房后的另一项重要工作是参照天津刻经处新刊的版本，详阅圈点东瀛古版《行事钞记》，订正讹误，并录科文。

期间曾应白衣寺之请，于仲夏之时去了趟宁波。差不多同时来该寺的还有从云南云游至此的近代禅宗耆宿虚云老和尚。两位高僧在此不期而遇。

此际，刘质平也到了晚晴山房，是为请法师撰写《清凉歌》。

在此之前，夏丏尊和刘质平往白马湖畔的晚晴山房，看望居此的弘一法师。言谈之间，自然而然地便说到时下的音乐教育。夏丏尊和刘质平都对音乐教育现状深感不满，对社会上流行的低靡俗曲深表忧虑。或许，曾经是一个著名的音乐家，夏丏尊和刘质平的话拨动了心底里那一根热爱音乐的弦；或许，美俗济世，音乐依然可以成为善巧方便，弘一法师竟然表示愿意为青年学生创作新歌。

佛经上说："人大热闷，得入清凉池中，冷然清了，无复热恼。"

于是，弘一法师便想到用"清凉"来作为歌集的主旨。弘一法师是要用音乐的清凉之风，吹尽人们心中的热恼之雾。

依弘一法师和刘质平两人起初的设想，这部主要为艺术专科学校和中小学校的学生编写的歌集将由108首歌曲组成，分为10编，每编10首（第10编18首），随成随印，陆续出版，待全部歌曲创作完成之后，再依其主题风格等因素，重新编印。因为这一计划过于艰巨，所需的时间和精力都太大，法师最终未能真正将其付诸实行。

尽管如此，弘一法师还是尽力地完成了5首歌词，谱曲则由刘质平及其学生完成。

1931年秋天，弘一法师在不断的流迁中写成原拟10首“清凉歌”中的5首：《清凉》《山色》《花香》《世梦》和《观心》。也许，正是为了绝俗，为了从内容到形式都臻于雅训，哪怕雅到宁可另外邀请芝峰法师撰写歌词注释，弘一法师也不肯用俗意、俗语。

清凉月，月到天心光明殊皎洁。今唱清凉歌，心地光明一笑呵！

清凉风，凉风解愠暑气已无踪。今唱清凉歌，热恼消除万物和！

清凉水，清水一渠涤荡诸污秽。今唱清凉歌，身心无垢乐如何！

清凉！清凉！无上究竟真常！

——《清凉》

近观山色苍然青，其色如蓝。远观山色郁然翠，如蓝成靛，山色非变。山色如故，目力有长短，自近渐远，易青为翠，自远渐近，易翠为青，时常更换。是由缘会，幻相现前，非唯翠幻，而青亦幻，是幻，是幻，万法皆然。

——《山色》

庭中百合花开，昼有香、香淡如，入夜来，香乃烈。鼻观是一，何以昼夜浓淡有殊别？白尽众喧动，纷纷俗务萦。目视色，耳听声，鼻观之力分于耳目丧其灵。心清闻妙香。用志不分，乃凝于神，古训好参详。

——《花香》

却来观世间，犹如梦中事，人生自少而壮，自壮而老，自老而死，俄入胞胎，俄出胞胎，又入又出无穷已，生不知来，死不知去，蒙蒙然，冥冥然，千生万劫不自知，非真梦欤？枕上片时春梦中，行尽江南数千里。今贪名利，梯出航海岂必枕上尔！庄生梦蝴蝶，孔子梦周公，梦时固是梦，醒时何非梦？广大劫来，一时一刻皆梦中。破尽无明，大觉能仁，如是乃为梦醒汉！如是乃名无上尊！

——《世梦》

世间学问义理浅，头绪多，似易而反难。出世学问义理深，线索一，虽难而似易。线索为何，现前一念心性应寻觅。试观心性，在内欤，在外欤，在中间欤？过去欤，现在欤，或未来欤？长短方圆欤，赤白青黄欤？觅心了不可得，便悟自性真常，是应直下信入，未可错下承当。试观心性，内外、中间、过去、现在、未来、长短、方圆、赤白、青黄。

——《观心》

文字雅洁，清新明媚，一反《护生画集》文字的力求通俗，其中深蕴佛理禅趣，非于佛学修学透辟者恐难释之。

芝峰法师《清凉歌集达恉》言，这5首初看起来似乎没有什么联系的歌曲实是一个有机的整体，其间贯穿着一种内在的联系。每首歌分别表达一个主题，合起来表达一种逐渐深化的宗教思想。具体而言，《清凉》状写清凉水月、物我皆忘、天机流露、万有一体的本初之境，《山色》与《花香》两首显幻境无实，《世梦》明尘心全妄，《观心》一曲则以导人悟人真常为旨归。

刘质平收到弘一法师的歌词，立即与自己的弟子唐学咏、徐希一、潘伯英和再传弟子俞绂堂，5人分头谱曲，反复推敲，不断修改，最后经弘一法师确定，师生4代6人前后竟然耗费7年时间，终于在1936年正式出版《清凉歌集》。马一浮题写书名，夏丏尊作序。此前，弘一法师曾特意集华严偈句并为题记赠刘质平，以嘉美这个得意弟子："获根本智，来除众苦；证无上法，究竟清凉。庚午6月，质平居士重来白马湖晚晴山房，商榷《清凉歌》，因为撰辑第一集，都凡十首，并集《大方广佛华严经》偈句，书联贻之，以为著述之纪念。"

刘质平是弘一法师的另一个得意弟子，其德行足为世范，其对乃师的深情厚意，同样让后人为之感动不已。

弘一法师出家之后，多得刘质平供养，便不断地回赠自己的书法作品。日积月累，刘质平收藏的弘一法师的书件竟然超过千数，装了整整12箱。弘一法师曾经深情地对刘质平说："我入山以来，承你供养，从不间断。我知你教书以来，没有积蓄，这批字件，将来信佛居士们中间，必有有缘人出资收藏，你可以将此留作养老及子女留学费用。"

日寇侵华时期，刘质平雇船将这批书件秘密运回上海。不料为日寇侦悉，派车追搜寻。虽遭日寇抢劫，所幸大部分精品都让刘质平保存了下来。

后来，国民政府某大佬，托人以500两黄金为美国博物馆收买弘一法师所书的《阿弥陀经》。其时，刘质平因为守护这批作品，不敢远出任职，靠做点小生意维持生计，一家人几近粮绝。但刘质平不为所动，宁愿挨饿，也不肯出卖恩师的一件书法作品。

弘一法师并没有让弟子誓死固守这批书件的意思，反倒提示刘质平在需要的时候可以出卖济难。但刘质平早已把这批作品当作了恩师生命的另一种显现，早已在这些作品里寄托了对恩师的深深思念。

刘子质平，其情至痴，其性至质，其心至平，其生命历程不就是一首清凉歌么？

第二章　誓愿南山

弘愿浙东

大悲，大行，大愿，大智，弘一依然在不停地前行着。

1932年前的三四年时间里，弘一法师如一缕闲云，在浙东的宁波和绍兴一带飘游，不断地穿行于各寺之间。

也许，心里的那一扇灵妙之门正在开启，弘一法师需要在行走里寻找那一个至佳的契机。也许，那一片山水，空茫，清淡，悠远，微微的忧郁，恰宜了弘一法师这一腔清凉的烟水。

正是在浙东飘游期间，弘一法师的佛学思想体系日渐成熟，修学路向日渐明确。

1930年初秋，一身旧衲，几部梵典，弘一法师飘然云落宁波西北的金仙寺。与这样一位大德比邻而居年轻的寺主亦幻法师自然求之不得，喜出望外。弘一法师一心研读《华严经疏钞》和《行事钞》，勤苦、凝定异常，让亦幻法师从心底里敬服。

弘一法师常常用天津方言诵经。那声音字义分明，不高不低，不急不徐，却又慈和得让你心生喜悦，明净得让你无法拒绝。亦幻法师常常站立在弘一法师的门外，浸润在漫漫的诵经声里，任那声音一下一下地叩击着自己，心上一派慈和、光明、清凉。

10 月中旬，天台静权法师来寺宣讲《地藏菩萨本愿经》，弘一法师至席听讲，2 个月中未缺一座。

弘一法师对地藏菩萨的崇敬由来已久，早在他出家之前即已读过此经，对其“地狱不空，誓不成佛，众生度尽，方证菩提”尤为感动。而《地藏经》历来即被称为佛门中的“孝经”，每逢地藏菩萨的圣诞，他都会有所表示，在亡母重要的冥诞之日，也多次书写过《地藏经》或地藏忏仪，以此功德，回向亡母。每晚就寝之时，除阿弥陀佛佛号外，法师也常持地藏菩萨的名号入睡。

讲到母亲的种种劬劳，大恩实难报答，不由勾起弘一法师对亡母的怀想。想及母亲的种种不幸，想及母亲与自己的相依为命，想及母亲的过早弃养，心底里那一道最柔软的堤坝轰然倒塌。弘一法师忍不住当场失声痛哭，泪水滔滔。在场的人无不瞠目结舌，一时不知定力如弘一法师，竟也如此动情伤心。回到住处，弘一法师不由自责破坏了静权法师的法席，写下蕅益大师格言置诸案头，以时时提醒自己：“内不见有我，则我无能；外不见有人，则人无过。一味痴呆，深自惭愧，劣智慢心，痛自悔改。庚午 10 月居金仙，侍静法师讲，听《地藏菩萨本愿经》，深自悲痛惭愧，誓改过自新，敬书灵峰法训，以铭座右。”

这就是弘一法师：至情至性，天真烂漫；行持端严，责己不贷。正是弘一法师的这一番听法哭泣，却感化了亦幻法师。从此，亦幻法师奉母以孝，并替亡师月祥上人去抚慰晚景极其凄凉的 80 岁老母。由此，也加深了亦幻法师对孝道的思考：

“佛教本是以感化社会为责任，现代登座谈玄的大德，徒涉博览，落于宋儒汉学家空泛的窠臼，实是失却佛教本来面目，应当迅速地改变他们的作风。”

弘一法师这次来金仙寺，还开始了另一个重要的尝试，即是向青年僧人讲授律学，想培养一些青年僧才，以至更好地持续地弘扬律学。

佛门律学，自宋以降，即成冷僻之学。法唯有传布，才会照亮心灵，度化济世，传法也就成了学法和得慧者的一种责任。弘一法师第一次讲律的尝试，内容是关于律学中最基本的“三皈”“五戒”的要义，课本是他校订过的蒲益智旭所著的《五戒相经笺要》，讲席就设在他所居长室，内挂自书横幅篆文“华藏”，小跋说：“庚午积晚，玄人晏坐此室，读诵《华严经》，题此以志。”包括寺主亦幻在内，听讲者只有5人。静权法师恳请听讲，为表示尊重，弘一法师拒绝了。

弘一法师之弘扬南山律，主要是考虑到其传统性。作为中国佛教律学的主流，南山律也是佛教戒律扎根于中国文化的产物，早已融入以大乘佛教居于主导地位的中国佛教的整体之中，因而更适宜和契合于中国本土的佛教。

此时，南山律祖道宣的《四分律删繁补阙行事钞》，经过3年的详阅订正，已经校点完毕。

弘一法师觉得自己能见唐宋诸家律学，实在要比蕅益、见月等前代大师幸运得多。校订过程中，弘一法师渐渐对南山律宗有了新的认识。

南山律依“四分律”而成，又稍有变化，适合中国出家人的根器，这也是中国千余年来独秉南山一宗的原因。弘一法师决心改变学律路向，放弃研习了10余年的有部律，宗归南山律。

“四分律”由昙无德所传，距佛灭度时间最近，因之在律宗发展史上被称为旧律，其余律学派别则称为新律。所以，弘一法师说自己由“新律家”变为“旧律家”。

雨雪霏霏，白湖风寒。这年冬天，弘一法师结束金仙寺讲律，依然归卧永嘉庆福寺，岂料却染上严重的疟疾，稍好后由刘质平护送到上虞，先后在白马湖和法界寺安养。

正在病中时，宁波白衣寺方丈兼孤儿院创始人安心头陀来寺邀请弘一法师同去西安，以筹济陕中灾荒。头陀为表虔诚，竟自伏地哀恳，痛哭不止。弘一法师难却安心头陀的盛意，更无法推辞那一种济世利生的责任，便抱着死己的决心，写好遗书，决绝上路，并托人给时在宁波的刘质平一纸，告之以自己的行期。

刘质平深知弘一法师近期身体有病，难为远行，急奔码头劝阻。客人已经登船。刘质平颇费周折地找到弘一法师，知道恩师赴陕之意已决，情急之下，也不能多作解释，强行背着乃师奔下了轮船。师生二人上岸未及站稳，不由得抱头痛哭起来。

1931 年 2 月 15 日，是佛祖涅槃日。这天，弘一法师在法界寺中发下弘愿，自此以后，放弃有部律，专心致力于南山律的研究与弘扬。这是法师弘律生涯中的一个重大转折。

为了这一重要的转变，弘一法师在佛前庄重发愿：

> 时维辛未二月十五日，本师释迦牟尼如来涅槃日。弟子演音，敬于佛前发弘誓愿，愿从今日，尽未来际，誓舍身命，拥护弘扬“南山律宗”；愿以今生，尽此形寿，悉心竭诚，熟读穷研《南山疏钞》及《灵芝记》。精进不退，誓求贯通，编述《表记》，流传后代，冀以上报三宝深恩，

下利华日僧众。弟子所修，一切功德，悉以回向，法界众生，同生极乐莲邦，速证无上正觉。

这一段光阴，弘一大师依然回归白马湖畔的法界寺，但白马湖那一汪清波已无法让弘一法师静得下心来。这年夏天，弘一法师再次来到金仙寺，发弘誓愿：

愿我及众生，无始以来所受众罪，尽得消灭。若一切众生所有定业，当受报者，我皆代受。遍微尘国，历诸恶道，经微尘劫，备尝众苦，欢喜忍受，终无厌悔。

当初皈佛，正是为了破执解迷，超生脱死。如今，弘一法师终于豁然看清：世间万事万物皆由“一心世界”缘起，山河大地，美人香草，繁华富贵，原来不过是随缘而幻，幻生幻灭。明了世界的真相，持戒严修，广行方便，广怀慈悲，济世利生，那一颗心便会始终清凉、光明，终将完美人生，度脱生死，达到彼岸净土。

以华严为修学的至高境界、以南山戒律为行为规范、以儒道等为修学的辅助手段、以书法等诸艺为善巧方便、以趋向极乐净土为最终归果，构成了弘一法师完整的佛学思想和实践体系。

弘一法师生于一个大变局的时代，时代的动乱固然让人身心备受磨难，但变局的冲击却往往破除了思想的樊篱和禁锢，让人思维空前活跃和绝少因袭的负累。弘一法师既根植于中国文化的沃壤，又负笈东瀛，广泛接受异国文化的熏习，可以说学贯中西。弘一法师还是一个才情极高的艺术家，有着敏感的心灵、特异的性格和富于变化的情绪。所有这些，都让弘一法师的胸襟具有极大的包容性。

俗世前身，弘一法师绝不是一个腐儒；皈佛之后，弘一法师也绝不是一个冥顽不灵的佛徒，虽然他是一个持戒极严的律宗大德。正因如此，弘一法师在读了基督徒谢颂羔写的《理想中人》一书后，盛赞那书对于劝人向善的有益。

“一切理论是灰色的，生活之树长青。”弘一法师的佛学思想和修学实践，就是一段鲜活的生活。我们只能怀着一颗清凉的敬畏的心，贴近那生活，才能看得到那生活里的光风霁月，才能感受到那生活里的无上清凉、无边光明和无限慈悲。

白湖之夏，风光宜人。弘一法师在湖畔的金仙寺撷取蕅益大师《灵峰宗论》里的名言，辑成一册《寒笳集》。此时，弘一法师的另一部重要著作《华严经集联三百》，由弟子刘质平在上海影印出版。

《华严经集联三百》耗费数年心血集成并书写，是弘一法师写经历程中的重要成果。马一浮给予极高的评价：

> 大师书法，得力于“张猛龙碑”，晚岁离尘，刊落锋颖，乃一味恬静，在书家当为逸品。尝谓华亭于书颇得禅悦，如读王右丞诗。今观大师书，精严净妙，乃似宣律师文字。盖大师深究律学，于南山、灵芝撰述，皆有阐明，内熏之自然流露，非具只眼，未足以知之也。

此后，弘一法师潜心研修，行持精严，弘扬不倦，使南山律宗蔚成气象，终于成为中兴南山律宗的第十一代传人。

诸多磨难

弘一法师的弘律之路极其艰难，尽管他已早有心理准备。

弘一法师的心，无时无刻不在牵挂律学教育。正为选址之事决断不下时，刚巧曾住金仙寺的栖莲法师出持五磊寺，委托弘一法师的弟子胡宅梵写信邀请弘一法师驻锡五磊。

五磊寺离白湖不远，位于五磊山顶，远离尘嚣，环境清幽，又道场望重，正是一个理想的办学场所。栖莲法师和亦幻法师也有意在五磊寺兴办律学，请弘一法师主持经律。

弘一法师自然满心喜悦，与栖莲法师议定，在此讲律3年，传授南山律宗三大部，以成一期化业，使众生均沾法乐。弘一法师一边着手创办南山律学院，一边再次在佛前发弘扬南山律誓愿，并且自誓受菩萨戒：

> 我名演音，仰乞十方一切如来，已入大地诸菩萨众。我今欲于十方世界佛菩萨所誓受一切菩萨学处，誓受一切菩萨净戒，谓律仪戒，摄善法戒，饶益有情戒。如是学处，如是净戒，过去一切菩萨已具，未来一切菩萨当具，普于十方，现在一切菩萨今具。于是学处，于是净戒，过去一切菩萨已学，未来一切菩萨当学，普于十方，现在一切菩萨今学。

谁也没有想到，律学院还没有正式开办，弘一法师就因为一系列事愤然拂袖而去。

首先，亦幻、栖莲假此缘由至沪向东北军将领朱子桥居士募得银元1000元。返回宁波白衣寺后，义请弘一大师为作《南山律学院缘册题序》，此后又请大师担任律学院院长之职……这一系列行为，均有违于大师曾立下的誓言，一不做主持，二不化缘，三不收徒弟；更有违于大师“弘扬律学、严肃僧纪”的创办律学院之初衷，大师绝不肯为了弘律而屈尊与“借名敛财”

者同流合污。

弘一法师觉得，唯有退身而出，才能使自己免受更大的伤害，同时也是表示坚持自己意见的决心。于是，弘一法师携着亲手所写“南山律学院”的招牌，移锡宁波白衣寺，旋即又往上海，然后再折返白衣寺。

其实，佛门也非净土。弘一法师心性太高，心地过于洁净，对人对事过于理想化，过于追求完美，在俗时终于造就他成为一代艺术大师，皈佛后终于造就他成为一代律宗传人。但理想与现实相距云泥，又使弘一常常受到极大的伤害，使他常常陷在寂寞、孤独、忧郁的境地里不能自拔。这一种伤害，是时，是人，更是伤自己的心性。

南山律学院的失败，弘一法师受伤至深。后来忆及这事，弘一法师自己回忆：

> 我从出家以来，对于佛教向来没有做过什么事情。这回使我能有弘律的因缘，心头委实是很佩欢喜的。不料第一次便受了这样的打击。一月未睡，精神上受了很大的不安，看经念佛，都是不能。照这情形看来，恐非静养一二年不可。虽然，从今以后，我的一切可以放下，而对于讲律之事，当复益进，尽形寿不退。

此后，弘一法师依然云飘浙东，虽在金仙寺和镇海伏龙寺轮流开席讲律，但终究因缘不具，难成弘律夙愿。

办学之事告罢，给了弘一法师不小的打击，直到亲手装订了一部篇帙颇大的《南山律学丛书》，心情上才稍感安慰。

弘一法师到金仙寺后，主动建议在寺中开讲南山律学。鉴于上次的经验教训，他决定此次开讲律学，相关事务一律从简，不立名目、不受经费、不集多众，只要能尽快将讲学实行起来就行。法师对学生的约束极严，每日讲课 2 小时，课余时间禁止看书读报，务必集中精力熟读牢记所讲的内容，完全是照他自己当年学律的勤苦方式来要求学生。

然而这次开讲也只进行了 15 天，弘一法师便去了伏龙寺。即使崇德与华云两名学僧奉命偕往，准备在伏龙寺中继续跟着弘一法师学习，也仅过了半个月便又回来了。后来法师在致亦幻的信中提到，在白湖讲律之时，未穿大袖的海青，这是有违常仪的。其实在讲学的过程里，他也感觉到了自己在授学方面的经验不足。律学本是相当繁复难学的，为了给尚未入门的学僧们讲好课，法师往往要花数倍的时间和精力来做准备，这自然要影响到他同时在从事的律学撰述的工作。

另外，弘一法师在这次的讲学经历后，更清醒地认识到弘律的艰难。要实现复兴律学的理想，他还需要等待更为适当的机缘。因此，在弘律的愿望比先时愈加强烈的同时，法师也变得更为冷静。接下来的一段时间，他曾接到来自各地数家寺院的邀请，希望他能前往兴办律学院，都被他推辞了。

哪里有一片净土？种得下这一丛洁净的好花。弘一法师的目光，不由得越过浙东的山山水水，向南望向一片清波荡漾的大海，望向一片佛缘馥郁的净域。

远行南闽

1932 年 10 月 19 日，弘一法师再一次踏上回归永嘉之路。弘一已经决定远行，也许这一去，今生不复能够回来。

永嘉是弘一法师的第二故乡，庆福寺是弘一法师的第二常住，弘一法师不能不回来作远行的道别。

弘一法师出家14年来，有12个僧腊是在庆福寺度过。这里的一砖一瓦都刻印在弘一法师的心里，这里的一草一木都让弘一法师不能忘怀。尤其是寂山长老和因弘法师，更让弘一法师依依难舍。

那些天，弘一法师不停地挥毫写字。他要把自己对永嘉、对庆福寺、对寂山长老的深深感恩、无限眷念和美好祝福，留下来，留在自己的第二故乡，留在自己的第二常住。

不由想起寂山长老曾请自己写过的一副楹联，不知今生还能不能再与此老相见？弘一法师情不自禁地重新写下这副意味深长的楹联："众缘散尽处，一念看来孤。"

因弘法师如今已经长大成材，做了庆福的住持，未来的路还很长很长，他依然需要历练，需要不断地巩固道心。弘一法师觉得这也许是今生最后一次开示弟子了，于是语重心长地写道："临行赠汝无多语，一句弥陀作大舟。"

弘一法师还为庆福寺写了一副《华严集联》："入于真实境，照以智慧光。"

天气渐凉，雁字排空；落叶飞飞，永嘉缘尽。

1932年11月26日，弘一法师乘船南下。俗佛两界朋友们站在码头上，望着轮船渐行渐远，心上一派空茫。

1932年11月底，北国已是雪飞冰封，南国依旧是繁花锦簇。弘一法师再次来到温暖的南国厦门。从此定居于此，直至走到生命的终点。

也许，是缘分使然。人生里有着太多的偶然，都与缘分有关。弘一法师与南闽，大约也是因为有缘。

1928年初冬，弘一法师为编写《护生画集》留寓上海，恰逢老友尤惜阴等人要去泰国弘法，遂发心同往。道经厦门，驻锡南普陀寺。只因这一驻，闽南的温和气候、灵透山川、淳厚民风，便让弘一法师心生喜悦。而闽南丛林的境界，僧伽的风气，尤其是时相过从的性愿、芝峰和大醒等法师的胸怀气质，更让弘一法师觉得亲切近人。

于是，弘一法师听从陈嘉胞弟陈敬贤居士等的建议，改变计划，在厦门居留了下来。

弘一法师在南普陀寺、慧泉寺和南安小雪峰寺等处，一直住到来年的 4 月，才返回永嘉。

道经福州时，弘一法师在鼓山涌泉寺的藏经楼，发现清初刊本《华严经》和《华严疏论纂要》等古本佛典，叹为稀有，决定倡缘流布。这一偶然发现，让弘一法师再一次感受到了闽地浓郁的佛化意蕴。

南国的温暖，一直美好地荡漾在弘一法师的心里。1929 年 10 月底，冬寒未凝的时候，弘一法师便雁行厦门。在南普陀寺，弘一法师应邀书写《悲智训语》赠送给闽南佛学院：

> 有悲无智，是曰凡夫；悲智俱足，乃名菩萨。我观仁等，悲心深切。当更精进，勤修智慧。智慧之基，曰戒曰定。如是三学，次第应修。先持净戒，并习禅定。乃得真实，甚深智慧。依此智慧，方能利生。犹如莲华，不著于水。断诸分别，舍诸执著。如实观察，一切诸法。心意柔软，言音净妙。以无碍眼，等视众生。具修一切，难行苦行。是为成就，菩萨之道。我与仁等，多生同行。今得集会，生大欢喜。不揆肤浅，辄述所见。倘契幽怀，愿垂玄察。

训语诚恳平实，仿佛与年德俱长的高僧相对而坐，慈眉善目，轻言慢语，心意里不知不觉便汪满了柔软净妙的意绪。

此际，南闽佛学院院长太虚法师作《三宝歌》歌词，弘一法师欣然为之谱典。年底弘一法师与太虚法师相偕，赴小雪峰寺度岁。

时弘一法师和寺主转逢上人同庚，皆 50 初度。除夕之夜，太虚倡议二老合做百岁，并口颂一偈："圣教照心，佛律严身。内外清净，菩提之因。"

弘一法师的心里，其乐融融。这样的时光，对于弘一法师来说并不多。同修共坐，心气相通，那一种法喜满满的喜悦，恐怕是语言所不可尽述的。

年节一过，弘一法师便应性愿法师邀请，移锡泉州承天寺，往月台佛学研究社讲学。研究社风气纯正，学僧们每天上课，进益明显，这让弘一法师颇生感慨。

弘一法师讲了两堂写字课，并利用空闲时间整理寺内的古版藏经，编成目录。直到 1930 年 4 月中旬，弘一法师才打点行装，羽翔永嘉。

弘一法师的身体素来不强健，随着年事渐高，体质更趋衰弱。1932 初秋时节，他在上虞法界寺中又染上伤寒，大病一场，身体状况更加堪忧，便希望能到比浙江更为温暖的闽南生活。闽南淳朴的民风和相对安定的环境，以及非常浓厚的佛教氛围，给法师留下了很好的印象。他认为在这里修行和弘法，或能有更好的成果，这也是促使他决定晚年定居闽南的一个重要原因。

起于偶然，却又是殊胜因缘。在弘一法师的心里，南国的温暖，是节候，更是人意；南国的繁花，是那扑眼而来的姹紫嫣红，更是佛种绍隆，丛林辐辏。

弘一法师在闽南度过的最后10年，是他弘扬佛法，特别是在弘扬律学方面，成绩最为显著的一个时期。

华严梦影

依然是几部佛典，一袭旧衲；依然是瘦影飘逸，遗世而独立。

这一回的南来，弘一法师要努力完成自己的佛前誓愿，高树律幢，弘律传道，广种善因，广洒法雨，济世利生。

11月，弘一法师于厦门万寿岩挂单。万寿岩又名山边岩，岩上有寺，寺边松树繁茂，时有松涛阵阵，别有清韵，因得“万寿松声”的美名，为厦门八大胜景之一。

寺中了智上人的禅房便在数株古松之侧，法师常与其月下听松，禅房论道，并取晚唐温庭筠《题造微禅师院》诗中名句“看松月到衣”治印一方相赠。在万寿岩期间，法师编辑一册《地藏菩萨盛德大观》。

其后性常法师把弘一法师迎进妙释寺，并让出自己的卧室给弘一法师住。弘一法师非常感动，书“华严经偈”以赠性常法师：“戒是无上菩提本，佛为一切智慧灯。”

妙释寺位于厦门百家村，弘一法师先是作了题为《净土法门大意》的讲演，后应妙释寺住持善契之请，弘一法师为念佛会作《人生之最后》的开示。

弘一法师从病重、临终、命终后一日、荐亡、劝请发起临时助念会等7个方面，告诫人们应如何做好人生的这最后一件大事。开示结束前，弘一法师殷殷告诫人们：

残年将尽，不久即是腊月三十日，为一年之最后。若未将钱财预备稳妥，则债主纷来，如何抵挡？吾人临终时，乃是一生之腊月三十日，为人生之最后。若未将往生资粮预备稳妥，必致手忙脚乱呼爷叫娘，多生恶业一齐现前，如何摆脱？临终虽恃他人助念，诸事如法。但自己亦须平日修持，乃可临终自在。奉劝诸仁者，总要及早预备才好。

弘一法师说的是临终的那一刻，其实，他也是在提醒人们，为了往生一刻的吉祥善逝，必须及早准备，甚至要用一生的行善积德来作好铺垫。

岂止是出家人？尘世中所有的人，为了人生少些遗憾和悔恨，也应该尽早准备资粮，不断地完善自我，让生命美好、充实、善良和光明。

寺中一位叫了识的僧人当时正重病卧床不起，读了法师的讲演稿后，悲喜交集，遂摒除医药，放下一切杂念，专心念佛。后来了识每日长跪，亢声唱念，见者惊喜。

1933 年正月初八，弘一法师在妙释寺念佛会演讲《改过实验谈》，内容为佛教徒道德修养问题。当天夜里，弘一法师得一梦，醒来后梦中情景历历在目。

翌日，弘一法师忽然觉得，夜梦应是自己居闽弘传南山律的预兆，遂准备择时讲律。

元宵节过后，开始编写《四分律含注戒本讲义》，正月 21 开讲，2 月初 7 结束。1933 年 2 月 15，法师在寺中宣讲《四分律含注戒本疏》及其自作之《四分律比丘戒相表记》，开始了系统的律学讲座。3 月初 9 开始在万寿岩向追随之诸学僧宣讲他编撰的《随即羯磨》，至 5 月初 8 圆满。律学弟子们深得教益，皆向大师学习，发心过午不食。此间，大师分别作了题为《地藏菩萨之灵感》、《授三皈依大意》的讲演。

慧根已经植下，这时弘一法师的身边，已经聚集起一批年轻的学律僧侣。农历5月3日，适逢蕅益大师圣诞，弘一法师特撰《学律发愿文》，与弟子们同发愿弘扬律学，济世利生：

> 一愿学律弟子等，生生世世，永为善友，互相提携，常不舍离，同学毗尼，同宣大法，绍隆僧种，普利众生。一愿弟子等，学律以及宏律之时，身心安宁，无诸魔障，境缘顺遂，资生充足。一愿当来建立南山律院，普集多众，广为宏传，不为名闻，不求利养。一愿发大菩提心，护持佛法，誓尽心力，宣扬七百余年湮没不传之南山律教，流布世间；冀正法再兴，佛日重耀。并愿以此发宏誓愿，及以别发四愿功德，乃至当来学律一切功德，悉以回向法界众生。惟愿诸众生等，共发大心，速消业障，往生极乐，早证菩提。

6月，弘一法师应泉州开元寺寺主转物和尚之请，率众至开元寺尊胜院结夏安居。寺僧传贯受命照应法师起居，此后即志愿追随学律，同时作法师侍者。结夏期间，法师宣讲《四分律含注戒本疏》及《四分律随机羯磨》。

弘一法师一面讲律不辍，一面圈点佛典。弟子们守律唯谨，学风纯正，除了上课自习，很少闲谈，晚上准时就寝。听律时一色海青，以示不苟。每日早、中两餐，坚持过午不食。

6月7日，作题为《放生与杀生之果报》的讲演。同日，还作了题为《敬三宝》之讲演。到开元寺次月，作《地藏九华垂迹图赞》，全文十颂，讲述了地藏菩萨垂迹的全部经过。

7月11日，弘一法师在在泉州承天寺为幼僧作《常随佛学》的讲演，把勤劳的品德灌输给孩子们。月底，依《瑜伽师地论》，录下《自誓受菩萨戒》全文，给法侣们随意在佛前自受。而后，继续编撰《戒本羯磨随讲别录》。8月，法师完成了《四分律行事钞资持记》的圈点，并亲自作跋。9月，在开元寺作《菩萨璎珞经自誓受菩萨五重戒法》，后收入上海大藏经会1957年编印之《普慧藏》。10月，法师游潘山时见晚唐诗人韩偓墓，生出感悟，便搜集大量资料，嘱弟子高文显撰写《韩偓传》，此传三年后完成，法师亲自为之作序，只是不幸毁于日寇战火。（1984年，高文显重写本《韩偓》在台北出版。）11月初，法师完成《梵纲经菩萨戒本浅释》，请瑞今法师代座，于妙释寺开讲。

在这人迹罕至的世外净土，弘一法师的心地静如清月，空明祥和，宣布成立“南山律学苑”，并撰联表明自己弘扬律宗之志：

> 南山律教，已七百年湮没无闻，所幸遗编犹存海外；
> 晋水僧园，有十数众弘传不绝，能令正法再住世间。

这次“南山律苑”讲授南山律教，历时近一年，是弘一法师整个讲律生涯里最长和最为系统的一次。弘一法师对讲律效果十分满意，久久不能忘怀。

1937年3月28日，在南普陀寺佛教养正院作《南闽十年之梦影》的讲演时，弘一法师还深情地说：

> 有一天，已是黄昏时候了，我在学僧们宿舍前面的大树下立着。各房灯火发出很亮的光，诵经之声又复朗朗入耳，一时心中觉得无限的欢慰！可是这种良好的景象不能

长久地继续下去，恍如昙花一现，不久就消失了。但当时的景象，却很深地印在我的脑中。现在回想起来，还如大树底下目睹一般。这永远不会消灭，永远不会忘记的啊！

但良好的景象，终究不过是昙花一现。这年 11 月，“南山律苑”终因兵乱四起，时局不宁而被迫解散。

作为中国现代佛教史上第一个以弘扬律学为宗旨的僧团组织，弘一法师圆满地完成了他事先的教学计划，系统地将“南山三大部”讲授完毕，这是他成为律学大师的一个重要标志。

年末，弘一法师旋应住持邀请，往晋江草庵度冬守岁。草庵在今福建石狮苏内乡，办过书院，是我国仅存的波斯摩尼教遗址，也称光明寺。弘一法师在该庵遗墨甚多，如：“石壁光明，相传为文佛现身，史乘记载，于此有名贤读书。”等等。

除夕，法师登座，为弟子宣讲《灵峰大师祭颛愚大师爪发衣钵塔文》，文曰：

呜呼！人不难相爱，难于相知，翁真知我者哉。世纵有一二爱且知者，而志操相擕。某虽不敢拟翁泰山之德，幸三事略无违焉：尚质朴，诎虚文，不肯苟合时宜；注经论，赞戒律，不肯悬羊头而卖狗脂；甘淡薄，受枯寂，不肯受丛席桎梏，而掣其羁縻。呜呼！以法门耆宿如翁，而旭过蒙知爱，又志操相合如此，其能已于怀也？翁所证深浅，非某能拟，而生平最倾心处，请略纪之。

当今知识，罕不以名相牵、利相饵、声势权位相依倚，如翁古道自爱者有几？当今知识，罕不以掠虚伎俩，笼罩浅识，令生惊诧，如翁平实稳当者有几？当今知识，罕不侈服饰、据华堂、恣情适意，如翁破衫草履、茅茨土阶者有几？当今知识，罕不精选侍从，前列后随，如翁躬自作役，不图安享者有几？当今知识，罕不同流合污，自谓善权方便、慈悲顺俗，如翁不肯苟徇诸方，甘受担板之诮者有几？故凡闻翁之风者，顽夫廉而不滥，懦夫立而不倾。伯夷之隘，所以为圣之清也。岂似枉寻直尺，诡遇一朝者，身虽存，名已先沦也哉！

某每悲如来正法，一坏于道听途说、入耳出口之夫，再坏于色厉内荏、羊质虎皮之徒。其父报雠，其子必且行劫，尤而效之，何所不至。翁之爪发衣钵幸存，则翁之道风未灭。必有闻而兴起者，庶共砥狂澜于末叶乎！

法师是夕宣讲此文，寄慨时弊遥深，几于流涕。由此，可领略法师怀抱之一斑。

1934 年的大年初一，使命在胸，弘一法师依然不肯休息，为弟子们讲授《四分律含注戒本》。

时序流迁，生生不已；严冬逝去，春意渐浓。弘一法师特书一副嵌头联，以赠草庵：

草积不除，时觉眼前生意满；

庵门常掩，勿忘世上苦人多。

这是对草庵同修的寄望，更是弘一法师心境的写照。满目春光，百草竞发，弘律事业初有成绩。但弘一法师的目光，一下子便越过了繁花似锦的春色，望见了挣扎在尘网里苦难的众生。慈悲在怀，如何肯停下那一双救心济世的脚步？

兴学育人

1934 年 2 月，闽南佛学院常惺、会泉二法师邀请弘一法师前往讲学并协助整顿学风。

该学院 1925 年由南普陀寺方丈会泉老法师创办，十余年中，在会泉、太虚和常惺三任院长的主持下，已发展成为全国佛学院的楷模，培育了大批的僧才，其中不少成为海内外弘扬佛法的知名法师。只是最近一段时间以来，佛学院僧纪涣散，学风松弛的趋势开始日渐明显，因而想请弘一法师过来协助整顿。

来南普陀寺之后，弘一大师发现，南闽佛学院风气熏习，唯在没有养成一股正气，整顿已经难为着手。因此，除了讲学之外，并未介入闽南佛学院的管理，

由南闽佛学院几年之间的风气变化，弘一大师想到树立正气对于佛学教育和僧材培养的重要性，于是想起《易经》里“蒙以养正”的话，遂建议寺主常惺法师另设“佛教养正院”。弘一法师主张学行兼顾，事理圆融。

对于年轻的学僧来说，学习佛法理论固然重要，但更为重要的还是思想和品德修养，是养成一种清凉正气。以之为宗旨，弘一法师亲自为“佛教养正院”书写匾额、制订章程、选定教学书籍，并且向常惺法师推荐瑞今法师主持养正院工作，广恰法师任学监，高文显居士担任讲师，自己主要担任训育课程。

“佛教养正院”除了日常学习，为培养学僧习劳美德，院中不用使役杂工，凡挑水、担饭、扫地等劳作事务，都由学僧来做。后来法师又特选莲池大师《缁门崇行录》清素、严正、高尚、艰苦四门，作为养正院的教本，以针对时风，补救偏弊。在

法师的指导下，养正院学风整肃，声誉日隆，造就了不少僧才。

弘一法师处处以身作则，以不言之身教，行感化教育之功，遇到责任范围内的事，总是首先责备自己。有几位学僧偷看了《薄命鸳鸯》等佛门禁书，弘一法师没有责备学僧，而是内疚自忏，伤心落泪，深愧自己教导无方。那几个学僧深受感动，决心痛改前非，自净心地，养正心性。

这样的场景，不由让人回想起浙江一师那个认真的教书先生。浮华散尽，尘埃落定，当年的绚烂耀眼，早已化为今日的淡然慈悲。但无论曾经的李叔同，还是当下的弘一，唯有那份坦诚认真依然。

讲学之余，弘一法师并不多参与佛教养正院的事务，而是隐居在南普陀后山兜率院里，专心研读校定佛典《四分律随机羯磨疏》。为研究之需，他用"晚晴山房"护法会诸友的施资通过内山完造从日本请奉佛典古籍达万余卷之多，为律学研究提供了极大的帮助，成为他此后校勘、圈点律典的重要资料。

这一年的夏季，弘一在南普陀患重病，不肯就医，惟颂念佛号不止，谓："阿弥陀佛，无上医王，舍此不求，是谓大错！"

9月20日，弘一法师55岁生日之际，弟子们特意为法师摄影留念。看着自己已见老态的照片，想到南闽弘律的这一番殊胜因缘，弘一法师觉得还有许多的事未付实行，不禁颇为感慨，兴寄一联，以明心志：

> 愿尽未来，普代法界一切众生，备受大苦；誓舍身命，宏护南山四分律教，久住神州。

在此期间，明朝律宗大德见月的自述行脚纪实《一梦漫言》，弘一法师反复细读，几至于废寝忘食。阅读过程中，数十次感动得潸然泪下，作了科简、眉批、注释，并对照地图作《见月律师年谱摭要》，为《一梦漫言》写下短序言：

> 师一生接人行事，皆威胜于恩，或有疑其严厉太过，不近人情者。然末世善知识多无刚骨，同流合污，犹谓权巧方便，慈悲顺俗，以自文饰。此书所述师之言行，正是对症良药也。儒者云："闻伯夷之风者，顽夫廉，懦夫有立志。"余于师亦云然……卧床追忆见月老人遗事，并发愿于明年往华山礼塔，泪落不止，痛法门之陵夷也。

泉州万寿岩的住持本妙法师相应弘一法师建议，创立念佛堂。1935 年正月，法师在念佛堂开讲律学宗匠灵芝元照的《阿弥陀经义疏》。3 月，为众宣讲《一梦漫言》，经半月有余，方得讲毕。

随后，应温陵养老院院长叶青眼之约，居温陵 15 天。

建于 1925 年的温陵养老院，曾是理学家朱熹讲学的"小山丛竹书院"。弘一法师早年于程朱理学沉潜特深，施蛰存在《弘一法师赞》一文里就说弘一法师是"秉道皈佛"。这一回意外来到朱子讲学之所，弘一法师自然会心生慨叹，心存感动。应叶青眼之请，弘一法师欣然题写"过化亭"匾额，并兴笔为题记：

> 泉郡素称海滨邹鲁，朱文公尝于东北高阜，建亭种竹，讲学其中，岁久倾圮。明嘉靖间，通判陈公重建斯亭，题曰"过化"，后亦毁于兵燹。迩者叶居士青眼欲得古迹，请书亭额补焉。余昔在俗，潜心理学，独尊程朱。今来温陵，补题过化，何莫非胜缘耶？

在此期间，弘一法师有求必应，不停地为慕名前来求字的人写字，让每个人都欢喜而去。叶青眼对弘一法师说："这次大师来泉州，州中人士多来求字，少来求法，不无可惜。"弘一法师笑着说："余字即是法，居士不必过为分别。"

1935 年农历 4 月 11 日，薄暮时分，弘一法师将往惠安净峰寺弘法，泉州法侣纷纷赶来道别。此行路途颠簸，许多人虑及弘一法师的身体，诚恳劝止。有人竟然长跪不起，声泪俱下，请弘一法师顾念身命。

但弘一法师怎么肯停下弘道的脚步？光阴匆迫，形寿有限，弘一法师决心走向尘世，走向民间，走向大众，弘律利生。

1935 年农历 4 月 12 日上午，弘一法师携传贯、广恰两位弟子，从泉州市乘帆船北行，一夜海上风浪，抵达惠安净峰寺。

弘一法师从惠安开始，进入了过化民间，救拔众苦的新阶段。前此，弘一法师主要在各大丛林之间云游，结缘的也主要是佛门中人。从来到惠安弘法开始，弘一法师扩大了行脚的范围，把更多的目光投向芸芸众生。

1935 年 4 月，弘一法师带着传贯和广洽到惠安崇武乡净峰寺。该寺四周山石玲珑重叠，有如书斋案几上的珍玩，世所罕见。更让人称奇的是当地古朴的民风，来寺不久，他在致辞夏丏尊的信中写道：山乡风俗淳古，男业木土石工，女任耕田挑担。男四十岁以上多有辫发者，女子装束更古，岂惟清初，或是千百年来之遗风耳。余居此间，有如世外桃源，深自庆喜。并书告高文显："余今年已五十又六，老病缠绵，衰颓日甚，久拟入山，谢绝人事，因缘不具，卒未如愿。今岁来净峰，见其峰峦苍古，颇适幽居，遂于 4 月 18 日入山，将终老于是矣。"遂题《自勉》：

誓作地藏真子，愿为南山孤臣。

净峰寺一面依山，三面临海，气候宜人，风景清幽。兼之民风淳古，似乎有千百来的遗风。

弘一法师一到净峰寺，便觉斯山斯水深契于心，遂对随行的广恰法师说：“余今年已五十又六，老病缠绵，衰颓日甚。久拟入山，谢绝人事，因缘不具，卒未如愿。今岁来净峰，见其峰峦苍古，颇适幽居，将终老于是矣。”

在净峰住锡之后，弘一法师即为净峰寺客堂撰写一副对联：

自净其心，有若光风霁月；
他山之石，厥惟良师益友。

又为佛殿旁的李仙祠写下一联：

是真仙灵，为佛门作大护法；
殊胜境界，集僧众建新道场。

因缘际会，在净峰山上，道教八仙之一李铁拐的仙祖庙，竟然与佛教寺宇共处一地。联语中，道教神仙成了佛门的大护法，释道圆融无碍地合流，充分表现了弘一法师兼容并包的广阔胸襟。斯后，与基督徒庄连福的一段缘分，更能反映弘一法师的佛学修为。

庄连福是在净峰山下一所小学当校长，听说弘一法师来净峰弘法，便相约教友上山拜访。弘一法师的弟子传贯法师以为宗教信仰有异，互不相能，终不肯引见。

翌日上午，庄校长正在教室里上课，偶然瞥见门外跪着阻止自己上山的那位和尚。原来，弘一法师知道之后，让传贯法师下山赔罪。传贯法师呈上弘一法师手书的四件书法作品和一部《华严经》，代弘一法师向庄校长致意。还没有见到弘一法师，但庄校长已经被弘一法师的风范所折服。随后几天，庄校长便带着教友上山听弘一法师讲法。于是，便出现了佛教徒与基督教徒同堂听讲佛法的奇异而和谐的场面。很久以后，弘一法师说法的生动情景，还十分清晰地印在庄连福的脑海里：

> 弘一大师缓慢而沉着地走到佛像前，虔诚地点上三炷香，并且整齐地插在香炉里。转过身来，对满室听众仅作微笑而已，甚为凝重，然后才坐在一块方形的禅椅上，面向听众，非常肃穆和蔼。他的座前架着一个小竹屏，屏上放着经书，距他的眼睛一尺有余。一开讲，大师目不转睛，聚精会神，用普通话讲述（传贯师站在旁边翻译），吐字清晰，论点鲜明，论证有序，非常有说服力。听众都听得入神，全场鸦雀无声，静到连根针掉到地上的声音都能听见。尽管听众中有个别想咳嗽的，也都忍耐着，或者悄悄地到门外去，不敢打扰这宁静的气氛。

在佛的眼里，众生的心性一样，并无种种差别，对其他的宗教信徒也应作如是之观。

弘一法师对异教徒众，不但不排斥，而且十分尊重。与其说弘一法师胸怀坦荡，包容天地，不如说弘一法师的佛学修为了得，已经能够在更高的境界上看取纷繁的世相。只要能种下一粒佛种，无论气候怎样，无论土质如何，无论那心田里已经有着怎样的思想和信仰，弘一法师总是悉心地加以培护。

在惠安期间，无论是寺宇，还是在家优婆塞持斋念佛的普莲堂，甚至是居士家庭，弘一法师都乐意前往讲授佛法，为人证授皈依。7个多月的弘法生涯，弘一法师讲法17次，听众近千人，为42人证授皈依，为37人证授五戒。

在该寺的半年时间，法师每月都有讲法，开讲内容多基律学，并及华严经普贤行愿、法华经普贤品、地藏菩萨灵迹、灵峰大师行迹等内容。讲法之余，法师多是闭门寺中，深居简出，研校律典。

缘分总是不随心愿地悄然而来，又总是不随心愿地悄然消失。这年农历10月末，净峰寺方丈去职。弘一法师“终老于是”的缘分不但消失，而且在净峰寺弘律的法缘似乎也尽了，遂辞别而去。

随着净峰寺方丈与之静修方式不合而借故离开，不理寺中事务，弘一法师在此缘尽，于10月下旬离开。法师离开前观自己所种菊花含苞待放，口占一绝以志别：

我到为种植，我行花未开。
岂无佳色在？留待后人来。

这一首诗，恰好地表达了弘一法师只问耕耘，不问收获的人生境界。

弘一法师强撑着病弱之躯，不停地云行闽南各地，一路弘法利生，一路播撒智慧的种子。种子在弘一法师走过的一路上生根、发芽、开花、结果，弘一法师依然不停地往走去，并不会为那些花果而驻足。

弘一法师回到泉州后，适逢承天寺举行传戒法会，请其作律学开示。法师连续开讲《律学要略》3天，由万泉记录。这是一篇体现他律学思想的重要文献，其中涉及他多年以来律学研究的思考，刊于《晚晴老人讲演录》。

律学久已衰微，弘一法师志必弘扬。他不单广涉出家众受学的大小乘戒律，也十分关注在家修律的研究与整理。他的律学著述和讲学中有不少是为在家居士而作，如《初发心者在家律要》《授三皈依大意》《受十善戒法》《受八关斋戒法》等，而在普济寺所编《南山律在家备览略编》更是这方面的代表作。

《南山律在家备览略编》与《四分律比丘戒相表记》同为近代佛教律学的两大名著，弥足珍贵，流芳百世，为在家信众学律提供了极大的便利。

从法师学律的弟子中，有不少人后来都成为住持一方的人物，其中像瑞今、传贯、广洽、广义等人后来分别到菲律宾和新加坡等地弘法，声望远播于南洋。

由于弘一法师在复兴佛门律学方面的卓越功绩，他被公认为中兴南山律的第十一代世祖。

第三章　慈悲家国

以戒为师

此后，弘一法师依然不停地奔波于泉州城市、乡间，为僧俗民众开示讲法，证授皈依。直至这年农历12月18日，再次病卧不起，弘一法师方才云栖泉州草庵。

弘一法师这次身患“风湿性溃疡”，病势凶猛，不几日便手足肿烂，高烧昏迷，生命出现危象。对此恶疾，弘一法师自知体弱，心地反而一片平和，专意诵佛，并向传贯法师交代遗嘱：

> 命终前请在布帐外助念佛号，但亦不必常常念。命终后勿动身体，锁门历八小时。八小时后，万不可擦身体洗面，即以随身所着之衣，外裹破夹被，卷好，送往楼后之山凹中。历三日有虎食则善；否则三日后，即就地焚化。焚化后再通知他位，万不可早通知。余之命终前后，诸事极为简单，必须依行，否则是逆子也。

不由想起，弘一法师当初在永嘉的病中，要求死后弃入瓯江，以结水族之缘。

人谁无死？生命的开始，便是死亡的起步，谁也没有办法改变。

弘一法师，前此是才子超拔，人间的种种风景，入眼入心，自然会有特异于世人的看法和作为；后来皈依佛门，已经看清了生死的真相，生死原来不过是时空里的幻相而已。

一个多月以后，已经是农历1936年正月中，弘一法师的病状竟然日渐减轻，可以勉强扶杖步行，随即转入厦门就医，再历百日，方才渐渐痊愈。

还在草庵的卧病之中，广恰法师前来探病，弘一法师却对弟子说："你不要问我病好没有，你要问我有念佛没念佛。这是南山律师的警策，向后当拒绝一切，闭关编述南山律书，以至成功。"

在佛教养院，弘一法师面对年轻学僧，与大家探讨惜福、习劳、持戒和自尊。弘一法师从自己的经历说起，告诉学僧们惜福应从惜物做起。

当年在俗时，弘一法师家岂止是万贯家产，但哪怕是一粒米，一张寸把长的纸条，兄长和母亲也告诫他不能随意糟蹋。弘一法师直说到自己生活的俭朴：

诸位请看我脚上穿的一双黄鞋子，还是一九二〇年在杭州时候，一位打念佛七的出家人送给我的。又诸位有空，可以到我房间里来看看，我的棉被面子，还是出家以前所用的；又有一把洋伞，也是一九一一年买的。这些东西，即使有破烂的地方，请人用针线缝缝，仍旧同新的一样了。简直可尽我形寿受用着哩！不过，我所穿的小衫裤和罗汉草鞋一类的东西，却须五六年一换，除此以外，一切衣物，大都是在家时候或是初出家时候制的。从前常有人送我好的衣服或别的珍贵之物，但我大半都转送别人。因我知道我的福薄，好的东西是没有胆量受用的。又如吃东西，只生病时候吃一些好的，除此以外，从不敢随便乱买好的东西吃。

这年农历 4 月，弘一法师大病痊愈，开始一个月的讲授南山律学。弘一法师特别要求打开讲堂的大门，以便各界人士都有机会听讲。5 月，移锡鼓浪屿日光岩，写下华严偈句联：

能于众生施无畏，普使世间得大明。

次月，移居鼓浪屿日光岩闭关静修，在此完成《道宣律师年谱》及《修学的遗事》。

强撑病体，口不停颂，手不停写。这就是弘一法师，济世利生，弘律传道，已经成为他生命的自觉。

夏时，在日光岩，弘一法师认识少年李芳远。李芳远以几株水仙相赠，从此，一老一少，结为忘年交，成就一段美妙的佳话，犹如水仙一般的高洁芬芳。

李少年早慧，诗书俱佳，深得弘一大师喜爱。李芳远在大师圆寂后，陆续编印了《弘一大师年谱》、《弘一大师文钞》、《晚晴山房书简》等书，以纪念弘一大师。

1936 年 12 月 31 日，著名文学家郁达夫专程由神户来日光岩拜访弘一大师。此次，僧俗之间并无多少共同的话题，弘一法师除了拱手致意，略事寒暄，并无多言。临行，弘一法师以《佛法导论》和《寒笳集》等书相赠。郁达夫回到福州后，即吟成一律：

> 不似西泠遇骆丞，南来有意访高僧。
> 远公说法无多语，六祖传真只一灯。
> 学士清平弹别调，道宗宏议薄飞升。
> 中年亦具逃禅意，两事何周割未能。

智者仁者相见，往往并不在于语言的交流。郁达夫在诗中对弘一法师充满景仰之情。

在郁达夫来访过后，厦门大学想请弘一法师去讲学，弘一婉拒后告诉弟子："生平对官及大有名称之人，并不敢共其热闹亲好，怕陷入名闻利养，又防于外人讥我是趋名利。"

远离尘嚣、清心净修，不肯随附权贵和名流，这也是弘一法师一贯的品格。

1937 年农历 2 月 16 日，弘一法师在养正院中做了一次"南闽十年之梦影"的演讲，回述了自己到闽南的过程及这十年来在闽南各地弘法的经历，由高文显记录，刊于《佛教公论》第九期。演讲的后半段，法师特别提到了在惠安弘法时生的这场大病，说是自己一生中的大纪念。

法师的床头有一只病卧草庵之时用过的钟，比起其他的钟来总要慢上两刻，法师由此解释说："因为我看到这个钟，就想到我在草庵生大病的情形了，往往使我发大惭愧，惭愧我德薄业重。我要自己时时发大惭愧，我总是故意地把钟改慢两刻，照草庵那钟的样子，不止当时如此，到现在还是如此，而且愿尽形寿，常常如此。"弘一法师在《南闽十年之梦影》里说道：

> 到今年一九三七年，我在闽南居住，算起来，首尾已

是十年了。回想我在这十年之中，在闽南所做的事情，成功的却是很少很少，残缺破碎的居其大半，所以我常常自己反省，觉得自己的德行，实在十分欠缺！因此，近来我自己起了一个名字，叫“二一老人”。什么叫“二一老人”呢？这有我自己的根据。记得古人有句诗：“一事无成人渐老。”清初吴梅村临终的绝命词有：“一钱不值何消说。”这两句开头都是“一”字，所以我用来做自己的名字，叫做“二一老人”。

因此我十年来在闽南所做的事，虽然不完满，而我也不怎样地求他完满了！诸位要晓得：我的性情是很特别的，我只希望我的事情失败，因为事情失败、不完满，这才使我常常发大惭愧！能够晓得自己的德行欠缺，自己的修善不足，那我才可努力用功，努力改过迁善！一个人如果事情做完满了，那么这个人就会心满意足，洋洋得意，反而增长他贡高我慢的念头，生出种种的过失来！所以还是不去希望完满的好！

就在1937年，相契的性愿法师、会泉法师准备赴菲律宾弘法传教，一直相随的学律弟子广恰法师也要南下新加坡。弘一法师一直病弱不堪，心境时阴时晴，这一来便更加落寞了。

是早有意愿？还是相知同修的影响？弘一法师竟再一次产生了赴南洋的冲动。正在这时，青岛湛山寺住持倓虚上人请弘一法师前往弘律，南洋之行遂罢。

行前的4月，厦门市政府为举办第一届运动会，请弘一法师写大会会歌。其时，弘一法师正在习静养病，而且这类世俗活动他一向不感兴趣。但是，这一回，弘一法师却一反常态，热情地答应了。

弘一法师大约是想起了年初街头听见吹奏日本国歌的情景。当时给弘一法师的刺激颇大，回山之后，特意记在给高文显居士的短简里：

> 昨日出外见闻者三事：
>
> 一、余买价值一元余之橡皮鞋一双，店员仅索价七角。
>
> 二、在马路中闻有人吹口琴，其曲为日本国歌。
>
> 三、归途凄风寒雨。

虽然只是简短的几句话，内涵却极为丰富。时当中日战争一触即发之际，竟然不知国难在即，以奏敌国的国歌为娱！国人沉醉如斯！国何以堪？族何以堪？弘一法师孤独地穿行在凄风寒雨里，不禁心寒不已。

当此国难即将来临之际，必须唤醒国民沉睡的心，激发起民众的爱国热情。想到这里，弘一法师不由地心潮激荡，思绪万千，一首气势磅礴的歌词从心里如泉迸出：

> 禾山苍苍，鹭水荡荡，国旗遍飘扬。健儿身手，各献所长，大家图自强。你看那，外来敌，多么狓猖！请大家想想，请大家想想，切莫再彷徨。请大家，在领袖领导之下，把国事担当。到那时，饮黄龙，为民族争光；到那时，饮黄龙，为民族争光！

这早已经不再是运动会会歌？已经是一首激励健儿报国杀敌的军歌！其间奔流的激情，让人禁不住想起那个高吟“男儿若论收场好，不是将军亦断头”的青年。如今，虽已苍苍老矣，但那一腔的血依然滚热。

青岛湛山寺方丈倓虚和尚是一位佛教学者兼教育家，先后兴办过 11 家佛学院。他素来敬仰弘一法师的修为，于 1937 年农历 3 月特派书记僧往厦门恭请法师到青岛讲律弘法。4 月初，法师率传贯、任开、圆拙前往青岛。

云落湛山，弘一法师那简破的行李，一下子便打动了每一个在场的人。倓虚法师在《影尘回忆录》里，专门记录了弘一法师的行李：

> 别人都带好些东西，条包，箱子，网篮，在客堂门口摆了一大堆。弘老只带一破麻袋包，上面用麻绳扎着口，里面一件破海青，破裤褂，两双鞋，一双是半旧不堪的软帮黄鞋，一双是补了又补的草鞋。一把破雨伞，上面缠好些铁条，看样子已用很多的年了。另外一个小四方竹提盒，里面有些破报纸，还有几本关于律学的书。听说有少许盘费钱，学生给存着。

弘一法师从大病里脱出时间不长，身体虚弱。倓虚长老想为弘一法师改善一下伙食，考虑到弘一法师持戒极严，不敢备什么好饭菜，只是吩咐送四个菜到弘一法师的寮房里。没想到，弘一法师一点都没有动。第二次预备次一点的，弘一法师仍然未动。第三次送去两个菜，弘一法师还是不吃。最后盛去一碗大众菜，弘一法师在问清之后，才满心喜悦地吃起来。

弘一法师在湛山寺主要讲的是南山律，《随机羯磨》和《四分律比丘含注戒本》这两部律在后来很长的一段时期里，一直都是湛山寺僧众习律的常课。

法师首讲题目是“律己”和“息谤”，即学戒律者须要律己不要律人，受了诽谤之类的污染无需辩解，若是白纸上染污，不动则不侵，越擦越脏。这便是法师的品格，也一如法师往昔育人，从不责罚，只是谴责自己为师无力；或者是有人微词也从不辩解，自顾严律修为而清者无浊。

湛山弘律一经传开，相识的，不相识的，远至西安、沈阳、山西、营口的学僧，一时纷纷前来湛山寺就弘一法师学律。苏州的妙莲法师，特意从灵岩山赶到湛山来学律，并一直追随法师至圆寂，成为弘一法师的侍侣，直至弘一法师人间最后的托付人。

时有东北海军代总司令、青岛市长沈鸿烈，想见弘一法师一面，弘一法师以已经午睡相拒。翌日，沈在湛山寺请客，想请弘一法师坐主席，但弘一法师只让人带了宋人一偈赠与沈鸿烈：

> 昨日曾将今日期，出门倚杖又思维。
> 为僧只合居山谷，国士宴中甚不宜。

沈鸿烈自然闷闷不乐，宴毕怏怏而去，但从此却对弘一法师的人品更加敬服。而那些年轻人，甚至是平常的学生，谁去谁见，你给弘一法师磕一个头，弘一法师照样磕一个头还给你。

倓虚长老和火头僧的记述里，都有弘一法师喜欢一个人独自去海边看海的细节。倓虚长老的《影尘回忆录》记得更细：

> 在院子里两下走对头的时候，他很快的躲开，避免和人见面谈话。每天要出山门，经后山，到前海沿，站在水边的礁石上了望，碧绿的海水，激起雪白的浪花，倒很有意思。这种地方，轻易没人去，情景显得很孤寂。好静的人，会艺术的人，大概都喜欢找这种地方闲待着。

倓虚长老是一位得道高僧，在他的眼里，弘一法师似乎仍然是一个艺术家，但倓虚长老似乎还没有说尽。

弘一法师喜欢一个人静静地看海，除了海边孤寂的情景可以让人心清凉之外，是否在雪白的浪花里寄托了渺茫的怀想？因为，浪花的尽处，有一个难以忘怀的宅院；因为，浪花的远处，遥遥的岛国，有一缕难尽的牵挂。

自律极严的弘一法师，常常处于自警自责之中。弘一法师至情至性，自然会对大海那边的亲人怀有深深浅浅的歉意，只是这歉意常常让佛声梵香冲淡，唯有存着这份歉意，才是真佛子，真律师。心底的隐痛，总是难以为外人道，于是，只有面朝大海，遥寄怀想。

秋风时起，雁羽南归。弘一法师此行弘律已经完成，便向倓虚长老辞行，并且再次相约：不许预备盘川钱，不许备斋饯行，不许派人去送，不许规定或询问何时再来，不许走后彼此再通信。

临行，弘一法师不停地写字，以书法结缘。湛山寺的每一位僧人，都得到了一幅“以戒为师”的条幅。寺外的人们，也都纷纷前来求字，弘一法师不忍拒绝，最后竟然写到双臂麻木，手指疼痛，仍然笔不停挥。

行前几日，弘一法师为大众作最后的开示，火头僧记之颇为生动感人：

> 他老说：“这次我去了，恐怕再也不能来了。现在我给诸位说句最恳切最能了生死的话——”说到这里，他老反沉默不言了，这时大众都很注意要听他老下边的话，他老又沉默了半天，忽然大声说，“就是一句：南—无—阿—弥

一陀一佛”。

为答谢梦参法师的迎请护法之劳，法师特别拿上等的玉版宣纸写了一卷40多页厚的《华严经净行品》，可谓珍逾拱璧。

分别在即，弘一法师对倓虚长老说：“老法师！我这次走后，今生不能再来，将来同登西方极乐世界再见吧！”

以倓虚长老的修为，听了这样的话语，仍然不免怅然若失，他在后来的回忆里写到：

> 走后我到他寮房去看，屋子里东西安置得很次序，里外都打扫特别干净！桌上一个铜香炉，烧三枝名贵长香，空气很静穆的，我在那徘徊良久，向往着古今的大德，嗅着余留的馨香。

国难当头

1937年7月7日卢沟桥事变，抗日战争全面爆发，弘一法师此时尚在湛山寺。山东大学学生张希周等人，两次拜见弘一法师，话题自然离不开国家前途和民族命运。弘一法师似乎若有所思，告诫学子们：

> 佛门忌杀，但为抗日救国，应当不惜死！抵抗日寇为救同胞，是大仁大勇行为；杀日寇是灭魔，与佛法不违背。救国不忘念佛，念佛不忘救国！青年是国之希望，民众精华，抗日，读书，都重要，上了战场抗战第一；身在学府，书要读好，因抗日是长期之事，要沉着，急躁坏事，沉着

又积极才好。

当时青岛似乎已经能闻到硝烟的气味，人心浮动，惶惶不可终日。弘一法师事先有约，不肯中途畏战而去。在给弟子蔡丏因的信中，弘一法师坚称：

朽人前已决定中秋节乃他往。今若因难离去，将受极大之讥嫌。故虽青岛有大战争，仍不愿退避也。

时逢出家头尾20年纪念日，正是“七七”日寇挑起侵华战争刚刚一个星期，弘一法师特意书写“殉教”二字，并附跋语：

曩在南闽净峰，不避乡匪之难，今居东齐湛山，复值倭寇之警，为护佛门而舍身命，大义所在，何可辞耶？岁次丁丑，旧七月十三日，出家首尾二十载。沙门演音，年五十八。

为民，为国，为教，为仁，为义，弘一法师早已置生死于度外。

日本侵华战争爆发后的上海正被惨烈激战的阴云所笼罩着，弘一法师等人途径时小住在外滩附近的新北门泰安旅馆，夏丏尊特前往探望。

时值日寇飞机狂轰烂炸南市和黄浦江对岸的浦东一带，如雨的炸弹从半空中倾泻下来，旅馆凡众皆惊慌，唯有法师镇静如常，嘴唇微微地动着，仍在轻念着佛号。

此际，上海已经陷入一片战火之中。弘一法师穿过硝烟，终于和老友夏丏尊相对而坐。当此国难之际，两个知友都已老迈，前路茫茫，也许今生从此不会再有相见的机会。

炮火不断，凡所有相，皆是虚枉。此时的安慰，只能如此！弘一法师只能为老友再诵《金刚经》偈语：

> 一切有为法，如梦幻泡影。如露亦如电，应作如是观。

弘一法师在上海呆了两天，离开上海时，夏丏尊、丰子恺等人都赶来为他送行。初冬将至，已能感受到一丝寒意，法师仍着单薄僧衣，比昔时更显清癯了。临别之际，法师表示要以身护法，与国土共存亡。

当初离去，满目苍翠，国事日蹙。如今归来，秋风萧瑟，烽烟紧逼。1937 年 9 月 27 日，弘一法师回到厦门万石岩，传贯、仁开、圆拙和妙莲等弟子随行。

此时的厦门，也是战云密布。一些弟子和朋友担心弘一法师的安危，纷纷请他去内地暂避。弘一法师不为所动，誓于厦门共存亡。12 月23 日，弘一法师在写给李芳远的信中表明心迹：

> 朽人已于九月廿七日归厦门。近日厦市虽风声稍紧，但朽人为护法故，不避炮弹，誓与厦市共存亡。古诗云："莫嫌老圃秋容淡，犹有黄花晚节香。"乃斯意也。吾人一生之中，晚节为最要。愿与仁等共勉之。

国难当头，民族绝续悬于一线。当此之际，最能检验一个人的气节和人格，为坚心志，弘一法师给自己的居室题写了"殉教堂"横额。

炮火里支离破碎的祖国，需要点燃激情，振奋精神。硝烟里痛苦挣扎的众生，更需要心灵的慰藉和鼓舞。弘一法师已经诸病缠身，但他并没有停下弘法利生的脚步。

1938年初，弘一法师先后在晋江草庵寺、泉州承天寺中三次为诸多听众开讲《华严经普贤行愿品》，后又在泉州清尘堂开讲“华严大义”。此讲听众甚多，甚至于吸引了不少基督徒前往听讲。讲毕，法师特叮嘱听众共诵《行愿品》十万遍，以此功德，回向国土众生，倡佑国运，消弭业灾，听众无不深感其诚，并遵所嘱。

这年4月，厦门沦陷前，日寇一舰队司令慕名登岸寻访弘一大法师。见面之后，日舰司令即盛气凌人地对弘一法师胁之以日语对话，叙之以与日本有师友、婿亲关系，晓之以日中富穷悬殊，诱之以国师待遇。

弘一法师淡淡地回道：“贵国为吾负笈之邦，师友均在，倘有日风烟俱净，祥和之气重现，贫僧旧地重游，谒师访友以日语倾积久之愫，因所愿也。出家人宠辱俱忘，敝国虽穷，爱之弥笃！尤不愿在板荡时离去，纵以身殉，在所不惜！”

不久，弘一法师应邀赴漳州弘法，厦门陷入日寇魔掌之下。

一次，弘一法师在斋堂用餐，忽然潸然泪出，对身边弟子说：吾人所食为中华之粟，所饮乃温陵之水，身为佛子，于此之时，不能共纾国难于万一，为我佛如来张点体面，自揣尚不如一只狗子！狗子尚能为主守门，吾人一无所用，而犹腼颜受食，何能无愧于心？一座僧众，闻之而肃然致敬。

后来在泉州，日寇飞机不断前来狂轰滥炸，弘一法师在此弘法是冒着生命危险的，但他早已将个人生死置之度外。面对日寇暴行，弘一法师号召僧众“爱国之心，当不后人”，倡议组建晋江县佛教战时救护队，为抗日做出应有的贡献。

1938年10月，弘一法师为画家师李明信书写横幅“最后之胜利”。其时，正是抗日战争最艰难的时期，悲观失败的情绪弥漫许多国人的心头。弘一法师却能以佛陀的那一双慧目，看清强日必败，看见中华胜利的曙光，其仁其智，让人不能不由衷地敬服。

已经预感到世寿无多，而弘法事业依然任重道远，于是，一进入1938年，弘一法师便加快了弘法的进程，云行于泉州和漳州各处，讲法、写字、证授皈依，法迹遍于城乡间的寺宇、养老院、救济院、慈儿院、学校，甚至是人家的宗祠。在泉州安海金墩宗祠讲演佛法，一次听众即达好几百之众。

弘一法师的内心，大约还有一个重要的原因，即以弘法来抗日，以弘法来安慰一颗又一颗残伤的心，以弘法来坚定人们对未来的信心。

最后忏悔

1939年的正月，弘一法师在厦门佛教养正院中为诸学僧作了一次题为《最后之忏悔》的讲演。大师的忏悔，读来让人触目惊心：

> 我常自来想，啊！我是一个禽兽吗？好像不是，因我还是一个人身。我的天良伤尽了吗？好像还没有，因为我尚有一线天良常常想念自己的过失。我从小孩子起一直到现在都在埋头造恶吗？好像也不是，因为我小孩子的时候，常行袁了凡的功过格，三十岁以后，很注意于修养，初出家以后一直到现在，便大不同了：因为出家以后二十年之中，一天比一天堕落，身体虽然不是禽兽，而心则与禽兽差不多。天良虽然没有完全丧尽，但是昏聩糊涂，一天比

一天利害，抑或与天良丧尽也差不多了。讲到埋头造恶的一句话，我自从出家以后，恶念一天比一天增加，善念一天比一天退失，一直到现在，可以说醇乎其醇的一个埋头造恶的人，这个也无须客气也无须谦让了。

就以上所说看起来，我从出家后已经堕落到这种地步，真可令人惊叹。其中到闽南以后十年的功夫，尤其堕落的堕落。去年春间曾经在养止院讲过一次，所讲的题目，就是《南闽十年之梦影》，那一次所讲的，字字之中，都可以看到我的泪痕。诸位应当还记得吧。可是到了今年，比去年更不像样子了。自从正月二十到泉州，这两个月之中，弄得不知所云。不只我自己看不过去，就是我的朋友也说我以前如闲云野鹤，独往独来，随意栖止，何以近来竟大改常度，到处演讲，常常见客，时时宴会，简直变成一个“应酬的和尚”了，这是我的朋友所讲的。啊！“应酬的和尚”这五个字，我想我自己近来倒很几分相像。

如是在泉州住了两个月以后，又到惠安到厦门到漳州，都是继续前稿：除了利养，还是名闻，除了名闻还是利养。日常生活，总不在名闻利养之外。虽在瑞竹岩住了两月，稍少闲静，但是不久，又到祈保亭冒充善知识，受了许多的善男信女的礼拜供养，可以说是惭愧已极了。……我的过失也太多了，可以说是从头至足，没有一处无过失，岂只谢绝宴会，就算了结了吗？尤其是今年几个月之中，极力冒充善知识，实在是太为佛门丢脸。别人或者能够原谅我，但我对我自己，绝不能够原谅，断不能如此马马虎虎的过去。所以我近来对人讲话的时候，绝不顾惜情面，决定赶快料理没有了结的事情，将“法师”、“老法师”、“律师”等名目，一概取消，将学人侍者等一概辞谢，孑然一身，遂我初服。这个或者也是我一生的大结束了。

弘一法师何以如此苛重地自责忏悔？

以弘一法师心性之高，他对自身的所作所为会时时感到与目标相去太远，自然而然地便生出无限的自责来了。他总是渴望隐入一隅，超然于时世之外，静静地研读佛典，证悟佛法，但佛教的悲行愿智，弘法利生的悲悯情怀，又让他不得不时时中断研读佛典，做入世的事业。矛盾的心境下，自然常起忏悔意绪。

再看弘一法师在《最后之忏悔》讲演结束时，给学僧们临别赠言的古诗：

未济终焉心飘渺，万事都从缺陷好；
吟到夕阳山外山，古今谁免余情绕？

除了忏悔自责之外，大师的文字也传达出一个信息，即世间事难免遗憾缺陷，弘一法师业已完成一轮弘法讲学，将要再一次息影息心。

是月，法师致信李芳远，表示：“自明日起，当即遵命，闭门静修，屏弃一切。”

1939 年 2 月 28 日，经性愿法师推荐，应林奉若居士之请，弘一法师果然隐入永春蓬壶山中的普济寺。直至第二年的 10 月初 9，整整 572 天，弘一法师在蓬壶山顶的茅棚小屋里安心静修、潜心著述，先后完成了《南山律在家备览略编》和《护生画续集》等多种著作。

弘一法师为自己的居室题名“十利律院”，并书一联“闭门思过，依教观心”，以激励自己精勤修学。此间各方信件一概原封退回（极重要者由性常法师代为拆阅回复），亦不接待任何人的来访。

11 月 1 日（农历 9 月 20 日），系弘一大师 60 寿辰，大师约四位法师在普济寺晤谈，中午请普济寺诸僧共食寿面。澳门《觉音》月刊、上海的《佛学》半月刊，均出版专辑为大师祝寿。丰子恺为向大师祝寿，特绘制 60 幅护生画，大师收到后欣然为之题词，并作跋：“余以衰病，勉力书写，聊存纪念可耳。”后将画稿交上海佛学书局的李圆净居士，准备出版《护生画集续集》。

是间，各方人士纷纷赋诗著文为弘一大师祝寿。马一浮诗云：

世寿迅如朝露，蜡高不涉春秋。
宝掌千年犹驻，赵州百岁能留。
遍界何曾相隔，时寒珍重调柔。
深入慈心三昧，红戈化尽戈矛。

柳亚子诗云：

君礼释迦佛，我拜马克思。
大雄大无畏，迹异心岂殊。
闭关谢尘网，君意嫌消极。
愿持铁禅杖，打杀卖国贼。

是间，已移居菲律宾之性愿法师，在新加坡弘法之广洽法师等，筹资再版《金刚经》《九华垂迹图》，以为大师祝寿。

广洽法师特意请时在新加坡举办画展的徐悲鸿，为弘一法师造油画像。8年之后，徐悲鸿依然不能忘怀，特意为油画书写题记：

> 早岁识陈君师曾，闻知弘一大师之为人，心窃慕之。顾我之所以慕师者，正从师今日视若敝屣之书之画也。悲鸿不佞，直至今日尚沉湎于色相之中，不能自拔。于五六年前，且恳知友丐师书法。钝根之人日以惑溺，愧于师书中启示未能领悟。民国二十八年夏，广洽法师以纪念弘一师诞辰，属为造象，欣然从命。就吾所能，竭吾驽钝，于师不知不觉之中，以答师之惟一因缘，良自庆幸；所愧即此自度微末之艺，尚未能以全力诣其极也。三十六年初秋悲鸿重为补书于北平寓斋。

弘一法师俗世时的浙一师弟子潘天寿一度因为烦恼，想随弘一法师出家为僧，特意找到弘一法师门上。弘一法师觉得弟子尘缘未了，便劝他："你以为佛门是个清静地方，如果把握不住的话，照样有烦恼。"潘天寿思虑良久，终于信了弘一法师的话，打消了出家的念头。

佛度有缘之人。假如弘一法师答应了弟子潘天寿的请求，也许寺庙里会多一个不安分的和尚，而中国画坛就少了一个国画大师了。

第四章 普陀圣光

流水行云

弘一法师闭关期间，因与外界断绝音信已久，加之1940年春法师再次发病，身体状况每况愈下，每日由两餐改为早晨一餐，因此各地遂风传他已在永春山中圆寂，后由林奉若居士及《觉音》杂志出面避谣，谣传方渐渐止息。

法师闭关结束后，为林奉若居士供他掩关的茅蓬题写“梵华精舍”的匾额，又手书蒲益与印光两位大德的法语警训，以报答这一年多来居士的护关之恩。

山居岁月，清静自为。不知不觉之间，1940年10月，弘一法师如期结束山顶隐居岁月，移锡南安灵应寺。

11月16日，南安晋江各县立小学校长潘北山、林高怀等前往灵应寺请偈，并以教师生活清苦、可否改业一事请教大师，大师言：“小学为栽培人才之基础，关系国家民族至关重大。小学教师目下虽太清苦，然人格实至高尚，未可轻易转途。”诸校长闻之深受教益。后大师又向一教师书赠《华严经》：

不为自己求安乐，但求众生得离苦。

泉州开元寺慈儿院的学生慧田，此时正住在离应灵寺不远的云水洞，过着亦僧亦农的清苦生活。听说弘一法师来到附近的灵应寺，慧田自然想亲近心目中的大师。

弘一法师不但热情接待了慧田，还答应慧田去云水洞看看。慧田自然喜出望外，打扫两间房子让弘一法师静修，把自己用门板搭成的床铺让了出来，在旁边另外打了个地铺，心里终究有些过意不去。弘一法师却满心欢喜，不迭声地说很好很好。

弘一法师日常生活戒律化，衣食眠都有定时。慧田曾经因为忙于农事，迟送开水一个小时，弘一法师饮冷水，但也不以为意。

一次外出散步，看见田塍上有几个小萝卜，便捡了回来，洗净盐渍，竟然吃得很香。当听说是慧田扔下的，弘一法师就对慧田说小萝卜很好吃，有味，不可浪费了。

“普令众生得法喜，犹如满月显高山。”弘一法师正如一轮满月，挂在水云洞上，挂在慧田的心间，清凉的月辉照彻了慧田的身心，让慧田的心里充满了感悟后的欢悦和自在。

随水流赋，随云而适。弘一法师在云水洞这一住，竟然就住过了农历新年。

1941年春，弘一法师再住南安灵应寺时，痔疾重发。佛诞节后，是法师亡母80冥诞，法师病体中终日为母诵经祈祷。

身体稍好后，法师在入夏时候与传贯、性常一行到了福林寺“安居结夏”，开讲《律钞宗要》并作“略述印光大师之盛德”的演讲，其间3个月，著述《律钞宗要随讲别录》《随分自誓受菩萨戒文析疑》等，并集佛经祖语警句两卷，重新编录《晚晴集》。

这一年的6月，俗家弟子黄福海自石狮专程赴福林寺看望正在闭关中的弘一大师，大师破例开关，并邀他一起听松观云，辞行后不久，大师书晚唐诗人韩握诗二首相赠，一则为七律：

炊烟缕缕鹭鸶栖，藕叶枯香插野泥。

有个高僧入图画，把经吟立水塘西。

另一则，为五律：

江海扁舟客，云山一衲僧。

相逢两无语，若个是难能？

很明显，前一首是弘一法师的自我写照，后一首正是师徒俩相逢的素描。

云山苍苍，江水泱泱；先生之风，山高水长。黄福海为弘一大师的关门弟子，他曾这样回忆与弘一大师的初见：

这天下午，承天寺内香烟缭绕，梵欣阵阵，前来聆听法讲经的僧俗之众，摩肩接踵，络绎不绝。弘一法师含笑登坛坛下顿时鸦雀无声。只见他身躯伟岸，面庞清痕，慈颇含春步履稳健，举手投足，动作挥洒峨逸，颇有仙风道骨。法师启齿，操一口标准流利的“国语”（即现今的普遍话）讲经，只是因听众都是闽南人氏，才由承天寺僧人用福建方言翻译。

我虽对佛经毫无兴趣，却不得不为弘一法师抑扬顿挠的语调、妙语联珠的词藻、音乐般的旋律、诗一般的韵味所折服直至众皆散去，吾独忘返。大概由于我“沉醉不知归路”的失态，才引起法师的注意吧！他走到我面前，亲切地询问了我的姓名与来历后，十分高兴，执手领我进他的禅房作客。

弘一法师在泉州承天寺内所住的禅房，既矮且小，光线幽暗。但房内收拾得井井有条，物件摆放极为妥贴，且一尘不染。难怪世有“室雅何须大，花香不在多”之说呢！进入禅房，与法师近在咫尺，得以详尽观察这位得道高僧。他那如漆似撼般的浓眉下，星目若睁若闭，高高的鼻梁下，微黄的髯须修整有度。神态庄肃却又不失慈祥，手执念珠，盘膝端坐，加上禅房高稚幽邃，环境气氛的烘托，连我这无神论者也觉得眼前的法师俨然一尊活菩萨，竟将我这个素来行动浪漫不羁的血气方刚之人，曦得不敢乱动，甚至大气也不敢轻出。虽然我拘谨得如同木偶一般，却不舍得主动告辞，唯恐无缘再相见，便呆若木鸡似地傻盯着法师看。

秋季，大师应菲律宾之华侨佛徒之邀，拟赴菲弘法，因太平洋战争将起，局势险恶，在传贯法师等人的极力劝阻下，决定改期赴菲，因而幸免于难，此后困居厦门鼓浪屿。

晋江沿海常常遭受日寇军舰的炮击，这让泉州开元寺住持十分担忧弘一法师的安全，便于这年10月，派传贯法师前来探视。

传贯法师知道弘一法师喜爱菊花，便以一株红菊花相赠。弘一法师大为感动，联想到祖国正处于水深火热之中，不由感到护国、护教的责任，随即吟出《红菊花偈并序》：

辛巳初冬，积阴凝寒。贯师赠余红菊花一枝，为说此偈：

亭亭菊一枝，高标矗晚节。

云何色殷红？殉教应流血。

这年岁末，弘一法师在开元寺结七念佛，为念佛会书写警语并作题记：

> 念佛不忘救国，救国必须念佛。佛者，觉也。觉了真理，乃能誓舍身命，牺牲一切，勇猛精进，救国家。是故救国必须念佛。

因此，法师手书数百余幅，分赠于各地寺院，希望缁素信众虔诚诵经念佛，祈愿诸佛菩萨的神力冥护国土。

是年冬，上海刘传声居士恐弘一大师因战争原因而生计无着，请人将1000元法币至承天寺，为弘一大师婉言谢绝，后因上海、福建之间交通断绝，无法将钱退回，大师遂将这笔款转交开元寺以供僧众之用。

12月，弘一法师返回福林寺。9日，《药师经析疑》编毕，稿末附《回向渴》：“愿以此功德，消除宿现业。增长储福慧，圆成胜善根。所有刀兵劫，及与饥馑等，悉皆尽灭余，世界永升平。风雨常调顺、人民悉康宁，法界诸含识，同证无上道。”

归去来兮

1942年1月，弘一大师于福林寺度过新年及春节，为陈海量居士之父作传《陈复初居士往生记》。

2月，致信蒋竹庄，推荐大师之俗家弟子李芳远：“生于富贵之家，而不沉溺晏安，犹如莲华不著于水”，且富有见识，对“朽人有所规导”，因此，“请求仁者有以诏教，当来所造，宁可量哉?!”。

2月16日后，欲在福林寺闭关，因种种原因未成。

3 月，浙江一师时的学生、惠安县长石有纪，前来拜见弘一法师。

石有纪依稀记得，五六年前在安溪县任县长时，和弘一大师有一次拜见。那时，秋风习习，弘一法师穿着单薄的旧衲，虽显瘦弱，清癯里却有着掩不住的神采。现在，几年不见，眼前的弘一法师已经衰老了许多。师生久别重逢，说不尽的欢慰。但大师疲惫的面容和那一身破衲，让石有纪的心里不觉一酸。

乱世相逢，师生之间当然有太多的话要说。说到经亨颐校长已经作古，说到夏丏尊乱世里的遭遇，师生二人不禁黯然。随即，弘一法师哈哈笑道："不要紧啊，经先生书画千古，夏先生文章千秋呵！"

话语之间，弘一大师流露出回浙江去看看老朋友的想法。那一片江南烟水，在弘一法师心里留下了太多的印记。

离乱之间，生死茫茫。学生走后，弘一法师心绪难平，手书唐代诗人李益《喜见外弟又言别》，寄赠弟子：

十年离乱，长大一相逢。
问姓惊初见，称名忆旧容。
别来沧海事，语罢暮天钟。
明日巴陵道，秋山又几重？

不久，弘一法师应学生之约赴惠安讲经。本来，弘一法师给学生约法三章：一、君子之交，其淡如水；二、不迎不送，不请斋；三、过城时不停留，径赴灵瑞山。

师生相聚，真是其乐融融，弘一法师还去了惠安城一回，见到石有纪的家人，高兴地应邀拍了一张师生合影。从学生一家人身上感受到的天伦之乐，这对于年迈孤独的弘一法师来说，未尝不是一种难得的快慰。

在惠安弘法圆满结束后，弘一法师叮嘱石有纪：做人要存诚意，做官不能嗜杀，要尽力为百姓办点事。

4 月，弘法圆满结束，法师本欲重赴福林寺掩关，因身体不适未能成行，遂返泉州，居百原寺。期间，画家顾一尘曾去拜访法师，法师书石屋禅师诗一首相赠：

过去事已过去了，未来不必预思量。
只今便道即今句，梅子熟时桅子香。

弘一法师深得石屋禅师的诗之心，这才会不停地云游弘法、修学证悟、写字注典。

其间，文学家郭沫若亦托人代向法师求字，法师书寒山诗一首为赠：

我心似明月，碧潭澄皎洁。
无物堪比伦，教我如何说。

去年在云水洞，弘一曾写下一偈："即今休去便休去，若欲了时无了时。"作为净土的虔诚信仰者，弘一法师还有一种深切的希望，能在自己往生净土之后，再次回生于此娑婆世界。依净土宗之教义，往生西方极乐佛国，能速证菩提，再回人间弘法。

入夏，在叶青眼居士及温陵养老院诸人的请求下，弘一法师移锡开元寺温陵养老院，居于"晚晴室"。后拟携妙莲等赴闽东弘法，终因身体欠佳未能成行。此后，大师对各地请其弘法的邀请一概谢绝。

安详圆寂

这一年，弘一法师已经63岁，预感到自己来日无多，开始默默地做着最后的准备。

5月1日，他首先致书弟子龚天发（胜信），作最后的训言：

> 胜信居士，与朽人同住一载。窃谓居士曾受不邪淫、不饮酒戒，今后当尽力护持。若犯此戒，非余之弟子也。余将西归矣，书此以为最后之训。壬午五月一日，晚晴弘一。

6月，福州罗铿端、陈士牧居士倡议修建怡山长庆寺（即西禅寺）放生池，将修建事迹写成草稿寄给弘一法师，请他撰写碑记。弘一法师润色加工草稿，并书写刊石，以表示对“放生”善举的支持。这是他最后的遗作。

农历7月21日，弘一法师完成《剃发仪式》抄本，召集僧侣，在养老院过化亭高戒坛，演练剃度仪式，以续灵峰律之后失传七八百年之遗范。此时，弘一法师启关不久，但人们隐隐地感觉到，弘一法师虽然近在咫尺之间，却又好像相距万仞壁垒。

农历8月15、16两日，弘一法师在开元寺尊胜院讲授《八大人觉经》，并开示《净土法要》。这是弘法师最后的开示！虽然其精神依然兴奋，但言语之间已经透着无限苍凉和黯然神伤的意味，让人不由得心生隐隐的不安。

连续讲了2天经，法师颇感疲惫，退卧静养。8月23日上午，弘一法师为转道、转逢二老书写大柱联，下午就发起了高烧，但不顾病体，为晋江中学学生书写百余幅中堂。

此时，弘一法师听说水云洞的慧田病了，便派妙莲法师带着香蕉和药丸前往看望。妙莲法师转达弘一法师对慧田的关怀，期望慧田早日好起来，学好佛法，成为佛门的栋梁，继续济世利生的事业。

慧田自小离别父母，到处漂泊，从来没有享受过长辈的亲情。想到弘一法师尚在病中，竟然还挂念着孤苦无依的自己，慧田不禁热泪长流。他请妙莲法师转呈一封短信给弘一法师：

大师有病，应当服药，以期早痊，用慰弟子之心。药丸香蕉敬受之下，感泣奚似，敬达不宣。

慧田哪里晓得？这竟是弘一法师对自己的最后关怀，也是弘一法师的无言开示。

8 月27 日，弘一法师开始断食，只饮开水，且拒绝服药。28 日下午，自写 3 纸遗嘱。其中一纸交给温陵养老院，作 4 点请求：

一、请董事会修台（就是将过化亭部分破损的地方修复）。

二、请董事会对老人开示净土法门。

三、请董事会议定：住院老人至 80 岁，应举为名誉董事，不负责任。

四、请董事会审定湘籍老人，因已衰老，自己虽乐为助理治圃责任，应改为庶务，以减轻其负担。

其中 2 纸付弟子妙莲，内容为：“余于未命终前、临命终时、既命终后，皆托妙莲师一人负责，他人无论何人，皆不得干预。”他在纸上盖上私印，并叮嘱妙莲，谢绝一切吊问。

8 月29 日下午 5 时，弘一法师又向妙莲交代 5 件事：

一、在已停止说话及呼吸短促、或神志昏迷之时，即须预备助念应需之物。

二、当助念之时，须先附耳通知云："我来助念"，然后助念，如未吉祥卧者，待改正吉祥卧后，再行助念。助念时诵《普贤行愿品赞》，乃至"所有十方世界中"等正文。末后再念"南无阿弥陀佛"10声（不敲木鱼，大声缓念）。再唱回向偈："愿生西方净土中"，乃至"普利一切诸含识"。当在此诵经之际，若见余眼中流泪，此乃"悲欢交集"所感，非是他故，不可误会。

三、察窗门有未关妥者，关妥锁起。

四、入龛时如天气热者，待半日后即装龛，凉则可待二三日装龛。不必穿好衣服，只穿旧短裤，以遮下根则已。龛用养老院的，送承天寺焚化。

五、待7日后再封龛门，然后焚化。遗骸分为两坛，一送承天寺普同塔，一送开元寺普同塔。在未装龛以前，不须移动，仍随旧安卧床上。如已装入龛，即须移居承天寺。去时将常用之小碗四个带去，填龛四脚，盛满以水，以免蚂蚁嗅味走上，致焚化时损害蚂蚁生命，应须谨慎。再则，既送化身窑后，汝须逐日将填龛小碗之水加满，为恐水干后，又引起蚂蚁嗅味上来故。

弘一法师交代得如此细致入微，与其一贯的认真以及所修行的律宗有关。而其最后一再叮嘱不要伤及蚂蚁，又一次体现了这位大师的菩萨心肠。

弘一大师曾说："死，芥末事耳。可是，了生死，却是大事。"是的，生死是人生之大防，对于死的态度，反映出一个人的人生境界。只有看破生死的人，才会从容平静地面对死亡。

他已经用一生的努力，来为这人生的最后做着准备，所以他才能如此安详、自在地从容就死。

农历8月30日，弘一法师整天不开口说话，只是默念佛号。

9月初1上午，黄福海前来探视，弘一法师强支病体，为黄福海题写蕅益大师警训：

> 以冰霜之操自励，则品日清高；以穹窿之量容人，则德日广大；以切磋之谊取长，则学问日精；以慎重之行利生，则道风日远。

黄福海不忍多扰大师，依依别去。

弘一法师卧于榻上，不停地默念佛号，渐渐入定，直至下午6时方才醒来，似有所悟，在为黄福海题词留下的草稿纸的背面，写下“悲欣交集”4个核桃大的字，又在左侧写下“见观经”3字，且在下方画了一个墨色浓郁的圆圈，并在字幅的右上角题写“九月一日下午六时写”一行小字，右下角题写“初一日下午九时”一行小字。

弘一法师一生以字结缘，写下的字幅岂止万数？但“悲欣交集”4个字，却是弘一法师留在世上的最后墨迹。

9月初2，弘一法师命妙莲法师书写回向偈。

9月初3，望着弘一法师那一盏充满智慧的生命之灯，一点一点地微弱下去，妙莲法师任是定力再强，也不免心生悲戚，恳请弘一法师进药，弘一法师说：“吃药不如念佛，也不如乘愿再来度生利益。”

弘一法师再请妙莲法师录写致养老院董事会的遗嘱，然后取出早就写好的几封给夏丏尊、丰子恺等友人的信，叮嘱妙莲在自己命终后填上日期寄出。

弘一法师见妙莲法师悲戚，平静地开导示化妙莲法师："我生西方以后，乘愿再来。一切度生之事业，都可以圆满成就。"

初4黄昏7时50分，安卧于床静念佛号的弘一法师呼吸稍促，妙莲等人依师遗嘱在一旁助念佛号，8时整，法师安详圆寂。

初5，缁素弟子在晚晴室外焚香献花礼拜。黄福海闻讯赶到，听妙莲泣不成声说弘一法师为之写字情形，再拜伏地不起。

初6晨，叶青眼等弟子入室顶礼，瞻仰仪容。弘一法师右手托腮面西侧卧，两腿端叠，左手放于腿上。法师至时已气绝36小时，面部安详而似带微笑，唇际略显浅红，与睡着无异。下午1时，法师入龛，送龛者达千余人。沿途观者，皆垂首致敬。

9月11日晚，大众自发集会，齐诵《普贤行愿品》完毕后，起赞佛偈念佛。8时，弘一法师遗体焚化。在场的叶青眼居士后来在《千江映月集》有如下的记载：

> 举火才逾时许，众方恭敬围绕，忽尔异彩一道突从窑门燎出，炽然照耀，辟易一切，众为震动，厉声念佛，异彩须臾散去，未几已告化尽，猛捷无与伦比。

忽然想到，1918年大师出家之际，曾经写给夏丏尊的4个字：勇猛精进。是的，弘一大师的一生，都在自己选定的道路上"勇猛精进"，执意前行着。从人间到佛门，一路走来，大师终于归家了，他的灵魂最终得到了安顿和圆满。

弘一法师灵骸封藏后，遵师遗嘱送开元、承天两寺供养，后由妙莲法师奉归他在开元寺的禅房内，百日之内，念地藏菩萨，并于遗骸之中拾出舍利子1800余颗，舍利块600。法师之灵骨与舍利，后来分移供养于杭州虎跑定慧寺和泉州清源山弥陀岩。

刘质平，弘一大师的得意弟子，夏丏尊，大师生前挚交，在同一天收到了大师留给他们的一封短信：

> 朽人已于九月初四迁化（迁化便是圆寂），现在附上偈言一首，附录于后。

看罢，锥心大恸。他们知道，师父真的离去了。因为，师父是一个认真的人，从无戏言。

如下，是弘一大师留下的2首偈语：

> 君子之交，
> 其淡如水。
> 执象而求，
> 咫尺千里。
>
> 问余何适，
> 廓尔亡言。
> 华枝春满，
> 天心月圆。

“悲欣交集”，这是大师最后的绝笔，以此，弘一给自己的一生做了最好的阐释和终结，有着说不尽的“香光庄严”。

悲欣交集谁了然？一个人悲什么，欣什么，也许，最了然者，唯有每一个人自己。

弘一大师的一生，已故佛教协会主席赵朴初居士有诗赞道：

> 深悲早现茶花女，
> 胜愿终成苦行僧。
> 无尽奇珍供世眼，
> 一轮圆月耀天心。

附　录

著　作

·佛学基础类：

《佛法大意》《佛法十疑略释》《佛法宗派大概》《佛法学习初步》《佛教之简易修持法》《常随佛学》《切莫误解佛教》等。

·律学要略类：

《余弘律之因缘》《弘律愿文》《问答十章》《占察法》《律学要略》《初发心者在家律要》《盗戒释相概略问答》《受十善戒法》《受八关斋戒法》《持非时食戒者应注意日中之时》《授三皈依大意》《敬三宝》《放生与杀生之果报》《改习惯》《青年佛徒应注意的四项》《改过实验谈》《征辩学律义八则》《新集受三皈依五戒八戒法式凡例》《佛说无常经叙》等。

·弥陀法门类：

《净宗问辩》《劝念佛菩萨求生西方》《万寿岩念佛堂开堂演词》《净土法门大意》《劝人听钟念佛文》等。

·药师法门类：

《药师如来法门一斑》《药师法门修持课仪略录》《药师如来法门略录》《药师经析疑》等。

·地藏法门类：

《普劝净宗道侣兼持诵地藏经》《地藏菩萨圣德大观》等。

·南山律在家备览略篇类：

《别行篇》《忏悔篇》《持犯篇》《戒体章名相别考》《宗体篇》《南山道宣律祖弘传律教年谱附修学遗事》等。

·其他著作：

《人生之最后》《南闽十年之梦影》《为性常法师掩关笔示法则》《略述印光大师之盛德》《般若波罗密多心经讲录》《最后之忏悔》《弘一大师晚晴集》《藕益大师年谱》《泉州开元慈儿院讲录》《〈华严集联三百〉序》《〈华严经〉读诵研习入门次第》等。

评 语

以律学名家，戒行精严，缁素皈仰，溥海同饮者，当推弘一大师为第一人。

——赵朴初

佛终生说法，都是为救济众生，他正是以出世精神做入世事业的。

——朱光潜

他的出家，他的弘法度生，都是夙原使然，而且都是希有的福德。

——夏丏尊

以教印心，以律严身，内外清净，菩提之因。

——太虚法师

叹我公毕生修持僧伽志行，力求圆满，堪称一物无遗，寸丝不苟；信温陵此日各界人士心情，所获教益，应似千江印月，万木迎春。

——叶青眼

我崇仰弘一法师，为了他是“十分像人的一个人”。凡作人，在当初，其本心未始不想作一个十分像“人”的人。但到后来，为环境，习惯，物欲，妄念等所阻碍，往往不能作得十分像“人”。其中九分像“人”，八分像“人”的，杠这世间已很伟大；七分像“人”，六分像“人”的，也已值得赞誉；就是五分像“人”的，在最近的社会也已经足难得的“上流人”了。像弘一法师那样的十分像“人”的人，古往今来，实在少有。所以使我十分崇仰。

——丰子恺

朴拙圆满，浑若天成。得李师手书，幸甚！

——鲁迅

你们将来如要编写《中国话剧史》不要忘记天津的李叔同，即出家后的弘一法师。他是传播西洋绘画、音乐、戏剧到中国来的先驱。

——周恩来

近代人中，我只佩服李叔同一人……李叔同画画、书法、音乐、诗词样样都高明……我却比他少了一样——演戏！

——刘海棠

不要认为我是个高傲的人，我从来不是的——至少，在弘一法师寺院围墙的外面，我是如此的谦卑。

——张爱玲

李叔同是我们时代里最有才华的几位天才之一，也是最奇特的一个人，最遗世而独立的一个人。

——林语堂